国家社会科学基金一般项目（项目批准号：14BYY153）出版资助

西安外国语大学日本文化经济学院出版资助

白晓光——著

汉日语限定词对比研究

——基于功能语法的视角

A COMPARATIVE STUDY OF CHINESE AND
JAPANESE DETERMINERS
FROM THE PERSPECTIVE
OF FUNCTIONAL GRAMMAR

社会科学文献出版社
SOCIAL SCIENCES ACADEMIC PRESS (CHINA)

目　录

第 1 章　绪论

第 1 节　研究的出发点及目的

张伯江（2010）指出，传统语法把名词短语写成 NP（noun phrase），以 N 为核心，限定词在很长时期里是被当作名词的定语看待的。英语的限定词包括冠词 the 和 a、each/every、this/that、some/any，以及 both、all，等等。当代句法理论认为限定词用来指定、识别或量化后面的名词短语，决定了"限定词短语"（determiner phrase，简称 DP）的句法性质，因此把限定词看作 DP 的核心。

该文指出，迄今所见汉语句法论著中提及的汉语限定词有以下几类：

1）一部分指示词，如"这房子"里的"这"，"这个人"里的"这"；

2）作为同位结构中前一成分的人称代词，如"他们学生"里的"他们"；

3）作为领属结构中领有者的人称代词，如"你太太"中的"你"。

该文同时指出，汉语中可以看到以下四类限定词共现于一个名词短语的现象，这与限定词理论是冲突的，是很特殊的现象。

（A）人称代词与指示代词的共现现象，如："我喜欢<u>你们这些乖孩子</u>。"

（B）领有成分与指示代词的共现现象，如："忽然非常怀念<u>他的那只箱子</u>。"

（C）领有成分与不定成分的共现现象，如："<u>我的一个朋友</u>对我这样说。"

（D）人称代词与零形定指标记的共现现象，如："<u>他马垂章</u>今年不会下台。"

该文重点考察和分析了上述四类共现现象的句法、语义和语用特征，并得出了富有启发性的结论。作为外语学习者和研究者，我们也发现，日语中也存在类似的限定词共现现象，如：

（1）さて私は、老師だけが私の無辜をみとめている、などと信じていたわけではない。むしろその反対だ。すべてを老師が不問に附したことは、却って私のこの推測を裏書している。

译：却说我本人，当然不信只有老师承认我是冤枉的。毋宁说恰好相反。老师对此事不闻不问，反倒证明了我这一推测。(CJCS『金閣寺』)

（2）…防衛庁長官としてはこれが達成に全力を尽くす、これも私の一つの姿勢でございます。（BCCWJ『国会会議録』）

笔者译：……作为防卫厅长官，要为其实现全力以赴，这也是我的一个态度。

（3）私のある友人が教えてくれた方法は、つぎのようなものだ。（BCCWJ『続「超」整理法・時間編』）

笔者译：我的一个朋友教给我的方法，是这样的。

（4）この一通の手紙を読んでいる中、さまざまの感情が時雄の胸を火のように燃えて通った。（CJCS『布団』）

译：在看这封信的时候，时雄心里像火一样在燃烧，各种感情交织在一起。

但是，在观察日汉对译语料库的例句时，我们也发现不少无法对译的情况。比如：

（5）我们老头子没本事，有本事早就安排上好位置了。也用不着我这个女人到处跑了。（CJCS《人啊，人》）

译：ウチのだんつくは能なしでね。能があったら、とっくに出世してたし、女のあたし（?? あたしのこの女）があちこち駆けずり回らなくてすんだのよ。

（6）"没问题，就是背着、抱着，我朱铁汉也要和刘祥一块儿到社会主义去!"（CJCS《金光大道》）

译：「なあに、たとえ背負ってでも、抱いてでも、この朱鉄漢（?? 朱鉄漢の私／ ?? 私の朱鉄漢）は劉祥といっしょに社会主義に向

かうんだ！」

（7）"华，这是你底由衷之言吗？我试问如果你母亲要把你嫁给一个目不识丁的俗商，或者一个中年官僚，或者一个纨绔子弟，你难道也不反抗？你能够这样地为她牺牲吗？快答复我这个问题。不要逃避！"（CJCS《家》）

译：「華、本心でそんなこというの？じゃあききますがね。あんたのお母さんがもしあんたを見も知らぬ商人、あるいは中年の官僚、あるいは貴族の子弟、そういう人と結婚させようとしたら、まさか反抗しないとはいえないでしょ？あんたそれでも犠牲になれる？すぐにこの問題（？私のこの問題）に答えてよ。逃げたらだめよ」

（8）"奚望，你知道吧？这本书在出版社里引起了争论呢！我的一个在出版社工作的同学对我说，'哎哟哟，真是一本大胆的书！……'"（CJCS《人啊，人》）

译：「奚望、あなた知ってる？この本は出版社で論争のタネになってるのよ。出版社で働いてる私の同級生（？出版社で働いている私の一人同級生／?? 私の一人の出版社で働いている同級生）が言ってたわ。"いや、ほんとに大胆な内容なんだ！"……

（9）ナオミはナオミで、腹の中ではこのしつッこい私のやり方をせせら笑っているらしく、言葉に出して云い争いはしないまでも、変に意地悪い素振りを見せるようになりました。（CJCS『痴人の愛』）

译：而纳奥米毕竟是纳奥米，她似乎在暗自嘲笑我这种执拗的做法（?? 这种执拗的我的做法）。虽然没到争吵一番的程度，但她流露出的表情是奇怪的、居心不良的。

从例（5）和例（6）可以看出，人称代词与指示代词或零形定指标记的共现中，汉语和日语存在明显差异。那么汉语中这些限定词共现现象有什么特征？为什么日语和汉语会存在这些差异？与汉语这类共现现象相对应的日语表达又是什么？日语和汉语的差异又能反映出什么问题？这些问题需要思考。从例（7）和例（8）可以看出，日语中虽然也存在领有成分与指示代词或不定成分共现现象，但从对译语料来看，它们在各自语言中

的使用频率似乎并不一致，例（7）和例（8）的日语译文虽然从句法对应关系上可以将领有成分或数量成分译出，但总感觉有些多余，不是最自然的日语。像这类共现现象也有不少问题需要解决，比如它们各自的使用频率如何？在使用上是不是完全对应？如果不完全对应，那么与之对应的形式又是什么？在可以省略某些限定词（多表现在日语中）的同时，有没有强制要求必须出现的情况？省略某个限定词甚至替换成其他限定词，在功能上有没有差异？哪种形式才是最自然的表达？等等。从例（8）和例（9）可以看出，日汉语在限定语共现顺序上也存在不小的差异，当然也有相同之处。那么，在共现顺序上，日、汉两种语言又分别是什么情况？哪种才是正常的顺序？为什么要改用其他顺序？等等。这些问题都需要深入思考。

因此，基于以上诸多疑问，本研究的主要目的就是：在既往研究成果的基础上，通过进一步观察对译语料，对比分析汉日两种语言中限定词在句法、语义，特别是语用功能上的异同，并在理论上给予合理解释，以明确两种语言中限定词的本质特征和根本差异。

第2节   限定词的定义及类别

1   限定词的定义

限定词，顾名思义，就是指限定名词性短语的词类。

逢玉媚（2014），何伟、李璐（2019）等指出，作为语法学术语的限定词，最早出现在 Palmer & Blandford 于 1924 年编著的《英语口语语法》（*A Grammar of Spoken English*）中。英语限定词主要包括冠词（定冠词和不定冠词）、代词、数量词以及名词所有格等。长期以来，限定词除了定冠词和不定冠词以外，都被视为定语（日语称为"连体修饰节"）的一种类别。后来，限定词由于自身的特殊性，也就是对中心名词起特指或泛指、定量或不定量等外延式的限定作用，从定语范畴中被独立出来，成为一个独立的研究对象。对于什么是限定词，逢玉媚（2014）指出，学术界的共识集中在两点：一是其位于名词短语中用来限定中心词；二是其限定的是中心词的指称范围或意义，起到特指或泛指、定量或不定量等作用。满足这两

个基本条件的语法成分均可视为限定词。

何伟、李璐（2019）指出，不同的限定词在语义本质上是通过不同手段对所言之"物"进行明确，包括界定其指示、确定其顺序、明晰其比例、明确其数量、引介其修饰语、凸显其极性程度、识别其部分、圈定其类型、锁定其位置等，从而使听话者尽可能准确并经济地识别所指对象。笔者认为，这一主张点出了限定词的本质特征。

2 限定词的类别及研究概况

2.1 英语限定词

英语的限定词种类繁多，依据不同的标准也出现了不同的分类。R. Quirk（1985）将英语限定词分为前位限定词（pre-determiner）、中位限定词（central determiner）和后位限定词（post-determiner）。前位限定词主要包括倍数、分数的词以及不定代词等，如 all、half、both、double、one-third、such、what 等。中位限定词主要包括冠词、不定代词、名词属格、形容词性指示代词等，如 every、some、any、each、much 等；后位限定词主要包括基数词、序数词、不定代词等，如 few、many、last、several、little 等。这一分类方法沿用至今，在今天的语法和教学研究中仍然经常见到。R. Quirk（1985）同时指出，这三类限定词共现时遵循"前位——中位——后位"这一顺序，且前位限定词之间、中位限定词之间往往相互排斥，后位限定词之间虽不排斥但有搭配限制。

Fawcett（2008）从语义层面将限定词分为九类，并将它们共现的顺序规定为：类型限定词 / 表征限定词 v 部分限定词 v 比例限定词 v 数量限定词 v 序数限定词 v 最高级限定词 v 后修饰语引介限定词 v 指示限定词（v 表示选择词）。

何伟、李璐（2019）参照 Fawcett（2008）的分类，详细描写了汉语和英语限定词的对应关系。该文指出，汉语的限定词包括指示限定词、数量限定词、最高级限定词、序数限定词、比例限定词、类型限定词、修饰语引介限定词、部分限定词、位置限定词等九种，其中前八种与英语相对应，最后一种即位置限定词是汉语所特有的。为了便于详细了解英语限定词，

以及把握后文所述汉语和日语限定词的研究状况，在此我们将何伟、李璐（2019）的分类和英汉对应关系做一详细介绍。

（一）指示限定词

指示限定词在语义上可以通过"以言者的'现在'或'这里'为参照点"说明中心词所指"物"与言者的指示关系，或通过"属有关系"来回答"是此非彼"的问题。

1）"指示"义的实现方式：

①英语指示词 this/these/which；

②英语定冠词 the；

③汉语指示词"这""该""哪""这些""这里"等；

④汉语名词词组"这个""那只"等。

2）"属有"义的实现方式：

①英语中的形容词性物主代词 my/your/his/their/whose 等；

②汉语中的人称代词，如"你（妈妈）""谁（家）""其"等。

英语和汉语中"指示"义的表达方式存在较大差异，这主要是由于汉语没有定冠词。在"属有"义的实现方式上，英汉语表现较为一致。

（二）序数限定词

英语的序数限定词通常体现为：

①"the+序数词"或"the + next/last"等，如 the first book、the last chance 等。

②直接用序数词或 next/last，如 your next move、my last offense 等。

汉语的序数限定词通常体现为：

①"第 + 基数词 + 物量词"或"上 / 下 / 前 / 后 + 基数词 + 物量词"，如"第三次会议""上一个月"等。

②"（第）+ 基数词"，如"北京第一中学""二战"等；表亲属关系的排序还可由"大""小"等形式项说明，如"大儿子""小姨妈"等。

（三）比例限定词

英汉比例限定词均有五种呈现方式，包括分数、百分数、小数、

倍数及表达半数与成数的其他呈现方式。二者总体上比较一致，但存在一个重要区别是，汉语比例限定词可以出现在中心词之后而保持基本意义不变，如"人口的三分之一"，但英语比例限定词只能出现在中心词之前。

（四）数量限定词

其出现频率仅次于指示限定词。这一类限定词英语和汉语在语义与形式上表现大体一致，不同的是，汉语数量限定词与指示限定词一样，一般需要与量词搭配使用。Taylor（2002：380-383）从数量意义的表达上指出，英语属于"单复数"语言，汉语则是"数词＋量词"语言的典型代表。

（五）最高级限定词

英语主要体现为"（the）＋形容词最高级（+of）"或"the most ＋形容词（+of）"，如 the tallest girl、the most beautiful and romantic place 等。汉语则主要体现为"最＋形容词（＋的）"，如"最盛时代""最艰苦的阶段"等。总体而言，事物属性的极性在英语中既可通过语法手段（如形容词词尾变化）实现，也可通过词汇手段（如添加 most）实现。汉语则主要借助词汇手段，即用"最"表达。

（六）类型限定词

英语一般采用"数量词／冠词／指示形容词＋类型义名词 +of"这种形式，如 a category of people、four classes of such sales、this type of new approach 等。汉语与英语类似，但不用 of 来连接类型词和主名词。如"一种风俗""这类事情""三样水果"等。

（七）部分限定词

英语中一般由表示部位或方位的名词词组充当，如 the back of lorry、the end of the story 等。汉语也主要由表示部位或方位的词充当，如"船头""桥尾"等。

（八）修饰语引介限定词

这类限定词的主要功能在于预示对中心词进行分类或说明的修饰语的存在。根据修饰语与中心词的相对位置，这类限定词又可分为后修饰语和前修饰语两类。前者以英语为代表，后者以汉语为代表。

英语中的代表是 those，如 <u>those</u> people who have not worked for many years、<u>those</u> of you that are over thirty 等。这类限定词与指示限定词容易混淆，二者的区别是后修饰语引介限定词可以与指示限定词同现。比如：<u>those of her friends</u> who wish to remember her by making a contribution to a charity should... <u>those of the family</u> who have not been remembered in her will may challenge it.

汉语中像"戴眼镜的那个人"中的"那个"就是这类限定词。前置的修饰语小句具有强特指潜势，在其后面限定词的加入使得这种特指潜势得到进一步加强，因此，可以说限定词"那个"的功能是"引介"修饰语的部分特指潜势，预示对中心词进行分类或说明的修饰语的存在。

（九）位置限定词

这是汉语中的一类特殊限定词，即借由物的长宽高等空间特性以及空间位置来加以限定，从而便于更快锁定其所指。英语中，与物的位置相关的成分常位于中心词之后，其表达分类、描写的功能凸显，属于后修饰语范畴。而在汉语名词词组中，该成分常出现在中心词之前，其识别、特指的功能相对更为凸显，属于限定词范畴。比如："永定河，他望着<u>地图上</u>那条弯曲的蓝色线条，去永定河看看吧。""那<u>外面</u>一张人民币，已经半湿了，尽是汗。"①

逢玉媚（2014）指出，目前对于英语限定词的研究主要从语法和语义两个维度展开。在语法维度上，现有研究主要集中于搭配研究（即限定词共现现象的研究）和比较研究（包括限定词之间和限定词与其他词之间的比较的研究）两个方向。其中，比较研究主要侧重于三个方面：一是强调不同限定词所表示的数量或范畴义的联系和区别；二是考察不同限定词对中心词的不同要求；三是区分不同限定词的用法。限定词与其他词的比较主要集中于其与形容词修饰语的比较。在语义维度上，形式语义学占有重要地位，它与语法研究维度形成互补。英语限定词在形式语义学中一直占

---

① 对上述九类限定词的叙述引自何伟、李璐（2019）。

有重要地位，相关研究经历了从一阶逻辑量词到广义量词的发展。

2.2　日语限定词

对于日语中的限定词，相关研究比较少，且比较零散。比如，无论是指示词还是人称代词或者是数量词，都是传统的重点研究对象，有着悠久的研究历史，相关研究成果可谓汗牛充栋。但将这些范畴中的限定词用法统合起来进行论述的还比较少。这与日语没有专门的冠词，同时名词前的修饰成分一般被统一作为"连体修饰语"（即定语）来对待这一研究传统相关。也就是说，因为缺乏冠词这一显著的、专门的限定词外在形式，所以一直以来研究者并没有将限定词作为一个研究对象来对待。2014 年出版的由日本语文法学会编写的《日本语文法事典》就没有收录"限定词"这一词条。日语中经常提到的"限定表现"，一般多指"だけ、ばかり、のみ"这些与汉语"仅、只"相似的助词，并非限定词。在这样的大背景下，日语中限定词的研究就显得较为冷清。坂原茂（2000）考察了英语与日语名词短语限定表达的对应关系，其关注的限定词有不定冠词、定冠词、指示形容词、领属形容词、零形式五类。庵功雄的一系列研究（以庵功雄 2007 年的研究为代表）中多涉及指示词"この"的冠词性特征，与限定词关系紧密。建石始（2017）探讨了日语限定词的功能。从笔者目前收集到的资料来看，这是唯一专门集中论述日语中限定词的研究成果。但是其探讨的限定词也仅限于连体词"ある"（与汉语的"某个""一个"相似）、数量表达"一量（名）"、指示词"こんな"这三类，不仅覆盖面较小，连领属形容词和指示形容词"この"这些主要的限定词也没有涉及。总的来看，日语中对限定词的研究关注的主要有指示词"この""こんな"、连体词"ある"、数量表达"一量（名）"、领属形容词、零形式（光杆名词）。虽然日语中专门以限定词为对象的研究较少，但在数量庞大的指示词、人称代词、数量词研究中，我们总能看到对其限定词用法的探讨。比如，岩田一成 2013 年出版的『日本語数量詞の諸相』虽然是一部全面研究日语数量词的专著，其书名的副标题"数量詞は数を表すコトバか"（数量词是表示数量的词吗？）却透露出了数量词所包含的有定 / 无定性信息，而这正是限定词研究所关注的重点内容之一。

2.3 汉语限定词

汉语中对限定词的研究与日语情况相似。在传统的语法研究中，没有限定词的一席之地，只是在进入 21 世纪后，特别是近 10 年来，限定词才逐渐引起学者们的重视。这在很大程度上得益于汉语对指示词"这 / 那"语法化的研究。汉语与日语一样，没有专门的冠词。而指示词，特别是"这"的指示义虚化（语法化），使其逐步向冠词靠拢，从而将限定词引入研究视野。对于指示词指示义的虚化，吕叔湘先生（以吕叔湘 1985 年的研究为代表）很早就给予了关注。之后张伯江、方梅等学者基于一手的北京话口语语料，进行了更为全面深入的描写和分析（以张伯江、方梅 1996 年的研究为代表）。在此基础上，何元建（2000），张伯江（2010），陈玉洁（2010），吴早生（2011），刘丹青（2012），黄正德等（2013），洪爽、石定栩（2013），方梅（2009）等一系列研究以英语的限定词为参照，从语言类型学、功能语言学、认知语言学、篇章语言学等角度，对汉语名词性短语中的指示词、人称代词、数量词（特别是"一量〈名〉"）等限定词进行了深入探讨。盛文忠（2014）则从语言类型学角度，对汉语和日语名词性短语中限定词及其他修饰成分的语序进行了对比考察。

3 研究对象的限定

在上文我们对英、日、汉三语中限定词的研究做了一个粗略的概括。具体的各家观点我们将放在后面章节中加以具体论述。我们需要注意的是，英语的限定词种类很多，但目前日语和汉语的相关研究主要集中于几类出现频率高、占主流地位的限定词上，即名词性短语中的指示词、人称代词和数量词。其中，人称代词包括同位性名词短语中的人称代词和领属性名词短语中的人称代词。本书的研究对象也限定于这四类限定词。

研究限定词，离不开名词性短语。刘丹青（2012：1-2）将名词性短语定义为：在句法结构中以充当论元为基本功能的语类。同时指出，它主要包括以下类别：

名词

代名词：

　　人称代词

　　可以独立充当论元的指示词和疑问代词（这、那、哪、谁、什么⋯⋯）

定名短语：

　　限定成分（指称成分、量化成分）＋核心名词（这本书、三张椅子、所有人⋯⋯）

　　修饰成分（内涵性定语）＋核心名词

由名词或代名词充当并列肢的并列结构

无核名词短语：

　　"的"字短语

　　数量短语（受修饰后单独充当论元时）

　　指量短语（受修饰后单独充当论元时）

扩展型名词性短语（如由两个本身带定语的名词短语并列而成的短语，等等）

　　刘丹青指出，要覆盖以上所有单位，用"名词性短语"这个概念比用"名词短语"更合适。同时，"短语"这个概念也取广义，将单词也视为短语的一种特例，即将光杆名词也纳入研究范围。本研究也遵循这一规定。只不过为了叙述方便，我们对"名词性短语"和"名词短语"不做精细区分。

　　在上述名词性短语的体系中，我们的研究重心在"限定成分（指称成分、量化成分）＋核心名词"（限定词短语）上。当然，并不限于此。语言成分间存在着组合和聚合关系，不同成分是相互影响、相互作用的，不可能将某一对象作为一个封闭的系统来对待。比如，限定词短语与"修饰成分（内涵性定语）＋核心名词"因为同属于定名短语，限定词和内涵式定语经常在一起使用，因此二者关系非常密切。另外，限定词本身是修饰限定名词的，名词（包括人称代词等）的类别当然对限定词的句法、语义包括语用性质起着至关重要的作用。"由名词或代名词充当并列肢的并列结构"也作为限定词共现现象（下述）而备受关注。

限定词的共现现象是汉语和日语区别于英语的一个典型特征，也是限定词研究的一项重要内容。张伯江（2010）指出，汉语中的限定词有以下四类共现现象：

（A）人称代词与指示代词的共现现象，如："我喜欢你们这些乖孩子。"

（B）领有成分与指示代词的共现现象，如："忽然非常怀念他的那只箱子。"

（C）领有成分与不定成分的共现现象，如："我的一个朋友对我这样说。"

（D）人称代词与零形定指标记的共现现象，如："他马垂章今年不会下台。"

对于第四类（D类）共现现象，笔者认为它与第一类（A类）共现现象在本质上是相通的，"马垂章"与"这些乖孩子"在本质上都是对前置人称代词附加的属性描写，只不过前者是通过姓名进行的一种相对隐含的属性附加，后者则是较为直接、外显的属性附加。另外，对于零形式，到底是成分的省略还是原本就没有该成分，笔者认为还有待商榷。因此，我们将在讨论A类共现现象时顺带对D类现象做一分析，不再单独进行论述。

前文提到，无论是指示词还是人称代词抑或是数量词，在汉日两种语言中均有上百年的研究历史，只不过大多数的研究并不是基于限定词的视角。以指示词为例，日语的指示词研究重心始终放在"こ／そ／あ"三类指示词的区分上，特别是回指用法的"そ"系和基于共有知识假说的"あ"系指示词的用法，更是长久居于争论的中心。只是到了近期，在讨论"この""その"的区分（以庵功雄的一系列研究为代表）时，冠词这一范畴才逐步进入研究者的视野。因此，我们将把研究重心放在指示词的限定词用法上，而不去过多地关注"こ／そ／あ"的详细区分。人称代词和数量表达也是如此，我们只重点关注其限定词用法。

第3节　研究方法及相关术语说明

1　研究方法

本研究将运用对比语言学研究方法，从功能语法角度展开。语言事实的描写则基于语料库统计和分析。研究中涉及的理论主要有语言类型学、篇章语言学、认知语言学、语法化理论等。

本研究使用的语料库主要有：北京外国语大学日本学研究中心研制的《中日对译语料库》（CJCS）、日本国立国语研究所研制的《现代日语书面语均衡语料库》（现代日本語書き言葉均衡コーパス，简称 BCCWJ）、北京大学研制的《现代汉语语料库》（CCL）等。这些语料库基本上是书面语语料库，为了研究需要，我们还基于影视剧自建了一个小型日汉口语平行语料库，规模为 500 万字左右。

2　相关术语的说明

2.1　指示词和指示代词

在汉语研究中，"人称代词""指示代词"这两个概念经常并列在一起使用。但同时，与"指示代词"相似的还有一个概念——"指示词"。陈玉洁（2010）、刘丹青（2012）对这两个概念进行了区分。

刘丹青（2012）指出，从跨语言的角度看，基本的指示词（排除相当于谓词的"这样、那样"，副词"这么、那么"，介词短语"here/there"等）实际上包含以下几类。

①兼代名词的指示词。比如汉语普通话中的"这"和"那"以及英语的"this/that/these/those"。这些词在做定语时就没有了代词的性质。如"这个人"中的"这"不代指任何事物，它只用来限定核心名词"人"的指称。

②指示形容词，即不兼代名词，只能做限制定语的指示词。如粤语的"呢"（这）、"嗰"（那），苏州话的"埃"（这）、"畏"（那）。

③只能做代名词、不能做限制定语的指示词。比较常见的是时间、处所的指示词。

可以看到，指示词在有的语言中是兼代名词的，而在有的语言中不能兼。因此，可以将指示词视为指示代词的上位范畴。刘丹青（2012）指出，基本指示词在句法结构中有两个基本身份。一是像普通名词一样，自身充当论元成分。如"这是小王"中的"这"。二是充当名词的限定词，其身份地位与领属定语、关系从句、形容词定语相同。由于我们的研究对象是限定词，重点关注的是做限制定语的指示词，而不是做代名词的指示词，因

此，后文不用"指示代词"而统一使用"指示词"这一概念。

2.2　不做详细区分的几组术语

由于本研究经常会引用一些相关学者的观点或主张，而这些学者在术语的使用上并不完全一致，因此，为了叙述方便，对以下一些没有实质差异的术语，我们就不再做详细的区分，不再做统一规定。

①关系从句⇔定语从句

②限制性 / 非限制性关系从句⇔限定性 / 非限定性关系从句

③有定 / 无定⇔定指 / 不定指

④通指⇔类指

第4节　框架结构

本书由以下 7 章组成。第 1 章是绪论，主要介绍本研究的出发点和目的，并对限定词的概念进行定义，对限定词的种类进行梳理。在概论英、日、汉三语中限定词研究现状的基础上，限定研究对象。同时，对一些相关概念和术语以及本研究的研究方法进行补充说明。

第 2 章对与限定词研究有关的几组重要概念进行梳理。这些概念主要有：有指 / 无指、有定 / 无定、类指（通指）/ 单指、实指 / 虚指、特指 / 非特指、措定 / 指定（同定）、限定性 / 非限定性关系从句。梳理的目的是厘清各组概念中相互交叉和模糊不清的地方，因为这些地方往往是研究中容易引起争议之处。只有准确把握了这些概念的本质，我们才能为下一步的研究打好基础。在梳理这些概念的过程中，我们也发现了既往研究中存在的一些认识误区，比如陈宗利、温宾利（2004）依据 Kim（1997）的研究指出，"相比之下，在西方语言（如英语）和一些东方语言（如日语和韩语）中，关系分句的限定性主要是由句法因素决定的。"实际上通过对日语中限定性关系从句的既往研究的梳理，我们发现这是一个认识误区。而这一错误认识的产生在很大程度上应归因于跨语言对比研究的不足。

第 3 章详细介绍日语和汉语中限定词的研究现状，总结相关研究的主要观点和主张，以期对日汉两语中限定词的研究进展及日汉对比方面的研

究进展获得一个较为准确、详细的认识，为后面研究的开展打好基础。在介绍相关研究成果的同时，我们也会对既往研究中存在的问题进行一定程度的分析和探讨，提出自己的一些疑问和主张。

第 4 章在第 3 章的基础上，重点对日汉两语中指示词的指示义虚化现象（语法化现象）进行个案式探讨，以加深对指示词语法化的倾向性及其原因（语用要求）的认识。日语方面，我们以"この私"为例，通过考察其中指示词的语用功能的扩展，进一步明确了属性表达这一语用要求在指示词指示义虚化过程中的作用。汉语方面，我们以"指示词 +VP"这类构式为例，通过考察其构式特征、语用功能及使用场景的限制，进一步明确指示词指示义虚化过程中核心名词的语义扩展及特定构式本身这两种影响因子，而构式义的影响从本质上讲是基于"对某一对象的评价"这一语用要求而来的。

第 5 章重点对日汉两语限定词短语中人称代词与指示代词、领有成分与指示代词的共现现象进行考察。其中，第 1 节重点考察张伯江（2010）指出的第一类共现现象，即同位结构的人称代词与指示词共现现象。由于日语没有此类结构，与汉语迥然不同，因此我们将考察重点置于与汉语相对应的日语表达上。通过对日语中相应表达的考察，进一步明确汉语此类结构的特征。第 2 节和第 3 节重点考察张伯江（2010）指出的第二类共现现象，即领属结构的人称代词与指示词共现现象。此类结构日汉语均有，但也存在明显不同。我们首先重点考察了二者使用倾向（使用频率）上的差异，对其基本情况有了初步的把握，然后在此基础上通过对其中各成分的语用功能的探讨，进一步明确汉日语存在差异的原因。

第 6 章重点考察汉日语中"一量名"结构的异同。在数量词作为限定成分的名词性短语中，"一量名"结构无论在汉语还是日语中，都是一个较为特殊的存在。同时，这类结构在汉语和日语中表现又不尽相同。我们在这一章中，以"一量名"结构充当主语的现象为突破口，通过考察日语和汉语的异同，进一步明确该结构在汉日两语中的使用特征及地位，特别是与光杆名词的相对地位。

第 7 章对上述研究结果进行总结，并指出不足之处。

第 2 章　与限定词有关的几组基本概念

　　在第 1 章我们提到，限定词是修饰限定名词性短语的成分，日语和汉语传统上都将其视为定语，并且我们重点探讨的限定词是由指示词和人称代词转化而来，因此，限定词的研究不可避免地要涉及名词（包括代词）的指称问题、定语从句（关系从句）问题等。在汉语研究中，讲名词的指称问题，我们经常会提到陈平（1987）提出的有指 / 无指、有定 / 无定、类指（通指）/ 单指、实指 / 虚指这四组概念。这些概念在日语中同样适用，并且日语中除此之外还经常提及特指 / 非特指、措定 / 指定（同定）等概念。与指称相关的这些概念在名词短语的研究中发挥了重要的作用，但同时，由于这些概念在定义上存在一定的模糊之处，同时它们的区分角度不同，相互之间也存在一定的交叉，因此也导致了诸多的问题和争议。与关系从句相关的概念，在汉语中论及较多的是其限定性和非限定性，在日语中除此之外还经常提到寺村秀夫提出的"内部关系 / 外部关系"。关系从句的限定性 / 非限定性关涉名词短语的有定 / 无定，因此，限定 / 非限定的区分标准就显得尤为重要，但以往研究恰恰正是在此问题上存在诸多争议。"内部关系 / 外部关系"由于主要涉及的是句法结构上的问题，与限定词的关联度不大，因此我们暂不讨论。

　　本章将对以上概念进行初步的梳理，目的是厘清各组概念相互交叉和模糊不清的地方，确立本研究的立场，为下一步的研究打好基础。

第 1 节　与名词短语相关的几组指称概念

陈平（1987）对与名词性成分相关的四组语义概念进行了详细辨析，同时探讨了这四组概念在现代汉语中的表现形式及具有这些语义特征的名词性成分表现出来的语法特点。这四组概念是有指（referential）/ 无指（nonreferential）、定指（identifiable）/ 不定指（nonidentifiable）、实指（specific）/ 虚指（nonspecific）、通指（generic）/ 单指（individual）。以下我们将分别对这几组概念加以介绍（主要是陈平〈1987〉的观点），同时就其中存在的争议性问题进行简要述评。

陈平（1987）重点探讨了以下七种名词性成分的指称特征：

A 组：人称代词

B 组：专有名词

C 组："这 / 那"（＋量词）＋名词

D 组：光杆普通名词

E 组：数词（＋量词）＋名词

F 组："一"（＋量词）＋名词（"一"是虚化了的数词，轻读，常可省略）

G 组：量词 ＋ 名词

1　陈平（1987）对四组概念的理解和主张 ①

1.1　有指和无指

陈平认为，有指成分指的是表现对象为话语中某个实体（entity）的名词性成分。不是这样的名词性成分则为无指成分。如：

（1）去年八月，他在新雅餐厅当临时工时，结识了一位顾客。

除去句首的时间词（"去年八月"），此句中还有四个名词性成分："他""新雅餐厅""临时工""一位顾客"。前两个分别是发话人和受话人都

---

① 本小节内容全部摘录自陈平（1987）。

知道的两个身份明确的实体；"一位顾客"也是语境中的一个实体，虽然一时无法将该实体与语境中的某个具体的人联系起来。但是，"临时工"这个名词性成分在这儿仅表示一种身份，不是一个实体，发话人在说这个成分时，着眼点是该名词的属性，而不是所指，因此是无指成分。

陈平指出，有指成分可以回指，无指成分无法回指，这是判断一个名词性成分是有指还是无指可资利用的一个特征。除了对比或强调，无指成分一般不能以主语身份出现。

就以上七种形式的名词性短语而言，ABC 三组一般用作有指成分，而剩余几组既可做有指成分，也可做无指成分。无指成分一般出现在如下场合。

①复合词的构词成分，如"鸡蛋糕"中的"鸡蛋"，"商品展销"中的"商品"等。

②分类性表语成分，如"雍士杰曾是一名菜农"中的"一名菜农"。

③比较结构中用在"像""如""有"等词语后面的成分，如"他目瞪口呆，像一根木头棒子楔在原地，一动不动"中的"一根木头棒子"。

④否定结构中在否定成分管界内的成分，如"我这些天来没买书，口袋里没钱"中的"书"和"钱"。

⑤动名结构短语中的名词性成分，如"读书""吵架""打牌""抽烟"等短语中的名词成分。

1.2　定指和不定指（有定和无定）

陈平（1987）指出，发话人使用某个名词性成分时，如果预料听者能够将所指对象与语境中某个特定的事物等同起来，能够把它与同一语境中可能存在的其他同类实体区分开来，则该名词性成分在句中是定指成分。定指有两种情况：一是所指对象在语境中是唯一的；二是虽有其他同类实体，但可以根据某些信息将其区分开。相反，发话人在使用某个名词性成分时，如果预料受话人无法将所指对象与语境中其他同类成分区分开来，则该名词性成分为不定指成分。不定指成分常见的也有两种情况：一是发话人首次把所指对象引进话语；二是发话人仅仅是用该名词性成分虚指该成分所代表的事物，至于该事物是否存在于特定语境之中，发话人本人也不清楚。如：

（2）那天，一辆草绿色的解放牌卡车悄无声息地滑于淮海别墅顾而已家门……车停稳后，只见跳下一群身着去掉了领章、帽徽的空军服装的人。他们一进屋，就把守好每扇门窗，拉好窗帘。

在该句中，"一辆草绿色的解放牌卡车"和"一群身着去掉了……的人"这两个名词性短语是首次出现，听者或读者无法根据任何信息把它们与其他同类事物区分开，说话人或作者是把它们作为两个对读者来说陌生的事物引进话语的，因此是不定指成分。其他划线部分则均有明确所指："淮海别墅顾而已家门"的所指对象是独一无二的，读者能轻易将其辨认出来。"他们"这个人称代词有明确所指，自不必赘言。而"车""屋""门窗""窗帘"这些名词性成分虽然也存在同类事物，但根据上文信息，读者能够很容易地推导出是谁家的"车""屋""门窗""窗帘"。因此，它们都是定指成分。

陈平进一步指出，只有有指成分才有定指和不定指（有定／无定）的区别。定指和不定指这对概念涉及的核心是发话人对于受话人是否有能力将名词性成分的实际所指事物从语境中同类事物中辨别出来所做的判断。这同说话人本人是否具有这种辨析能力并无直接关系。一般说来，只有在以下三种情况下，名词性成分才能以定指形式出现。

第一种情况是，所指对象在上文（不限于同一篇文章或同一次谈话，也可以延伸到在此之前进行的全部语言交际活动）中已经出现过，现在对它进行回指。

第二种情况是，名词性成分的所指对象就存在于交际双方身处的实际环境中，可以靠眼神或手势作为当前的指示加以辨识。

第三种情况是，所指对象与其他人物之间存在着不可分离的从属或连带关系。凭借这种从属或连带关系，其可以与语境中同类的其他事物区别开来，获得定指身份。比如：

（3）晚上八点半，他们两人走出丽都饭店自动启闭的玻璃大门。停车坪上有十几辆"的士"，他俩立即扑向最靠近的一辆。这辆"丰田"改装的"的士"黑着灯，空着座。温良谨拉开车门，卢小婷一闪身便钻了进去。黑影里的司机回头一瞥，迅即转过头去。

此例中"停车坪"和"黑影里的司机"虽然都是首次出现，但仍然能够辨析出这两个名词在这里所指的特定对象。大饭店一般都建有停车坪，而出租车一定有一位司机。这是常识。依靠这种常识性的判断，我们能够辨析出这些名词性短语的确切所指。

汉语名词性成分的定指和不定指的区别在语言形式上从三个方面表现出来。一是该成分本身的词汇表现格式，二是该成分所带定语的性质，三是该成分在句子中所担任的句法功能。这三个方面的因素相互联系，相互制约，形成了极具汉语特色的错综复杂的局面。

（一）词汇表现格式和句法功能的制约

ABC 三组名词性成分一般只能用来表现定指成分，而 FG 两组名词性成分一般只用来表现不定指成分。DE 两组表现出较大的灵活性。越向 A 组或 G 组这两个极端靠近的名词性成分其有定性受词汇表现格式的影响越大，相反受其他两种因素（所带定语的性质／在句中的句法功能）影响越小。而越靠近中间，词汇格式本身表现出的定指性和不定指性的程度越弱，受其他两个因素的影响也就越大。比如：

（4）客人从前门来了。

（5）前门来了客人。

例（4）中的"客人"做主语，是定指成分。而例（5）中做存现句的宾语是不定指成分。同属 D 组格式的名词，句法功能不同，定指与不定指的理解也就不同。但这种情况只出现在中间那几组词汇格式身上，接近两端的格式并不受其影响。比如：

（6）屋门"吱呀"一声被推开了，从外面走进一位陌生女子。

（7）屋门"吱呀"一声被推开了，一位陌生女子从外面走了进来。

这两句中，"一位陌生女子"均为不定指成分（无定成分）。

名词性成分的有定无定与其句法功能之间的关系主要体现在三个方面：一是有的句子成分强烈倾向于由有定名词（短语）来充当，而有的句子成

分则强烈倾向于由无定名词（短语）来充当；二是本身无法明确判断是有定还是无定的名词（短语），如 D 组和 E 组，当其位于某些句法位置上时有做定指理解的强烈倾向，而位于另一些句法位置上时，则有做不定指理解的强烈倾向；三是有的句法位置只接受不定指格式名词（短语），而有的句法位置只接受定指格式。

强烈倾向于由定指名词性短语充当的句子成分有：1）主语；2）"把"字的宾语；3）数量宾语前的受事宾语；4）双宾语结构中的近宾语；5）领属性定语（相较于前面四种，其定指倾向性要弱一<u>些</u>。由不定指格式充当领属性定语的例子也时有所见，比如"他在<u>一个旅客的提包</u>里发现了……""<u>一个地方的气候</u>跟它的纬度有关"等）。

强烈倾向于由不定指名词（短语）充当的句子成分有：1）存现句中的宾语；2）处所介词短语前的宾语；3）双宾语结构中的远宾语；4）复合趋向补语后的宾语。

需要注意的是，七组格式名词性成分本身所具有的定指性或不定指性在程度上有强弱之分，而以上所述的各类句法成分的定指倾向和不定指倾向在程度上也有强弱之分。比如，一般说来，主语只能由 F 组以上的格式担任，而双宾语结构中的近宾语和数量宾语前的受事宾语只能由 E 组以上的格式担任，双宾语结构中的远宾语只能由 C 组以下的格式担任，处所介词短语前的宾语和复合趋向补语后的宾语只能由 E 组以下的成分担任。陈平指出，具体语境不同，各人语感不同，对"切割点"的设定也未必能取得一致。但是，可以断言，如果这是定指倾向性句法成分，高于该切割点的格式一定可用；如果是不定指倾向性句法成分，低于该切割点的格式一定可用。

（二）所带定语性质的制约

同样，名词性成分所带定语的性质也会影响其定指性/不定指性。比如：

（8）走进办公室，<u>他的</u>办公桌上端端正正地放着一封匿名信。

领属性定语具有较强的定指性质，带有这类定语的名词性成分一般做定指理解。而一般性的定语成分，限定性越强、越具体，该名词性成分的定指性也就越强。有时，限制性定语本身提供的信息具有相当强的区别功

能，名词性成分所带的数量词或者指别词等附加成分可以省略而不影响对该成分的理解。例如：

（9）1985 年 6 月，她大学毕业，同年嫁给了<u>一位在新加坡航空公司驻洛杉矶办事处工作、名叫马利克的办事员</u>。

（10）1985 年 6 月，她大学毕业，同年嫁给了<u>在新加坡航空公司驻洛杉矶办事处工作、名叫马利克的办事员</u>。

（11）他慢慢地踱到一土坟前，缓缓地从怀中掏出一本《中国作家》杂志，翻过了几页，把<u>登载着小说《黑纽扣》的那几页</u>撕了下来。

（12）他慢慢地踱到一土坟前，缓缓地从怀中掏出一本《中国作家》杂志，翻过了几页，把<u>登载着小说《黑纽扣》的几页</u>撕了下来。

从上面例子对比可以看出，由于定语成分的强确指性，例（9）和例（11）中的"一位"和"那"成了羡余性成分。

1.3　实指和虚指

陈平（1987）指出，如果所指对象是某个在语境中实际存在的人物，则该名词性成分为实指成分。反之，如果所指对象只是一个虚泛的概念，其实体在语境中也许存在，也许并不存在，则该名词性成分为虚指成分。这一对概念是基于发话人的意图来说的，与受话人没有直接关系。例如：

（13）A：请您从我桌子上取支<u>笔</u>来好吗？

B：您要什么笔？

A：我的那支灰杆儿钢笔。

（14）A：请您从我桌子上取支<u>笔</u>来好吗？

B：您要什么笔？

A：随便什么笔都行。

对发话人而言，在例（13）中，"笔"实有所指，他心中想到的是某个在语境中实际存在的具体事物，能够确指。而在例（14）中，说话人自己也没有确

指是哪一支笔，因此，（13）中的"笔"是实指，例（14）中的"笔"是虚指。

陈平（1987）同时指出，定指成分全是实指，没有虚实之别。就七种短语形式而言，实指成分可用 A 组到 G 组的任何一种形式表现。而虚指成分的词汇表现形式则限于 D 组以下的格式。虚指成分一般用在表未然、条件、疑问、否定等意义的句子中。

1.4　通指（类指）与单指

陈平（1987）指出，所指对象是整个一类事物的名词性成分为通指成分，所指对象是一类中的个体的名词性成分为单指成分。例如：

（15）麻雀虽小，但它颈上的骨头数目几乎比长颈鹿多一倍。

其中的"麻雀"和"长颈鹿"为通指。陈平同时指出，通指与无指有相同之处，均不指称语境中任何以个体形式出现的人或物。另外，通指成分代表语境中一个确定的类，在这一点上，它与定指成分有相同之处。

就 A 到 G 组的名词性短语而言，陈平指出，A 组到 G 组的每一组都可表示单指。除了靠名词重叠或名词前加"所有""一切"等限定词等方法以外，通指可用 C 组到 G 组的格式表现。由 C 组格式表现时，都有"种""类"等表类别的量词相随，如：

（16）算了算了，那种瓜以后再也不买了。

以上是陈平（1987）对四组概念的定义及表现特征的观察。该文指出的四组概念在七种名词性短语中的表现可归纳为下表。

表 2-1　陈平（1987）指出的四组概念在七类名词性短语中的表现

名词性成分	有指	无指	定指	不定指	实指	虚指	通指	单指
A 人称代词	+		+		+			+
B 专有名词	+		+		+			+
C 这/那（量）名	+		+		+		+	+

名词性成分	有指	无指	定指	不定指	实指	虚指	通指	单指
D 光杆普通名词	+	+	（+）	（+）	+	+	+	+
E 数量名	+	+	（+）	（+）	+	+	+	+
F 一（量）名	+	+		+	+	+	+	+
G 量 + 名	+	+		+	+	+	+	+

2　围绕四组概念存在的争议及本研究的立场

陈平（1987）梳理了四组概念的定义和句法语义特征，对后来的研究具有极其重要的指导意义。但是，由于四组概念切入点不同，再加上其本身并不是单纯的句法语义概念，涉及较多的篇章语用因素，因此，不可避免地存在模糊地带，也相应地引发了诸多争议。其中争议比较集中的是四组概念间的相互关系以及有定无定的判定依据问题。下面对相关争议做一简要介绍，同时也表明本研究的立场和主张。

2.1　四组概念之间的逻辑关系

对于上述四组概念，陈平（1987）是分开单独论述的。对于它们之间的逻辑关系，尽管有零星的阐述，但并不深入，由此引发了诸多争议。我们先看一下陈平在该文中提出的一些主张。

（a）只有有指成分才有定指与不定指的区别。对于无指成分，这种区别是没有任何意义的。

（b）只有不定指成分才有实指和虚指的区别，顾名思义，定指成分都是实指。

（c）通指成分在语义上有两个特点值得我们注意。一方面，它并不指称语境中任何以个体形式出现的人或物。从这个角度看，它与无指成分有相同之处。另一方面，通指成分代表语境中一个确定的类。从这个角度看，它与定指成分有相同之处。

暂不论四组概念间到底应该存在什么关系，单就陈平的这几点主张，就已经引发了关于陈平是怎么看四组概念间关系的不同理解。比如，王红旗（2004）、钟小勇（2008）、陈俊和（2009）在总结陈平（1987）的主张

时，分别列出了图 2-1、图 2-2、图 2-3 所示的体系，反映了他们对陈平观点的不同理解。

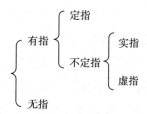

（通指和单指与有指和无指是交叉关系）

图 2-1　王红旗（2004）对陈平所提几对概念间关系的理解

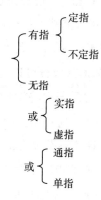

图 2-2　钟小勇（2008）对陈平所提几对概念间关系的理解

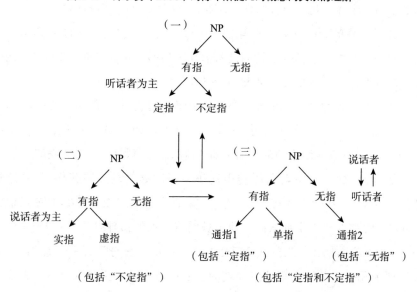

图 2-3　陈俊和（2009）对陈平所提几对概念间关系的理解

可以看出，在有指包含定指和不定指这一点上各方观点都没有差异，但在涉及通指／单指与有指／无指的关系、实指／虚指与有指／无指的关系时，各方对陈平的观点便产生了不同的理解。王红旗（2004）的图示至少存在两个问题：一是没有在定指上体现出与实指／虚指的关系，让人容易产生实指／虚指仅仅是不定指的下位分类这一错误理解；二是通指／单指与有指／无指的交叉关系没有画出来。钟小勇（2008）的图示除了体现出有指与定指／不定指的包含关系之外，没有体现出其他概念间的关系。陈俊和（2009）的图示中加入了听者和说话人角度的区分，更加全面地展示了陈平的观点。但是，其关于通指与有指／无指的关系有待商榷。在他的图示中，部分通指成分可以是无指的。尽管陈平也指出"它（＝通指）并不指称语境中任何以个体形式出现的人或物。从这个角度看，它与无指成分有相同之处"，但这并不代表陈平就认为通指成分可以是无指的。并且，将通指成分视为无指，也与陈平（1987）之后普遍将类指（通指）名词视为有定成分（后述）的主流观点不一致。因此，参考之后的主流观点，我们可以做此理解：通指可以理解为定指的一种（将类视为特殊的个体），但不是无指。因为定指成分必须是有指成分。陈平指出了通指与无指有相同之处，但并不代表通指成分是无指成分的一种，二者的相同之处在于都不指称个体。无指既不指称个体，也不指称类别。而通指不指称个体，但指称类别。

关于指称的分类体系，在陈平（1987）之后，又有不少学者提出了自己的看法，其中比较有代表性的是张伯江（1997）和王红旗（2004）。他们提出的分类体系分别如图2-4和图2-5。

在1.1中我们介绍过陈平（1987）指出无指成分一般出现在五种场合中，张伯江（1997）另增加了表属性的定语名词（如"木头桌子"中的"木头"）、某些动名组合中的名词（如"他的篮球打得好""喝酒喝醉了"中的"篮球""酒"）、主谓谓语句中的小主语（如"老王胳膊伤了""这场球灯光不好"中的"胳膊""灯光"）等情况。王红旗（2004）对张伯江（1997）的观点并不全部认同，他不赞同将"他的篮球打得好""喝酒喝醉了""老王胳膊伤了""这场球灯光不好"中的"篮球""酒""胳膊""灯光"视为无指成分。出现这些分歧的主要原因在于对无指成分这一概念的理解。王红旗指出，陈平对于无指成分的定义是一种否定式的，即不是有指

图 2-4　张伯江（1997）的指称分类体系

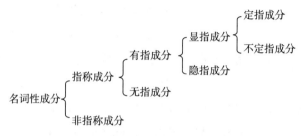

图 2-5　王红旗（2004）的指称分类体系

成分的都是无指成分，这种定义方式无法揭示无指的本质特征。张伯江指出无指成分侧重于表现抽象的属性。王红旗在此基础上进一步严格界定了无指的定义和范围，他根据名词的三种语义功能（指称实体、表示名称、表示属性）先区分了指称成分（指称实体的名词成分）和非指称成分（表示名称和属性的名词成分），然后在指称成分中又区分了有指成分（包括定指和不定指成分）和无指成分（指称可能存在的实体的名词性成分）。可以看出，王红旗定义的无指成分与陈平和张伯江的差异较大，陈平和张伯江定义的典型的无指成分（即表抽象属性的名词成分）都归到了非指称成分之中。也就是说，传统意义上的典型的无指成分对应的是王红旗的非指称成分。非指称成分的特征是表示名称或表示属性。王红旗指出的无指成分主要包括：1）表可能、意愿、未来、条件、假设意义的句子中的"一量名"形式的宾语，如"他打算再盖一座房子"中的"一座房子"；2）否定结构中在否定管界内的成分，如"口袋里没钱"中的"钱"；3）动宾式短语中的宾语名词，如"读书、买菜"等中的"书、菜"；4）疑问句中的疑问词，如"谁来了"中的"谁"；5）周遍性主语句中的主语，如"一个人也不来"中的"一个人"。

王红旗（2004）对传统观点认为的无指成分进行细化分类，并从中提

取出"指称可能存在的实体的名词性成分"这一类别，对于明确有指／无指成分的区别具有积极意义，我们也持赞同的观点。但由于传统意义上的有指／无指概念已经深入人心，为避免采用新概念造成理解上的困难，我们在此仍沿用传统的有指／无指概念，暂不采用王红旗分类体系中的概念术语，只不过，对于传统意义上的无指成分中有争议的外延，特别是王红旗指出的"指称可能存在的实体的名词性成分"这一类别，我们可将其归入（传统意义上的）有指成分中，或者独立出来单独进行讨论。

陈平（1987）、张伯江（1997）、王红旗（2004）的分类体系中还有一个明显的差异是对实指／虚指这对概念的定位。陈平（1987）在讨论实指／虚指时，指出了其与定指／不定指，特别是与不定指的关系，给人们造成一种印象：实指／虚指是不定指的下位概念。王红旗（2004）就是这样认为的，他指出："'实指'和'虚指'在陈平的分类中是'不定指'的下位概念，而在张伯江的分类中则是'有指'的下位概念……把不定指成分分为实指和虚指是不合逻辑的。在张伯江的分类中，有指成分是指称实体的，指称实体的有指成分分成指称特定实体的实指成分和指称任何可能实体的虚指成分是合乎逻辑的。"暂不论陈平的实际想法是不是这样，单就实指／虚指与有指／无指的关系而言，本研究赞同张伯江和王红旗的主张，即可在有指成分下面划分实指／虚指成分，不定指成分不应再分为实指／虚指。

2.2 围绕有指和无指存在的争议和思考

陈平指出，判断一个名词性成分是有指成分还是无指成分，一个具有可操作性的方法是看其是否可以回指。有指成分可以回指，无指成分无法回指。但我们看下面这个句子：

（17）张三是<u>主席</u>。

按照陈平的观点，"主席"是张三的属性，无指称性，不指称实体，因此应该是无指成分，也不能被回指。但是，杨成凯（2003）指出，它其实是可以回指的。比如：

（18）张三是<u>主席</u>，<u>这个主席</u>跟别的<u>主席</u>可不一样。

（19）张三是<u>主席</u>，可以行使<u>主席</u>的权力。

　　杨成凯（2003）指出，例（17）可做不同的理解。一种理解是"这个当主席的人跟其他当主席的人不一样"，另一种理解是"这个主席差使跟其他主席差使不一样"。例（18）中后一个"主席"也有不同的理解，一种是"主席这个职位"，另一种是实指人的"他"。杨成凯指出，无论对象是不是实体（狭义），只要它们是一个多元集合，那么集合中的成员就是有指成分。"既然是名词，它就要指示一种东西，不指示任何东西的名词是不可理解的。文献中的'有指'和'无指'的概念没有区分上述种种情况，说一个名词可以'无指'尤其令人迷惑……"

　　杨的观点从名词本身的语义特征出发，深入揭示了有指和无指这对概念存在的模糊性，具有一定的道理，从根本上来说是正确的。但我们同时认为，语法概念的树立永远不是绝对的，各个概念之间不存在绝对的、界限分明的、非此即彼的严格区分，其存在的意义在于可以用来揭示具有明显倾向性的规律，而不是必须揭示绝对的规律。因此，尽管有指和无指这对概念并不能严格区分开，但仍然揭示出了如例（1）中各名词性成分不同的特征，仍然具有语言学上的价值。

　　另外，陈平指出了无指成分经常出现的句法位置（1.1 中的①～⑤），同时指出它一般不出现在主语位置上。但是，我们仔细观察①～⑤这五种情况可以感受到，它们中的无指性并不是均衡分布的，越往后面无指性越弱，同时有指性越强。我们感觉，①②中名词性短语的无指性要明显强于③～⑤，特别是③④中的名词性成分，作为句子中相对较为独立的类宾语成分（存在宾语及介词后宾语等非典型性宾语），其实体性相对较为明显，我们更倾向做有指成分中的无定成分理解。按陈平的解释，这里将其划为无指成分，主要考虑的是它们的着眼点是属性，而不是具体所指。但是，属性往往是要依托实体而存在的，比如③中的"一根木头棒子"所代表的"无法自主移动"等属性特征，是从实体中产生出来的，是从属性的。是凸显其属性特征还是凸显其实体性，与其句法位置有很大的关系。张伯江（1997）把无指对句法位置的优选顺序归纳为：表语＞定语＞名词中心语＞

主语＞宾语。表语位置本身就是安放属性表达的句法位置，因此在此位置上就会凸显属性。定语位置凸显修饰功能，因此也会凸显事物的属性特征。但主语和宾语位置更侧重于凸显事件的主体性，因此名词性成分在此位置上会凸显其实体性。在上文中我们看到，王红旗（2004）将这些凸显实体的名词性成分直接作为"指称可能存在的实体的名词性成分"列入指称成分中，与表抽象属性的非指称成分明确区分开。

2.3　围绕有定无定存在的争议和思考

定指和不定指这一对概念在语法研究中占有极其重要的地位，对其进行的探讨也最多。综合来看，这些研究主要集中于：1）定指与类指的关系；2）无定成分与句法位置的关系，特别是围绕无定主语展开的研究较多；3）定指／不定指和特指／非特指的区别；4）有定无定的相对性。前三个方面由于涉及其他相关概念，因此我们将放到相关概念中加以阐述。在此，我们仅对"4）有定无定的相对性"进行简要探讨。

从陈平（1987）给出的定义来看，定指是指说话人预料"听者能够将所指对象与语境中某个特定的事物等同起来"，或者"能够把它与同一语境中可能存在的其他同类实体区分开来"。这似乎代表了两种情况，但我们认为，后一种情况的最终目的其实也是实现第一种情况，即"与其他同类区分开来"的目的就是"将所指对象与语境中某个特定的事物等同起来"。在日语中，论述有定概念时，经常使用"同定"这一动词，其原本的意思是"证明两个事物为同一物"，用于有定概念上就是确定名词短语的所指对象与语境中的某个个体为同一物。

两个事物能否断定是同定关系，看似是界限分明的二分操作，但实际上并非如此，它存在一个倾向性或相对性问题，即在断定的程度上具有连续性，而断定的程度往往与同定的途径有关：途径越曲折复杂，断定的程度越弱；相反，同定越直接，断定的程度就越强。比如我们在发话现场指着一张桌子说"这张桌子很便宜"，"这张桌子"存在于发话现场，同时又在表达形式上具有典型的有定指示形式（指示词），因此，其同定的途径较为简捷直接，断定的程度较强。相反，如果说成"桌子很便宜"，缺少了语言形式上的限定，则听者同定（确定所指对象）时需要先借助语境因素确

定"桌子"指的是哪一张桌子，同定的途径要复杂一些，相对断定的程度也会减弱一些。Crystal（1997/2000：180）也曾指出："有定和无定的区分不能一刀切，因为有许多语言的和语言外的语境变项在起作用。"（引自魏红、储泽祥，2007）

综合前人的研究来看，有以下一些因素会影响对有定无定的判别。

1）名词短语的词汇表现形式。这一点陈平已有详细论述（见前文）。人称代词、专有名词、"指示词（＋量词）＋名词"结构短语具有较强的断定性，是典型的有定性名词短语。光杆名词和数量词短语则具有模糊性，而一（量）名短语则偏向于无定。数量词短语有自身的特点，数量是有定的，由有定的数量一般可以确定是哪一个集合，也就是说，集合本身大多是可以确定的，但集合中的具体对象又是不确指的。在这一点上，其与类指成分有相似之处。

2）句法位置。句法位置对在有定和无定概念上具有模糊性的光杆名词和数量词短语影响最大。这一点陈平也有详细论述，在此不加赘述。

3）限定修饰成分的详细程度。这一点陈平也有详细论述，他将其又分为领属性的限定成分和一般性的限定修饰成分两种。前者因为领属性定语是有定的，名词性短语整体上具有较强的可同定性，一般做定指理解；后者限定性越强、越具体，该名词性成分越易被同定，有指性就越强。关于这一点，较陈平（1987）更早一点的范继淹（1985）也有类似论述。他指出，名词性短语随着限定性定语的增多，会越来越倾向于做有定理解。比如"一位医生告诉我……"中的"一位医生"是无定的，但如果换成"一位女医生""一位姓侯的女医生""首都医院一位姓侯的女医生""首都医院血液组一位姓侯的女医生"，等等，限定性定语越多，越倾向于做有定理解。有定性程度的相对性在这一点体现得尤为明显。

4）在发话当时的时间和空间中所指对象具有唯一性时，易做有定成分理解。丹羽哲也（2004）就日语中光杆名词的有定性问题指出了两个例子，一个是"昨日、首相が次のような談話を発表した…（笔者译：昨日，首相发表如下讲话……）"中的"首相"无疑指的是说话当时的日本首相。另一个例子是在展览馆中某一展品的前面贴有"展示品に限り、半額"（笔者译：展品半价）这样的标签，其中的光杆名词"展示品"应做有指成分理

解，它指的就是当前这个展品。汉语中也是如此。比如，我们在给学生的论文写评语时，在开头一般会写"该论文结构合理……"，但也有直接用"论文结构合理……"的情况。不加指示词"该"，我们也可以基于语境因素轻松确定所指对象。

5）语篇的话题人物倾向于做有定理解。比如在日语的小说中，主人公经常用"男"或"女"这种光杆名词来表达。汉语的小说中也有这种情况。尽管是光杆名词，但由于其是小说的话题人物，往往具有唯一性，因此倾向于做有定理解。

6）语篇或谈话中与有定成分关联性强的成分倾向于做有定理解。丹羽哲也（2004）举出的"今回の飛行機事故について、原因を究明するために、…"（笔者译：关于此次飞行事故，为了查明原因……）一例中，"原因"虽为光杆名词，但由于其与前面的有定成分"今回の飛行機事故"关联度高，因此，很容易理解为是此次飞行事故的原因而不是其他的原因。事实上，这与陈平指出的领属性定语的特质是内在相通的。它也是一种领属关系，只不过这种关系没有表现在语言形式上而已。

上述列举的只是一些常被论及的因素，影响有定和无定判断的绝不止这几种。我们从以往研究归纳出的有定名词短语的类型上也可看出一些问题。

陈平（1987）就前述的七种形式的名词性短语，指出人称代词、专有名词、"指示词（＋量词）＋名词"结构短语是典型的有定名词短语。董成如（2011）指出，汉语名词短语的有定性和无定性有一定的表现形式。有定名词的标记包括：指示词、专名、领属短语、代词、全称量词（如"一切""所有"等）、序数词（如"第一"）。无定名词的标记包括："一量名"结构、数量短语（如"一些 N""很多 N"）、无定指示词（如"这么""那么"）、光杆名词等。

日语中，对于名词短语有定性和无定性的探讨并不是很多。益冈隆志（1990：73）指出："事実、「定・不定性」の分析の担い手は、冠詞を有する英語などの言語であった"（笔者译：事实上，承担有定无定分析任务的主要是英语等拥有冠词的语言）。也许因为如此，岩田一成（2013：27）指出："英語のような定・不定を統語カテゴリーとして持つ言語に比べると、

日本語ではあまり取り上げられていない"（笔者译：与英语等拥有有定／无定这一句法范畴的语言相比，日语中对其的讨论并不多见）。

对于有定名词短语的类型，日语中基本上沿用的是 Givón（1984）、Hawkins（1978）的规定，即主要有以下几种：

（a）发话现场存在的名词短语；

（b）说话人和听者所共知的名词短语；

（c）专有名词（短语）；

（d）类指名词性短语（即通指性名词成分）；

（e）指示对象的默认值是有定的名词性短语（比如"首相是笨蛋"中的"首相"默认是当前的首相）；

（f）指示对象在语篇内是特指的名词性短语。

岩田一成（2013）又加了一种形式，即"（g）受动词修饰的名词性短语"。其理由是：动词的时体特征使其在时间轴上的关系能够更细致地被指定，因此，能够更为详细地指示名词。我们认为，岩田所加的这一种形式其实与汉语中对名词的限定修饰成分的论述是内在相通的，即修饰成分越具体越详细，就越倾向于做有定成分理解。但无论如何，它仍然代表的是一种倾向性或相对性，而不是绝对性。

关于（d）类的类指名词短语是不是应视为有定成分的问题，长期以来一直存在争议。关于这一点，我们还将在后文详细论述，但从总体来看，大多数学者认为类指成分指示的是一个可以确定的类，类也可视为一种特殊的个体，因此，类指成分应作为有定成分看待。但刘丹青（2012）、方梅（2019）等学者坚持将二者区别对待。这涉及对"个体"的理解问题，但从中可以看出，在有定性的理解和判定上仍然存在一个典型和非典型的程度问题。

有定／无定的倾向性或相对性值得我们高度重视，因为正是这种相对性或倾向性导致研究中出现各种观点上的龃龉和争议。关于这一点，我们将在后文以无定主语句的研究为例加以详细说明。

从总体上看，从形式上判断所指对象（同定）要比从语境中判断容易得多，因此，有有定形式标记的名词性短语要比无形式标记、需要结合语境因素来确定所指对象的名词性短语，更容易做有定成分理解。

　　但同时我们也要看到，有定和无定这对概念从其定义上来看，本质上是一个语用层面的概念。因此，形式可以提供判断的参考，但并不是根本的决定性因素；根本的决定性因素是语境。比如，魏红、储泽祥（2007）就曾指出，汉语中传统上被认为是典型的无定名词短语的"一量名"结构，在进入具体句子后就不一定是无定的。该文所举的一个例子是"一句话说完，她流下眼泪"。在这个句子中，听者或读者从上下文完全可以知道"一句话"指的就是前面所说的话，因此，不能断然说它是无定名词短语。

　　魏红、储泽祥（2007）所举的例子中，"一量名"短语所指对象在上文中出现，容易理解和把握。事实上，还有完全依赖语境推理的语言现象存在。比如：

　　（20）"为什么？"我气愤地说，"这不公平。"我丈夫摊摊手。我更气愤了。我想你摊什么手？<u>一个男人</u>应该想办法满足妻子的合理要求。（池莉《怎么爱你也不够》）

　　在这个例子中，如果后半部分就是妻子当时的话语，那么丈夫在现场会很容易想到妻子所说的"一个男人"就是指自己。那么，这种情况下的"一量名"结构似乎也可以理解为有定而非无定。

　　对有定和无定这对概念的定位正经历一个认识上的演变过程。Heim（1982）主要从名词的语义角度讨论有定和无定。Crystal（1997/2000:100，180）对有定和无定的定义如下：

　　Definite（ness）有定的（有定性）：语法和语义学用来指一个具体的可识别的实体（或一类实体），通常与无定相对。
　　Indefinite(ness) 无定的（无定性）：语法和语义学用来指一个实体（或一类实体）无法具体识别，通常与有定相对。

　　可以看出，传统的观点是从语法或语义的角度来定义有定和无定的。但近年来，已有不少学者开始从语用角度对这一对概念加以探讨。Hawkins（1991）从语义和语用角度分析定冠词、不定冠词。Lyons（1999）不赞同

把有定和无定看作语法范畴，他认为"有定效应"（即出现在特定句法位置的词语必须是有定的）是一种语义或语用制约，而不是句法限制。（这一演变过程摘引自王欣〈2003〉）

汉语中，也有学者注意到这个问题。徐通锵（1997：7）认为，"有定"包含两个不同的层次，一个是语法结构的有定，另外一个是交际内容的有定。

魏红、储泽祥（2007）认为，有定/无定本质上是一对语用范畴，但与语法、语义密切相关。"有定"是指说话人提供了足够的信息，使听话人能够识别 NP 所指的对象具体是什么。"无定"是指说话人没有提供足够的信息，使听话人难以识别 NP 所指的对象具体是什么。在言语中，有定/无定经常需要通过一定的语法手段来实现，如人称代词、专有名词、"这/那+NP"等与有定性对应，而"数量名"结构与无定基本对应。

陈俊和（2009）进一步认为，汉语的有定范畴应该考虑其"语法形式"和"语用意义"，即有定性＝"定"（语法形式）＋"指"（语用意义）（见图2-6）。基于这一考虑，该文对汉语的指称系统进行了如下的重新分类。

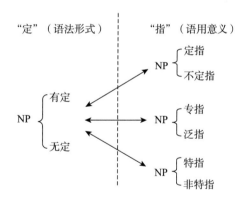

图2-6　陈俊和（2009）对"定指"范畴的定位

对以上学者的观点，我们基本赞同魏红、储泽祥（2007）的主张，即有定和无定本质上是语用层面的概念。对于陈俊和（2009）提出的"定"为语法形式的观点，由于其缺少严格的依据，我们暂时保留意见。

不过，另一方面，如果因为有定和无定是语用概念而单纯依靠语用推理来加以判断区分，则势必会将有定范围扩得过大。因为在很多情况下，

特别是在现实句（魏红、储泽祥〈2007〉定义的，与特定的现实情境相联系的句子）中，说话人所说的看似是讲道理或符合客观规律的通指句，在具体语境中也可以被理解为是有所指的，而听者也往往会根据语境去联想、推测说话人的所指，就如例（20）中"一个男人"一样。到底是在讲道理还是话有所指，很难判断，相应地，可操作性就大大降低。以形式为基准还是以意义功能为基准，是一个两难的选择。也许正是形式和意义功能的这种非一一对称性关系，才造成了语言研究的诸多困难吧。

对于有定和无定概念中所涉及的"个体"，丹羽哲也（2004）进行了如下细化。

（一）有定名词短语指的是指示对象的范围能被确定的名词，包括以下几类。

①指示某一特定个体的名词短语。（特定个体）

（21）この子は、今三年生だよ。（笔者译：这个孩子现在是三年级学生。）

②指示某一集合整体的名词短语。（集合整体）

（22）人を見たら泥棒と思え。（笔者译：遇到人就把他视为小偷。）

（23）この店の豆腐が一番うまい。（笔者译：这家店的豆腐最好吃。）

（24）そこに集まっている人たちをみんなで取り囲んだ。（笔者译：大家把聚集在那儿的人围了起来。）

③指示某一集合内特定部分的名词短语。（特定部分）

金水敏（1986）称之为普通名词的代名词用法。其中又分为两种类型。

第一类：现场指示型（ダイクティックな指示）

（25）社長があいさつを申し上げます。（笔者译：下面社长发言。）｛"社長"指的是本公司的社长｝

（26）（店内で、ある展示商品の前に置かれた札）展示品に限り、50％引き。（笔者译：〈店内某一展品前摆放的牌子上写有〉展品半价。）{"展示品"指的是当前这一展品}

（27）一週間前に始まりました。（笔者译：一周前开始了。）{"一週間前"指的是以今天为起点的一周前}

第二类：文脉指示型或照应型（アナフォリックな指示）

（28）そこに一人の男がやってきた。私は男に道を尋ねた。（笔者译：这时，一名男子走了过来。我向男子问路。）

（29）今回の飛行機事故について、原因を究明するために調査団が派遣された。（笔者译：关于此次飞行事故，为调查原因，派出了调查团。）

（二）无定名词短语指的是指示对象的范围没有被确定的名词，包括以下两类。

④指示任意个体或要素不定的某一集合的名词短语。（任意个体·集合）

（30）どんな人が好きなの？（笔者译：你喜欢什么样的人？）

（31）ある人に聞いてみた。（笔者译：我向某个人打听了一下。）

（32）多くの助言を得た。（笔者译：获得了很多建议性意见。）

⑤指示某一集合内的任意部分的名词短语。（任意部分）

（33）その時間は私はここで人と話をしていた。（笔者译：那个时间我正在这儿和人聊天。）

（34）この店の豆腐を食べたい。（笔者译：我想吃这家店的豆腐。）

但是，需要注意的是，由于有定和无定是从听者的角度定义的，因此，受发话情景的影响，这里面仍然涉及语用所指的不确定性。比如：

（35）"你和<u>不讲理的人</u>谈什么条件！"

"不讲理的人"这一名词短语从语义上是集合义，但在此处从听者立场来看，实有所指，并且应该知道是谁，即知道其所指为特定的人物。因此，其应属于丹羽所说的③〈有定名词短语的特定部分〉。

但是，由于发话场景纷繁复杂，各种情况都有可能会出现。比如：

（36）"我知道，和<u>不讲理的人</u>谈条件，是不可能会有好结果的。"

对于这句话中的"不讲理的人"，如果听者将此句理解为通指句，则相当于丹羽所说的"集合整体"（如果把通指也作为有定理解的话）；如果听者将此句理解为有特指的句子，即听者知道说话人所说的"不讲理的人"指的是谁，则相当于丹羽所说的有定名词的"特定部分"。而如果听者知道说话人将要去和某人谈条件，但又不知这人是谁，那么其用法相当于无定名词短语的"任意部分"。

可见，有定和无定的判断在缺乏明确的句法语义形式限定时（以光杆名词为代表），在很大程度上是由语境因素决定的。

2.4　围绕实指 / 虚指的争议和思考

与实指 / 虚指有关的争议主要集中其在指称分类体系中的定位，相关内容我们已在前述 2.1 和 2.2 中做过论述，在此省略。

2.5　围绕通指（类指）/ 单指的争议和思考

围绕通指 / 单指的争议主要集中于：1）通指（类指）与有定 / 无定的关系；2）光杆名词与通指 / 单指的关系。对于前者，我们将在后文对无定名词主语的研究进行综述时加以介绍，在此重点介绍后者。

陈平（1987）指出，所指对象是整个一类事物的名词性成分为通指成分，是一类中的个体的名词性成分为单指成分。光杆名词和数量名结构是通指成分的主要表现形式。

杨成凯（2003）认为，语言中名词性成分的指称对象并不是现实世界

中的实体，而是思维世界中的映像。其中又分为具有区别性特征的单元映像、不具有区别性特征的类元映像以及包含所有个体类对象的全集映像。当某一全集映像与其他全集映像对比时，也可以将这个全集映像看作一个特殊的单元映像，因为它具有明显的区别性特征。另外，表示一类对象共性的映像又称为典型映像（我们认为它相当于认知语言学中的"プロトタイプ"）。典型映像既可理解为对象的内涵（我们认为类似于认知语言学的"スキーマ"），也可以理解为在全域上定义的类元映像。

在表示某类对象的共性时，有两种途径。一种是通过建立典型映像或全集映像来实现，比如"人有两只手"中的"人"就可理解为典型的"人"的映像（也可理解为类元映像）。"人都有两只手"中的"都"起的作用是把一个整体离析为一个个成员，因此，其中的"人"可理解为全集映像。另一种是用类元映像来代替，比如"一个人有两只手"或者更明显的"每一个人都有两只手"中的"一个人"就是类元映像，其意在让"一个人"代替全体对象。

杨成凯（2003）在此基础上分析了"麻雀虽小，五脏俱全"中"麻雀"的指称属性。他指出，传统观点认为在此句中"麻雀"是通指成分，指称整个一类事物。但事实上，这里的"麻雀"和"人有两只手"中的"人"相似，既可以理解为典型映像，也可理解为一个类元映像，但不是指麻雀整个一类事物。"因为'麻雀虽小'的'小'说的是麻雀集合中的个体性质的'小'，而不是说全部麻雀组成的集合体的'小'，这里有总称和分述的区别。"

杨成凯的分析突出了类指的表达途径或表达手段，对于我们理解类指的本质特征非常有帮助。其实，陈平（1987）指出的七类名词性成分中，类指（通指）成分的主要表现为光杆名词和数量词短语，特别是"一量名"短语。这也反映出杨成凯指出的类指的几种表达途径。数量词短语（包括"一量名"短语）侧重于通过类元映像来实现通指，而光杆名词稍微复杂一些，既可理解为通过典型映像或全集映像，也可理解为通过类元映像来实现通指。

刘丹青（2002）指出，类指似乎不是与其他指称义如有定/无定、实指、无指等在同一个标准下划分出来的。它有时与其他指称义有交叉，与

全量、无指、有定等都有纠葛。类指的核心语义是非个体性，重内涵不重外延，其在这一点上与无指有相通之处，但二者仍然有区别。类指可以通过添加指称成分凸显外延，而无指则不可。无指意为非指称，即根本不是一个独立的指称成分，只取其内涵而没有外延。比如：

（37）熊猫吃竹子。/ 所有熊猫都吃竹子。

学生就该好好学习。/ 每个学生都该好好学习。

他走进了学生阅览室。/ ?? 他走进了每个 / 所有学生阅览室。

刘丹青（2002）指出，英语中的类指常用光杆复数形式和不可数名词来表示，而在缺乏形式标记的汉语中，用光杆名词表示类指最符合汉语的类型特点。光杆名词是类指还是单指，跟谓语类型有关。谓语是属性谓语时，光杆名词主语常是类指的；谓语是事件谓语时，光杆名词主语常是单指的。如"青蛙有四条腿"和"青蛙在叫"中的"青蛙"，前者是类指，后者是单指。

刘丹青（2002）在经过多种句法规则的论证后，提出了"光杆名词短语类指普遍性假说"，即在一切名词性短语中，不带指称标记的 NP 都具有类指的指称义。光杆名词短语假如表达类指以外的指称义，则理解为其他指称标记的省略或零形式标记。如上面"青蛙在叫"中的"青蛙"可以理解为是"那只（/ 一只）青蛙"省略了指称标记"那只 / 一只"。

对于"光杆名词短语类指普遍性假说"，特别是将非类指的光杆名词视为指称标记省略的处理方法，我们认为虽然有利于做统一性解释，但太过牵强。首先，从语感上说，我们从"青蛙在叫"的例子中并不能感受到明显的指称标记省略。其次，汉语中各种形式的名词性短语中，光杆名词最为常见，使用频率最高，且在现实性场景中，大多为有定或无定成分，而不是类指成分。因此，如果将有指的光杆名词视为指称标记省略的特殊用法，则从有标无标的角度来看不太符合逻辑。

我们在评阅论文时，一般会在评阅意见栏里写"该论文结构合理，观点明确……"之类的话语，但有时也会不用"该"，直接用光杆名词"论文"指代当前评阅的论文。也就是说，此处的"论文"虽是光杆名词，却

发挥了和"该论文"一样的指称功能，是有定成分。从这一点来看，似乎正如刘丹青所主张的那样，"论文"是"该论文"的省略形式。但是，我们不能据此来将指称机制简单化。站在听者的立场来看，理解名词短语的所指对象，既有基于词汇义（语义）层面的较为直接的同定，比如带指示词或人称词的名词短语或专名名词；又有基于语境的相对间接的同定，其中就包括从类指义向单指义的转换。比如，在吵架时一方可能会说"你怎么能骂人？"另一方会说"我就骂你了，怎么着?！"很明显，其中的"人"听者可以理解为是说话人自身，即定指成分。但同时，无论是站在听者还是说话人的立场，"人"似乎也可以理解为是类指成分，即说话人只是借用普遍性的道理"骂人不好"来表达自己的态度。到底听者是将其作为定指成分理解的还是作为类指成分理解的，这个尚不确定。但其中的指称（同定）机制是较为明显的，"人"在语义层面上指称的是类，但在具体语境（包括话语本身的现实事件性）中，从语用功能层面可以理解为指称个体。由此可以看出，问题的关键在于类指这一概念是语用层面的还是语义层面的。普通的光杆名词在语义层面做类指理解，这很容易理解，但在语用层面是不是也都要理解为类指成分，则值得商榷。

3　日语研究中的措定 / 指定、特定 / 非特定

作为与指称相关的概念，在日语研究中常提到特定 / 非特定、措定 / 指定这两对概念，在此略做介绍。

3.1　措定 / 指定

日本语文法学会（2014：608）指出，日语名词对"数"范畴、有定无定范畴不敏感。这些范畴一般通过词汇手段来实现，如"一人の人、人々、人たち、ある人、その人"等。

但有学者指出，表主题的"は"与表主语的"が"的区分涉及有定性和无定性。比如：

（38）a. 犬が人に噛みついた。

　　　b.（その）犬は保健所に連れていかれた。

a 句中的"犬"是无定名词主语，类似于汉语中充当主语的"一量名"无定结构或有字句中"有"的宾语。b 句中的"犬"是主题，倾向于做有定理解，这与汉语"主语（主题）倾向于有定，宾语倾向于无定"这一倾向相似。

措定句指的是"A は B だ"这种把 B 表达的属性归于指示对象 A 身上的名词谓语句[①]。比如：

（39）彼は画家だ。

此句回答的是"他是怎样一个人？"这个问题。句义重心在于后面的属性表达。"彼"是有指名词短语，"画家"不指示对象，仅表属性，是无指名词短语，也称"叙述名詞句（叙述名词性短语）"。

指定句指的是"A が B だ"这种用来指定具有 B 这种属性的指示对象的名词谓语句。比如：

（40）彼が画家だ。

此句回答的是"谁是画家？"这个问题。句义重心在于前面的指示对象。
措定句的特征如下。
（一）措定句"A は B だ"换成"B が A だ"后句意发生改变。如：

（41）彼は画家だ。
（42）画家が彼だ。

上例（41）如果换成例（42）的形式，则成了对"谁是画家？"的回答。而例（41）原本是对"他是怎样一个人？"的回答。
另外，措定句与同为"A は B だ"形式的倒置指定句也有很大不同。如：

---

① 名词谓语句或名词句指的是"A は B だ"这样的句子，名词短语 A 和名词短语 B 通过"繫辞"（被称为 copula 的特殊动词"である""だ"）连接起来的句式。日语中由于存在"は/が"之分，因此，名词谓语句的形式有两种：1）A は B だ；2）A が B だ。

（43）責任者はあの男だ。（表达"要说谁是负责人的话，就是那个人了"）（倒置指定句）

（44）あの人は責任者だ。（表达"要说那个人是怎样一个人的话，他是负责人"）（措定句）

可以看出，倒置指定句与"ＢがＡだ"这种指定句反倒相近。

（45）責任者はあの男だ。（倒置指定句）

（46）あの男が責任者だ。（也表达例〈45〉的意思）（指定句）

（二）措定句的主语既可为有定名词也可为类指名词。

（47）彼は画家だ。

（48）鯨は哺乳類だ。

（三）措定句"ＡはＢだ"中Ｂ的位置不能出现人称代词、"あいつ、この車"这样的直示名词、"お互い、自分"这样的照应形式。因为这些形式不表属性。另外，Ｂ的位置也不能出现"全員、何人かの"这样的量化表达。因为量化表达只能用于有指名词短语。

（四）措定句"ＡはＢだ"中Ｂ的位置可以出现并列名词短语，但有限制。比如：

（49）a.?? 洋子は、金持ちと天才だ。

b. 洋子は、金持ちで天才だ。

赋予某个指示对象双重属性时，两个属性只能以"で"结合，不能以"と"结合。

（五）措定句"ＡはＢだ"中Ｂ的位置可以出现专有名词。如：

（50）あの人は田中太郎だ。

这时，句子表示的意义是"那个人有一个田中太郎的名字"。也就是说，专有名词并不总是有指名词，它也可用作无指成分，用来表属性。

（六）三上章（1953：40-50）指出，"A は B だ"这种形式，既可做措定句理解（当 B 为无指的属性表达时），又可做倒置指定句理解（当 B 为有指成分时）。比如：

（51）ハイドンが最後に作曲した作品はピアノソナタだ。

（52）ハイドンが最後に作曲した例の作品はピアノソナタだ。

（53）ハイドンがどの作品を最後に作曲したかといえば、それはピアノソナタだ。

例（51）做例（52）理解时，为措定句；做例（53）理解时，为倒置指定句。可见，二者的区分关键在于 A 和 B 是有指成分还是无指成分。

西山佑司（2003）指出，名词（谓语）句可以做如下区分（见表2-2）。

表2-2　西山佑司（2003）对名词谓语句的分类（引自日本语文法学会，2014）

名词句的分类	
A は B だ。	B が A だ。
①措定句	——
例：あいつは学生だ。	
②倒置指定句	指定句
例：『変身』の作者はカフカだ。	例：カフカが『変身』の作者だ。
③倒置同定句	同定句
例：こいつは山田村長の次男だ。	例：山田村長の次男がこいつだ。
④倒置同一性句	同一性句
例：ジキル博士はハイド氏だ。	例：ハイド氏がジキル博士だ。
⑤定义句	
例：眼科医とは目の医者の事だ。	
⑥ ——	提示句
	例：特におすすめなのがこのワインです。

措定句 "A は B だ。" 是将 B 表达的属性归于 A 表达的指示对象身上，A 是有指名词短语，B 是无指名词短语（属性表达名词短语）。措定句没有 "B が A だ" 这种形式。

倒置指定句是将满足 A 的描述的值用 B 来指定。A 不指示某个个体，它只是一个命题函数 [...x...]，被称为 "变项名词短语"。B 表示满足变项 x 的值。因此，它换成指定句 "B が A だ"，意义基本不变。

倒置同定句指的是将 A 的真正所指对象用 B 来同定。A 作为拥有 B 这一特征的东西，与其他事物相区分。当 A 是人的时候，就构成 "A 是谁?" 这样的疑问。A 和 B 都是有指名词短语。

从上面可以看出，决定名词句类型的关键因素是名词短语的有定性和无定性。

3.2　特定指示 / 不特定指示

特定 / 不特定指示这对概念是指说话人知晓 / 不知晓自己话语中的名词性成分的所指对象。它与陈平指出的有定 / 无定不同。有定 / 无定是站在听者的角度来定义的，而特定指示 / 不特定指示这对概念是站在说话人的角度定义的。建石始（2017:18）的定义如下。

特定指示：話し手が当該の指示対象を唯一に同定することができる場合。（笔者译：特定指示是指说话人能够唯一确定所指对象的情况。）

不特定指示：話し手が当該の指示対象を唯一には同定することができない場合。（笔者译：不特定指示是指说话人不能唯一确定所指对象的情况。）

建石始对这对概念的定义沿袭了田中望（1981）、石田秀雄（2002）等人的观点。这对概念在句子中的差异性表现可从如下例句中看到：

（54）I have an old guitar.

（55）I want a new guitar.

（56）私は娘をあずかった。

（57）新しい家ができたら、犬が飼いたいわね。

例（54）和例（55）是石田秀雄举出的英语例子，其中例（54）中

的"旧吉他"对于说话人来说是已知事物，例（55）中的"新吉他"则有
两种理解：一种是心中已有所属，做特定指示理解；另一种是还没有决定
是哪一个，做不特定指示理解。例（56）和例（57）是田中望举的日语例
子，其中例（56）中的"女儿"只能做说话人自己的女儿，即特定指示理
解；例（57）中的"狗"则是不特定指示。另外，田中望指出，像"某个
男人""一个男人"这类名词性短语，很容易被理解为不特定指示，但实际
上它们经常用于特定指示。比如：

（58）昨日銀座である男に会った。
（59）昨日銀座で一人の女性に会った。

这两例中的"ある男""一人の女性"对于听者来说，无法确定所指是
谁，是无定名词成分，但对于说话人来说，他们是谁其心中已有所指，因
此是特定指示。

对于特定指示 / 不特定指示这对概念，我们也发现了不同的定义。比
如岩田一成（2013：30）做了如下的定义：

特定指示は指示対象である個体を「話し手」のみがすでに「知
っている」場合であり、不特定指示はそうではない場合である。（笔
者译：特定指示是指对于指示对象，唯有说话人自己已经知道的场合。
除此之外的场合是不特定指示。）

与建石始的定义相比，岩田一成的这一定义加入了"唯有说话人自己"
这个限制，即听者是不知道的。换句话说，按岩田一成的定义，特定应是
无定的下位概念。那么，作为对立概念的不特定指示是否也是无定的下位
概念呢？从岩田的定义看不出这一点。我们可以把说话人和听者知不知道
所指对象的相互关系列为表 2-3。

表 2-3　说话人和听者对于所指对象的同定关系

	说话人能够同定	说话人不能够同定
听者能够同定（有定）	A	C
听者不能够同定（无定）	B	D

　　按岩田的定义，特定指示只包括 B 的情况，不特定指示包括除 B 以外的 A、C、D 三种情况。而按建石始的定义，特定指示包括 A 和 B，不特定指示则包括 C 和 D。可以看出，建石始认为特定指示／不特定指示这对概念与听者能不能同定（知不知道指的是哪个个体）无关，岩田一成则认为两对概念是有交叉关系的。我们认为，作为一对并列对立的概念，岩田一成的定义存在不对称的问题。我们赞同建石始的定义。但是，这并不代表建石始的定义就没有问题。建石始的定义问题在于"唯一性指示"。比如对于"我昨天接待了一个上百人的旅行团"中的"一个上百人的旅行团"这类数量名词而言，有着一定数目的集合体算不算"能够唯一确定所指对象"？就集合体本身而言，说话人能够确定所指的是哪一个，但对于其中的成员，说话人并不一定能够确定是谁。当然，这种情况也涉及有定／无定等概念，是一个在概念上具有模糊性的普遍性问题。

第 2 节　限定性关系从句与非限定性关系从句

　　"关系从句"这一概念，原为英语等西方语言中的语法概念，其对应的是汉语中的定语成分。受生成语法的影响，目前汉语研究界也普遍采用了"关系从句"这一称呼。英语等西方语言中的关系分句有限定性和非限定性之分，这是众所周知的"常识"。比如：

　　（1）a. John has a brother who is learning Chinese.

　　　　　b. John has a brother, who is learning Chinese.

　　上例中，a 句中的关系分句是限定性的，即约翰除了在学汉语的兄弟之外还有其他兄弟；而 b 句中的关系分句是非限定性的，应理解为约翰只有

一个正在学汉语的兄弟。限定性和非限定性的区分在句子形式上有明确的标记。然而，到了汉语和日语中，由于缺少了形式标记，这一问题就变得复杂了。几十年来，各家学说众说纷纭，甚至有不少截然对立的观点。同时，日语学界和汉语学界在此问题上研究的重心也似有不同。

因此，我们将在这一节尝试：（一）梳理汉语和日语学界在此问题上的各种观点和存在的问题，以期能形成相互借鉴；（二）对其中一些观点提出商榷意见，并借鉴日语方面的研究成果，澄清部分认识。

1　汉语方面的研究

汉语学界在此问题上的研究及争论主要集中于以下三个方面。

1.1　汉语关系从句中到底存不存在限定和非限定之分？

比如 Tsao（1986）认为汉语中诸如"我深爱着的中国"这类名词短语是汉语西化的结果，为数极少。Gobbo（2001）认为汉语中不存在"E 类代词"，因此关系分句都是限定性的。Zhang（2008）也认为汉语中不存在关系代词，从而主张汉语中不存在非限定性的关系分句。与这些主张相对，赵元任（1968），Huang（1982），陈宗利、温宾利（2004）等都认为汉语的关系分句存在限定性和非限定性这一二分关系，这也是汉语学界的主流意见，不少语法教材都进行了这一区分（如刘月华〈1989〉，黄伯荣、廖序东〈2007〉，房玉清〈2001〉等）。特别是陈宗利、温宾利（2004）指出，现代汉语中"关系从句 + 专有名词 / 代词"的情况并不少见，同时从理论上对 Gobbo（2001）和 Zhang（2008）的观点提出了质疑和批判。但随后石定栩（2010）提出反论。他认为："从句法语义功能的角度来分析，汉语的各种定中结构都表示事物的集合，中心语表示一个集合，整个定中结构表示其中的一个子集，所有定语因此都是限制性的。描写性定语的定义不清，这一概念在句法分析中没有实际意义。"对石定栩的观点，我们觉得还有商榷的余地（后文详述）。

1.2　在承认限定与非限定之分的前提下如何加以区分？

关于这一点，以往研究主要从以下三个方面展开。

1.2.1　以修饰语的形式和词类地位为标准

朱德熙（1982，1956）指出，汉语中有两种带定语的偏正式结构：一种是黏合式结构，如例（2）中的"白纸"；另一种是组合式结构，其中又分为如"白的纸"这种简单形式和"雪白的纸"这种复杂形式。朱德熙还指出，黏合式定语是限定性的，如"白"表示一种属性，加在"纸"这个类名上，形成一个新的类名"白纸"。组合式结构中，简单形式的定语也是限定性的；复杂形式的定语是描写性的，用来描写中心语的状态。

（2）a. 白纸（限制性）

　　 b. 白的纸（限制性）

　　 c. 雪白的纸（非限制性）

房玉清（2001）则指出，名词、代词、形容词、动词充任的定语是限定性的，而形容词的重叠形式或复杂形式充任的定语是描写性的。

不少学者指出，从这一角度对二者加以区分是存在问题的。限定和非限定原本是从语义角度定义的概念，从形式上加以区分，虽然具有可操作性，但造成无法涵盖的情况，甚至错误的结果、相互矛盾的结论层出不穷。比如，刘月华等（2001）将"木头房子"中的"木头"、"教语文和算术的老师"中的"教语文和算术的"归为描写性的定语，而黄伯荣、廖序东（2007）将"石头房子"中的"石头"、"驮炊具和行装的骆驼"中的"驮炊具和行装的"归为限定性定语，让人迷惑不解。同时，这种划分与朱德熙先生提出的形式繁简标准也不相符。另外，石定栩（2010）也指出，"粮食仓库"的定语是名词，按词类标准应该是限定性的，但另一方面"粮食"又表示"仓库"的用途，按照语义标准却是描写性的，二者相矛盾。同时我们也看到，这一标准也无法用来区分赵元任（1968）指出的"戴眼镜的那位先生"和"那位戴眼镜的先生"的差异，显然其作用大受限制。此外，正如石定栩（2010）指出的，为什么某些词类充当的定语必然是限定性的，而其他词类充当的定语只能是描写性的，始终没有明确的解释。

1.2.2　根据分句的语义作用来区分

赵元任（1968）尝试根据分句的作用来区分二者。比如：

（3）a.戴眼镜的那位先生是谁？

　　b.那位戴眼镜的先生是谁？

　　赵元任先生认为，"戴眼镜的"这一关系分句在 a 句中具有区别作用，是限定性的；在 b 句中则是描述功能，是非限定性的。Hashimoto（1971）也持类似观点。刘月华（2001：470-473）对此进行了详细的说明："限制性定语从数量、时间、处所、归属等方面对中心语加以限制"，"用这类定语修饰某事物时，一定还有其他同类事物存在，说话者认为有必要或者必须加以区别"；而"描写性定语从性质、状态、特点、用途、质料、职业、人的穿着打扮等等方面对中心语加以描写"，"说话者所着眼的主要是所描写的事物本身，而不理会是否还有其他同类事物存在"。

　　但是，石定栩（2010）指出，这一标准是一种从语义出发的界定，无法从形式上加以区分，不具有操作性。同时，因为是基于语义的判断，因此也会出现在理解上因人而异的情况。他举出下面两个句子：

（4）a.远处传来了隐隐的炮声。

　　b.天边响起了隆隆的雷声。

　　同时指出，刘月华等（2001）将 a 中的"隐隐的"视为描写性定语，理由是说话人只关心当前战场的情况；甘玉龙、秦克霞（1993）则将 b 中的"隆隆的"视为限制性的定语，理由是其表示的是期盼已久的、确定的事物。而按照笔者的理解，雷声一般就是"隆隆的"，因此 b 中的"隆隆的"应为描写性定语。那么，a 中的定语是描写性的还是限制性的呢？炮声既有震耳欲聋的，也有"隐隐的"，如果做此理解，似乎应该是限制性的定语才对。但如果像刘月华（2001）所说的那样，说话人如果关注的是炮声，则似乎又可理解为描写性的。可见，在理解上确实存在模糊性。

　　于是，Huang（1982）尝试从"辖域"的角度来对这两种关系分句进行区分：在例（3）中，a 句的关系分句在前，其后的指示词"那"位于其辖域之内，应视为关系分句的复指成分，辖域更大的关系分句是中心语名词"先生"的限定者，因而它是限定性的；b 句中，指示词位于关系分句之

前，此时，指示词应理解为一个语用学上的指示语（deictic），用以指示受关系分句修饰的名词中心语，因此位于指示词辖域内的关系分句应是非限定性的。Huang（1982）还举出下例加以证明：

（5）a. 纽约，这个<u>人人都喜欢的</u>城市。

b.? 纽约，<u>人人都喜欢的</u>这个城市。

Huang（1982）指出，上例中的"人人都喜欢的"在 a 句中是非限定性的，在 b 句中应该是限定性的。但因为前面的"纽约"已经明确了该城市的所指，已没有必要再加以限定，因此 b 句不合语法。

可以看出，以往研究在区分汉语的限定性与非限定性关系分句时，一个重要依据是关系分句在名词性短语中相对于指示词的位置：居于指示词前，则为限定性的；居于指示词后，则为非限定性的。

但是，这种区分方法也存在不足。首先，指示词居后时，也可以理解为指示词限定其后的名词 NP，即它本身就使 NP 特指了，那么关系从句还怎么可能起限定作用呢？这种理解方式，我们没有依据来否定。恰恰相反，正如陈宗利、温宾利（2004）提到的那样，这种理解方式正是生成语法内部主流的分析方式。按照 Kayne（1994）的观点，指示词辖域之内的从句为限定性的，而其辖域之外的从句为非限定性的。这正好与 Huang（1982）的分析相反。Tsai（1999）就据此认为，下例中的 a 句位置低于指示词（DNC）的定语是限制性的，而 b 句中位置高于 DNC 的定语是非限制性的。

（6）a. 阿 Q 在写那本<u>大家都会喜欢的</u>书。

b. 阿 Q 在写<u>大家都会喜欢的</u>那本书。

其次，正如赵元任先生指出的，当"那位戴眼镜的先生"中的关系分句加上对比重音时，就具有了限定性。而这一现象，也是仅凭定语与指示词的相对位置关系无法解释的。关于对比重音，我们接下来详细讨论。

1.2.3　根据对比重音来区分

赵元任（1968）指出，当关系分句带有对比重音时，便具有了限定作

用。比如"那位戴眼镜的先生"按照上面的规则应是非限定性的关系分句，但如果"戴眼镜的"带上对比重音时，就与"戴眼镜的那位先生"表示同样的意义，也成为限定性的分句了。

陈宗利、温宾利（2004）进一步强调了赵元任（1968）的这一观点。该文指出，当"那位戴眼镜的先生"中的指示词"那位"带上对比重音时，关系分句肯定不能再带有对比重音了，这时，"对确定所指起作用的是指示词，关系分句只是提供附加信息，是非限定性的"。比如：

（7）我说的是那位戴眼镜的先生，不是这位（戴眼镜的先生）。

该文据此得出结论："汉语的关系分句，无论位于指示词之前还是之后，都可以是限定性的，也可以是非限定性的；起决定作用的不是其句法位置而是对比重音。"（P.79）"带对比重音的是限定性的，否则是非限定性的。"（P.76）

对于对比重音这一标准，石定栩（2010）指出，其弊大于利。一是书面语中无法判断对比重音；二是坚持无重音定语是描写性的，有时会扭曲句子的意义。比如在下面例（8）中，对比重音如果落在"婆婆"上（完全有可能），则"我做的"就不具有对比重音了。如果据此将"我做的"视为描写性的，全句意思就变成"婆婆不喜欢吃饭"了，这显然扭曲了原句想要表达的意义。

（8）婆婆不喜欢吃我做的饭。

从以上可以看出，汉语中对定语的限定性和非限定性的讨论，主要还是集中于句法语义层面，着眼点集中于名词短语本身，没有将其扩展到语用语篇层面。这与日语的研究形成了较为明显的区别。需要注意的是，我们认为，刘月华等（2001）从说话人的发话意图角度道出了限定性和非限定性定语的本质区别，具有非常重要的意义。

1.3　与限定性关系分句并用的指示词具有什么作用？

一般而言，指示词在名词短语中起的是指示限定作用，用于限定所指。而在限定性关系分句中，关系分句也起限定所指的作用。那么二者的作用是相同的吗？如果相同，按照语言经济性原则，应只存在一个就可以了。因此，二者所起的作用应该是有区别的。那么，区别在哪里？

对此，Huang（1982）认为，在关系分句是非限定性的情况下（如"那位戴眼镜的先生"，关系分句不带对比重音），指示词与关系分句是各自独立的成分，分别与中心语名词发生联系，指示词起指示、限定作用，关系分句起描述作用。陈宗利、温宾利（2004）虽然认同此种情况下指示词起指示、限定作用，但对这类名词短语的结构持不同看法。该文认为此类名词短语中，关系分句先与中心语名词发生联系，然后在整体上与指示词发生联系。

而对于关系分句是限定性的情况（关系分句带有对比重音），Huang（1982）认为，在"戴眼镜的那位先生"中，指示词是"复指成分"。陈宗利、温宾利（2004）认为，"复指成分"指代不明，关系分句和指示词中起指示限定作用的应只有一个，那就是关系分句。指示词在此情况下，其指示作用已经虚化，不起指别作用。吕叔湘（1985）指出，在名词本身已经有定，例如此时此地只有一个的场合，别的语言往往有加用"有定冠词"的，近代汉语常常不加用什么字，但也常常加用"这"或"那"。吕叔湘先生把这种用法称为"冠词性的"，即在所指对象不需要加以指示时，"这"或"那"的意义虚化为仅仅表示有定的冠词意义。（参见徐默凡，2002：79）。我们赞同限定性关系分句名词短语中指示词的作用不再起指示限定作用，而是虚化为一种"有定的冠词意义"这一看法。

2　日语方面的研究

日语中，对定语存在限定性和非限定性之分似乎没有什么争议，基本上是作为一种常识性的知识被普遍接受。我们来看一下不同学者对二者的定义。

对于"限定"的定义：

　　寺村秀夫（1984）:"あるセットの中から一つを取り出す修飾"
（笔者译：从某一集合中取出其中之一的修饰）

　　金水敏（1986）:"修飾される名詞の表す集合を分割し、その真
部分集合をつくりだす"（笔者译：分割被修饰名词所表示的集合，构
建出其真值子集）

　　三宅知宏（1993）:"主名詞に対して何らかの限定を加えるよう
な修飾"（笔者译：对主名词附加某种限定的修饰）

　对于"非限定"的定义：

　　寺村秀夫（1984）:"ある特定のものについて、その文にとって
何らかの意義をもつと考えられる情報を付け加える"（笔者译：对于
某一特定事物，添加对该句子而言具有某种意义的信息）

　　金水敏（1986）:"背景、理由、詳細説明などの情報を主文に付
加する"（对主句添加背景、原因、详细说明等方面的信息）

　　三宅知宏（1993）:"主名詞に対して限定は行わず、ただ特定の
情報を付加する"（对主名词不进行限定，而仅仅是添加特定信息）

　　对于限定性和非限定性定语的区分，日语中相关研究主要集中于以下
三个方面。

2.1　句法语义角度

　　对于限定性与非限定性定语从句的区分标准，日语中从句法角度进行
研究的似乎并不多。三宅知宏（1993）曾指出限定与非限定的区别与一定
的句法因素相关；三原健一（1995）在讨论定语成分与情态形式的关系时
指出，定语成分中能不能出现语气表达与限定和非限定的区分具有一定关
联性。比如，在定语从句句末使用概言情态形式"だろう"的情况下，当
主名词为固有名词，即关系从句为非限定性定语从句时，句子的可接受性
明显增强，比如下面例（9）中，d 比前三例更自然。但是，他并没有明确
其中的原因。

（9）a. ?? 永遠に解決しないだろう問題。

　　b. ?? 僕が将来結婚するだろう女性。

　　c. ?? 日本人ならだれでも感じるだろう不快感。

　　d. ? 今頃はアラスカの上空を飛んでいるだろう村瀬君。

加藤万里（2005）则从语义角度研究指出，定语成分是限定用法还是非限定用法，受被修饰名词语义范围的影响很大。被修饰名词越是上位概念的词，定语成分越易被解释为限定用法；反之则易被解释为非限定用法。比如：

（10）a. 彼女の好きな<u>音楽</u>。

　　b. 彼女の好きな<u>クラシック音楽</u>。

　　c. 彼女の好きな<u>バロック音楽</u>。

　　d. 彼女の好きな<u>バッハのソナタ</u>。

　　e. 彼女の好きな<u>バッハの無伴奏ヴァイオリンソナタ第一番</u>。

在以上五个层次中，随着被修饰名词句（画线部分）的语义范围越来越小，定语成分"彼女の好きな"越来越倾向于做非限定性用法解释。

2.2　语用角度

日语中对限定和非限定的区分多从说话人的发话意图，即语用功能角度展开论述，在这一点上与刘月华等（2001）有相通之处。

ソムキャット・チャウェンギッジワニッシュ（1997）认为，限定性定语是依靠定语成分从主名词的众多属性中取出一种，将其和与之相反的属性进行对比。而非限定性定语是从主名词的众多属性中取出一种，将其和其他属性进行对比。从多个属性中凸显某一种属性，是二者的共通之处。不同之处在于，限定性是将 P（所凸显属性）与 -P（与 P 相反的属性）进行对比，而非限定性是将 P 与 ~P（P 以外的属性）进行对比。换句话说，当某一属性被凸显之后，主名词是不是被一分为二决定了它是限定性还是非限定性。一分为二的是限定性，否则是非限定性。比如：

（11）a. サンマを焼く男。（笔者译：烤秋刀鱼的男子）

b. B さんは、少しボケてきた舅の世話をしている姑を手伝って

いる。（笔者译：B 帮助婆婆照料有些糊涂的公公）

表 2-4　ソムキャット・チャウェンギッジワニッシュ（1997）对上面两例的分析和总结

	［連体節］名詞	対比対象
集合限定 （笔者注：限定性）	［サンマを焼く］男	［サンマを焼かない］男
	＜ P ＞ Noun	＜ -P ＞ Noun
属性限定 （笔者注：非限定性）	［ぼけてきた］舅	［白髪が増えてきた］舅　等
	＜ P ＞ Noun	＜ ~ P ＞ Noun

加藤万里（2005）指出，定语是限定性还是非限定性在很大程度上依赖于语境及说话人的生活常识。比如：

（12）子育てをしない男に子育ての苦労はわからない。

说这句话的女性如果认为有的男性也养育孩子，则画线部分的定语"子育てをしない"可被理解为限定性用法。如果她认为男人都不养育孩子，则该定语就被理解为非限定性，即受说话人思维方式的影响。该文进一步指出，同一关系分句，根据不同的语境或做限定性理解，或做非限定性理解，这与"有没有预想到与该分句所表概念相反的状况"有很大关系。所以，有可能会出现说话人的发话意图与听者的理解出现偏差的情况。比如：以前日本 NHK 一个外语学习节目叫"楽しいフランス語"（快乐法语），对于发话人来说，其大脑中并不存在"不快乐的法语"这一概念，因此，从发话者的角度来看，这是一个非限定性的修饰关系。但是，如果对于一个对法语完全没有概念的听者来说，有可能会认为节目播放的只是让人感到快乐的内容（法语）。

ソムキャット・チャウェンギッジワニッシュ（1997）和加藤万里（2005）这两篇文章的相同之处是，在判定是不是限定性定语时的依据均为＜ -P ＞是否存在或被预先设定。不同的是，前者还设置了一个＜ P ＞与＜ ~ P ＞的对比关系，而加藤万里（2005）没有涉及这一点。我们目前不

知道加藤是不是有意回避了这一点，但我们认为，从发话意图来看，非限定这一概念不应再强调对比排他性。任何名词的使用必然都是选择的结果，也因此必然都会带有一定的对比排他性。对比排他性具有不同的层级，一种是两个或多个事物的对比，另一种是如尾上圭介（2001）所指出的从混沌状态中凸显出某一事物。后者也具有一定的对比排他性，但这种最普遍、最基础的对比排他性到底具有多大的语言学价值需要思考。我们觉得因为其过于泛化，所以没有什么价值和意义，完全不用将其作为一个语言学概念来处理。再者，我们也很难想象说话人在发话时每个词都具有对比排他意识。ソムキャット・チャウェンギッジワニッシュ（1997）做这样的分析无非是想突出二者的共同之处，即作为定语的相通之处。但这样一来会有两个问题。一是既然同是对比，那么"属性限定"也可理解为一种"限定"，这样就会模糊二者的区别。二是有不少研究指出，汉语与日语相比非限定性定语使用频率低得多。对应于日语的非限定性定语，汉语多用等立的陈述性小句或并列句来表示。那么，从功能角度来看，所谓的非限定性定语的对比性就不能说是来自定语这个句法位置了。也就是说，如果从语言对比的角度来看，就没有必要拘泥于在同一句法位置去寻求二者的相通之处了。所以我们认为，在解释非限定性定语或关系分句时不应再强调其对比性。

2.3　从语篇角度探讨非限定性定语的功能

益冈隆志（1997）指出，非限定性定语从功能上可分为如下类别（见图 2-7）。

附加信息 {
　对主句附加信息：对比/逆接、继起、原因/理由、伴随状况
　对主名词附加信息：将名词导入语篇时提示必要的预备性信息或背景信息
}
述定式装定　可转化为主述结构的定语，如"修一は動揺する自分を感じながら言った"可转化为"自分が動揺するのを感じながら～"

图 2-7　益冈隆志（1997）对非限制性定语的功能分类

增田真理子（2001）将如下这种较为特殊的非限定性定语定义为"谈话展开型连体节"，并指出其功能是"总结前文内容，与后面主句相关联"。

（13）コボちゃんのお母さんは、26 日に歯医者に行くということ
とを忘れないように、壁にかかっているカレンダーの 26 日の日付を
〇で囲んでおきました。それをこっそり見ていたコボちゃんは、お
母さんのいない間にカレンダーの日付のすべての日を〇印で囲んで
しまいました。

山田敏弘（2004）指出，限定性定语的功能是限定主名词的范围，而
非限定性定语的功能是对主名词附加一些背景信息，但它并不限定主名词
的范围。非限定性定语类似于等立的陈述性小句，比如：

（14）学生時代やんちゃだったぼくが、芽実と出会ってからはお
となしくならざるを得なかったほど、おてんばで危険だらけ。

山田指出，例（14）类似于"ぼくは、学生時代やんちゃだったが、
芽実と出会って…"。但是，为什么不用陈述性小句而非要使用非限定性定
语呢？基于这一问题，山田指出非限定性定语的语用功能主要有以下几点。
第一，避免句子冗长。定语转换成陈述性小句后，经常后面句子要重
复该名词短语或进行代词化处理，使句子变得冗长。同时，如果使用定语，
分句与主句的内在逻辑关系不用显示出来，而主要依靠听者的推理来实现，
这也使得句子显得更简洁。
第二，增强前后句的连贯性。非限定性定语是一种背景信息附加功能，
因此，它一般是被背景化处理的，如果转换成陈述性小句形式，则定语内
容会直接加入到主句的时间进程中，从而前景化。这一转换有时会带来不
同的表达效果，尤其是当定语与主句间的关联性比较弱的时候。比如：

（15）「手伝うわ」私が食器を濯いでいると、鼻を赤くしたアン
ジェラが来て言った。
（15'）私が食器を濯いでいると、アンジェラが鼻を赤くして来
て言った。

例（15）中的"鼻子红了"是一种伴随状况，因为没有加入主句的时间进程，因此，与主句的前半句在时间上并没有严格的先后顺序。而转换成例（15'）的陈述性小句形式后，就产生了先后顺序关系，表达的意义发生了转变。

第三，通过非限定性定语补充相关信息，便于听者或读者更好理解。桥本修（2011）指出，非限定性定语书面语特征明显，很难用于口语中。特别是表继起关系的非限定性定语，这一特征尤为明显。由于表继起关系的非限定性定语难以背景化，易用连用节、并列节等替换，因此，它是一种有标的非限定性定语，一般只出现在特别喜欢使用定语的语言中，比如日语和韩语。无论是汉语还是日语，该类型的非限定性定语均出现较晚，其产生可能是为了回避流水账似的"连锁"。大岛资生（2010）也认为这是为了使"句子张弛有度，结构多样化"。

伊藤晃（2005，2009）指出，在句子结构层面，日英语的非限定性定语基本功能是对主句附加相关信息。其与主句间的相关性体现在：表示主句所表事态的理由或根据；强调主句的评价性含义；表示主句事态发生时主名词所指人物处于何种状况；表示与主句成对比关系的信息；等位接续功能。在谈话语篇层面，非限定性定语的功能有：（A）使主名词顺利导入语篇或会话；（B）取消主名词的谈话主题地位，概括谈话内容。发挥（B）这种语篇功能的主要是如下这种名词谓语句。需要注意的是，这种句子在汉语中基本用不出来。

（16）ジェットさんは、現在60人いる、そうした出向社員の1人。エンジン回りの生産効率向上を、日本人部下3人を使って研究している。オフィスの会話はすべて日本語。会議で専門用語が必要な時だけ、通訳がつく。（中略）「確かに本田は日本で生まれた会社だが、米国ホンダでますますいい車を造って、世界中から喜ばれたい」。ブロンドの口ひげが似合うジェットさんだ。（『毎日新聞』1993年9月28日）

加藤万里（2005）指出，非限定性定语还具有定义功能和待遇表达功能。比如：

（17）大手百貨店の松坂屋（名古屋市）が東京・上野店の社員に <u>時間外賃金を払わない「サービス残業」</u>をさせたとして、上野労働基準監督署が労働基準法に基づき是正勧告していたことがわかった。（定义）

（18）「もしもし、<u>三越百貨店外商二課の田中</u>と申しますが…」（待遇表达）

加藤认为，例（17）中画线部分的定语表达的是主名词的内容，相当于对主名词进行了定义性的解释。例（18）中，当听者询问是哪一个田中时，回答明显是限定性修饰成分，但一般情况下，这里的定语仅仅是为了避免直报姓名造成失礼的一种表达礼貌的手段。

3　我们的观点

以上通过对汉日两种语言中限定性 / 非限定性定语相关研究的总结和梳理，笔者发现二者既有相通之处，亦有不同侧重。汉日语均对限定和非限定的区别标准非常重视，都进行了深入探讨。不同的是，汉语中比较偏重于从句法语义层面探讨，而日语偏重于从语用功能角度探讨。研究的侧重点不同可以给两种语言今后的研究提供思路和参考。

3.1　限定和非限定的判别标准

关于限定性和非限定性定语，我们主张应首先基于其语用功能来加以判断，而不是首先从句法语义层面判断。我们赞同刘月华等（2001）和加藤万里（2005）的观点，即无论在日语还是汉语中，都应从发话人的发话意图来加以判定。发话人在发话时，如果是在有意地对比排除与所用定名结构所指事物并存的其他事物时，所用定语就是限定性定语；反之，当发话人没有这一对比排他的意图，仅仅是为了谈话或语篇的需求（包括便于听者理解的信息附加、避免流水账式表达的文体需求以及待遇表达需求等）时，所用定语可做非限定性理解。虽然这一判断标准如石定栩所言，缺乏形式标记，不具操作性，也可能会产生不同的理解，但它是这一范畴的本

质特征。句法和语义上的制约因素虽然会在一定程度上影响（有助于）这一判别，但它们不是本质的区别标准，也因此往往难以涵盖全部事例。

3.2　汉、日、英三语的差异

汉、日两种语言与英语不同，在限定性 / 非限定性定语这对范畴上均缺乏明确的形式区分标记，其选择主要还是受发话人的发话意图制约，也因此受语境的影响很大。往往同一个表达形式，在不同的语境中会有不同的理解。这是汉日两种语言的相同之处。但也要看到，二者并非完全相同。孙海英（2009）、桥本修（2011）等指出，日语（包括韩语）是一种比较喜欢使用定语的语言。与日语相比，汉语使用定语的频率要低很多，非限制性定语更是不容易用出来。其中，与主句呈继起关系的非限制性定语从句基本不用，表对比 / 逆接关系的非限定性定语从句稍多一些，但也不常用。表因果关系的以及非信息附加型的定语从句使用频率也不高。只有表"附带状况"和"对主名词的信息附加"这些类型的定语从句具有一定程度的使用频率。汉语不用非限定性定语，是因为它更倾向于使用述谓结构或并列结构（连用节、并列节）等。我们认为，正是这一差异使很多日语的非限定性定语从句无法与汉语相同形式的定语从句直接对应。一些包含非限定性定语从句的句子有时会让人感觉到不自然。但用得少并不代表不能用，倾向性也不等同于使用上的制约条件。也就是说，限定和非限定性定语的使用除了依靠发话意图外，还受不同语言的类型学特征的制约。也正是因为这一点，不同语言在这一范畴上才具有不同的特征。

当然，说到这里，又产生了另外的问题。大岛资生（2010）、桥本修（2011）等研究指出，从历时来看，日语的非限定性定语从句出现的时期比较晚，特别是与主句呈继起关系的从句，出现得更晚。它是在语言不断发展过程中为避免流水账式的"连锁"，为了制造"句子张弛有度，结构多样化"这一表达效果而扩展出来的。问题是，汉语为什么不这么扩展呢？汉语难道喜欢这种流水账式的记述？对于日语非限定性定语从句对应的汉语表达方式的分布情况及使用上的制约条件、内在机制，还需要进行深入考察。

3.3　陈宗利、温宾利（2004）的认识误区

陈宗利、温宾利（2004）依据 Kim（1997）指出："相比之下，在西方语言（如英语）和一些东方语言（如日语和韩语）中，关系分句的限定性主要是由句法因素决定的。"我们认为这一认识是存在问题的。从前文所述加藤万里（2005）、ソムキャット・チャウェンギッジワニッシュ（1997）的研究可以看到，至少在日语中，限定性与非限定性的区分并不主要是由句法因素决定的。

3.4　与石定栩（2010）商榷

在限定性和非限定性关系从句的定性和判别上，作为一种具有代表性的、较新的观点，石定栩（2010）值得我们关注。但我们认为，其主张也有值得商榷之处。

石定栩（2010）的主要观点如下。

观点一：描写性定语（非限定性定语）的本质特征不会改变中心语所表示的范围，限定性定语则会缩小中心语所指事物的范围。从这个角度看汉语的定语，则无论是"红花"还是"红的花""很红的花""红红的花"，无论是"驮炊具和行装的骆驼"还是"教语文和算术的老师"，因为"花""骆驼""老师"都是一个近乎无限所指的集合，定语都是在缩小中心语的所指范围，因此它们都是限定性的。

我们认为，如果仅仅是孤立地看一个名词概念，它的确是表示包含近乎无限个体的范畴。但是，如果放在具体的语境中，光杆名词成为有定成分的情况非常普遍。比如，"驮炊具和行装的骆驼走在前面，探险队的队员们走在后面"这句话中的"骆驼"即便不加定语，作为光杆名词，它也是定指成分。所以，定指成分的功能在此并不是限定。石定栩（2010）没有将定语置于使用语境中来考察其功能。我们认为，限定和非限定既然是一种功能范畴，那么必须将其放在具体被使用的文脉语境中考察，才能准确判断。

观点二：以往研究中存在的争论集中于定语与指示词同现的短语中哪个起限定作用。在指示词先行于定语的短语中，主名词是一个近乎无限大的集合，定语加以限制使之成为一个子集，同时，指示词进一步加以限制，

使其使为单一成员集合。因此，指示词和定语都起限定作用；在定语先行于指示词的名词短语（如"戴眼镜的那位老师"）中，定语起限定作用，指示词并不起定指作用，"指示词 + 中心名词"表示"一个环境中可见的、成员为复数的集合"，然后再依靠定语的限定作用，使整个名词短语实现唯一所指。其如此论证的主要依据是下面这个例句：

（19）A：请把那本书给我。

B：哪一本？

A：我昨天买的那本。

石定栩（2010）认为，"那本"表示一个成员为复数的集合，"我昨天买的"在进一步限定这个集合。

我们认为，这一看法值得商榷。把"指示词 + 中心名词"理解为表示"一个环境中可见的、成员为复数的集合"与指示词的指示限定功能相违背，并且主名词本身就可表示"成员为复数的集合"，这样一来，其中的指示词的功能就是表示"一个环境中可见的"，这让人难以理解。另外，上例中的"书"也并不一定就是"一个环境中可见的"，它完全可以是不在身边的，甚至可以是印象中的非现场存在的东西。比如我们可以将"请把那本书给我"换成"你还记得那本书吗？"也就是说，我们认为石定栩（2010）没有把"那"的功能描述清楚。

我们再看下面一组例句：

（20）a. 你把我昨天买的《红楼梦》给我拿过来。

b. 你把我昨天买的那《红楼梦》给我拿过来。

c. 你把我昨天买的书给我拿过来。

d. 你把我昨天买的那本书给我拿过来。

a 句中，《红楼梦》是唯一的，对于说话人来说是特定指示成分，对于听者是有定成分，因此，"昨天买的"是非限定性成分，是在附加一种背景信息。b 句中，由于《红楼梦》已经是特定 / 有定成分，因此，无论是"昨

天买的"还是"那本"都不起限定作用。"那"虽然是指示词，但在此处其指示功能已经虚化，那么它的作用是什么呢？对此我们先存疑。再对比看c和d句，当主名词是非专有名词时，如果不加"那本"，则汉语中倾向于做复数理解（日语有所不同。当然，c句中，如果对比重音在"书"上，即当说话人将"书"本身视为有定名词时，"昨天买的"也可理解为非限定性定语）。因此，要做单指理解的话，一般需要加量词，而如果加上量词，前面又需要一个指示词或数词在句法上才能成立。我们知道，量词的作用是"个体化"，如果前加数词"一"，则为不定指，因此，如果要实现定指，则只能加指示词。但是，虽然加了指示词，由于前面的定语"昨天买的"同样起限定作用，且如果不是现场用手指示的话，"那"仍然存在不确指的可能，因此，没有前面定语的限定性强。如果不考虑句法的限制，完全不用"那"也可以。所以，这就造成其指示限定功能虚化、同时句法上又不可或缺的一种地位。b句中的"那"同样是这种情况。虽然《红楼梦》比"书"的外延要小得多，但汉语仍然习惯于再加上量词使其个体化特征更为显著。

在前文我们已经提到，吕叔湘（1985）曾指出，在名词本身已经有定，例如此时此地只有一个的场合，别的语言往往有加用"有定冠词"的，近代汉语常常不加用什么字，但也常常加用"这"或"那"。吕叔湘先生把指示词的这种用法称为"冠词性的"，即在所指对象不需要指示时，"这"或"那"的意义虚化为仅仅表示有定的冠词意义。

下面我们再回头来看石定栩所举例句：

（19'）A1：请把那本书给我。

B1：哪一本？

A2：我昨天买的那本。

A1中的"那本书"从说话人的发话意图来看，它是定指的。但由于B共有知识的缺乏，出现了交际障碍。这时，说话人应该是考虑到，此时听者头脑中可能会出现多个选项：前几天从图书馆借的那本；A昨天买的那本；知名作家×××刚出版的那本。也就是说，A认为，自己所说的"那

本书"在听者那里出现了多个选项。为了限定其中之一，说话人于是添加定语，使其达成唯一性指示。A2 中的"那本（书）"的确表示一个集合，但这是"那"的指示功能的虚化造成的。

　　观点三：对于受定语修饰的代词与专有名词，其中的定语是限定性的。石定栩（2010）举的例子有：

　　（21）你们会看到跑得更快的刘翔。

　　（22）到了山顶才发现，远看像一位妇人的望夫石更像一棵耸立的大树。

　　（23）婆婆眼里的桂荣是个又贤惠又能干的好媳妇。

　　例（21）是刘翔在致全国人民的公开信里的一句话，希望人们"相信我还是以前的刘翔"。石定栩认为，虽然刘翔在现实世界中只有一个，但是公开信却从时间上构建了一个至少有三个成员的集合，"跑得更快的刘翔"和"以前的刘翔"都是其中的子集。同样，例（22）中的"望夫石"由远至近在空间上构建了一个至少有两个成员的集合，例（23）中的"桂荣"在婆婆和别人眼中有不同的形象，在认知上形成一个集合，"婆婆眼里的"是其中的子集。所以以上均为限定性的定语从句。

　　对这一看法，我们也持有疑问。对于受定语修饰的代词与专有名词，无论是在汉语中还是在日语中，一直以来均是被作为非限定性关系从句的典型事例来对待的。但事实上，即便主名词是代词或专用名词，其前置定语也未必全是非限定性的。比如加藤万里（2005）就曾指出，当主名词所属类别发生变化，或要特别指定其表现形式的时候，就可作限定性理解。如：

　　（24）ベートーヴェンが書いた「クロイツェルソナタ」。

　　　　　トルストイが書いた「クロイツェルソナタ」。

　　（25）三十年の歳月は人を変える。私が知っている柳原はこんな人間ではなかった。

益冈隆志（1997）也曾举出一类"述定的装定"型定语从句（可理解为主述结构型定名短语）：

（26）修一は<u>動揺する自分</u>を感じながら言った。

他认为，该句可还原为「自分が動揺するのを感じながら」这种"述定"（主述）结构，因此将其归入非限定性连体修饰成分。

但ソムキャット・チャウェンギッジワニッシュ（1997）对此持不同看法。他认为说话人在发话时，意识中是存在「動揺しない自分」<-P>的，存在将"動揺する自分"和"動揺しない自分"进行对比这样一个过程，因此应将其理解为限定性定语从句。我们也赞同这一主张。

山田敏弘（2004）指出，定语从句是限定性的还是非限定性的，并不取决于主名词的性质，而是看从句所表达的背景事态有没有限定性。我们也认为，决定定语从句是限定性还是非限定性，关键不在主名词的性质，而是要基于说话人的发话意图，看其在发话时有没有把定语所表事态与其相反事态进行对比并排除后者的意图（或意识）。

从这一点来看，我们认为石定栩（2010）的观点走向了另一极端。他认为所有的定语都是限定性的。我们来看他举的三个例子。对于例（21），我们也认为它是在与"跑得更快"相对的"跑得现在这样快"进行对比，因此是限定性的定语。特别要注意的是，此处的定语是不可省的。例（22）则有所不同，虽然从语义层面可以设想存在"近看的望夫石"等，但从说话人的发话意图来看，它并不是在对比排除"远看不像一位妇人的望夫石"，并且此处的定语省略掉也完全不影响句子的成立。因此，我们认为它是非限定性的定语。说话人使用这一定语，意在与主句谓语部分形成一种对比。这一例子正是益冈隆志（1997）指出的"对主节的信息附加"中的"对比／逆接"类型。例（23）中的"婆婆眼里的"是限定性还是非限定性，要视具体的语境而定。如果语境中存在"其他人眼里的桂荣"这一对比项，且说话人发话时是在对比排他，则可以理解为限定性。此时，一般"婆婆"上有对比重音。但是，如果说话人一直站在婆婆的立场上叙事，并没有与其他人进行对比，则其完全可以做非限定性定语来理解。此时，"婆

婆"上没有对比重音。

另外，石定栩（2010）中还提到了 Lin（2003）的研究。Lin（2003）认为大部分的汉语定语是限制性的，但觉得表示稳定性质的定语可以发挥非限定性作用。他的主要依据是如下例（27）和例（28）的区别：

（27）向来不爱读书的小明现在也开始读起书来了。

（28）* 坐在草地上的张三很喜欢抽烟。

他认为，如果定语相当于属性谓语，就是非限定性的，可以修饰专有名词；如果定语相当于事件谓语，就是限定性的，不能修饰专有名词。

石定栩认为，无论是表示属性还是事件，定语总是对中心语加以限制。例（27）中说话人从认知上，例（28）中说话人从空间和时间上划分出许多个"小明""张三"来，都形成了一个集合。例（28）之所以存在语义冲突，感觉不自然，是因为表偶发性事件的"坐在草地上"和表经常性行为的"喜欢抽烟"之间难以以正常的认知来发生联系。改变一下这一扭曲关系就很容易被接受了。比如"正在静坐运功的周伯通突然大叫一声，跳了起来。"

我们也不赞同 Lin（2003）的主张。但是，对石定栩的解释我们也不赞同。

对于 Lin 的主张，我们认为，限定性还是非限定性主要还是依据说话人的发话意图来判断，与表属性还是表事件没有本质上的关联。比如我们把例（27）和例（28）改变一下，就会发现这一点。

（27'）班里那些向来不读书的学生不知为什么最近也开始读起书来了。（限定性的）

说话人在说"向来不读书的学生"时，大脑里有与"喜欢读书的学生"进行对比的意识。也就是说，在说话人的意识里，"向来不读书的学生"和"喜欢读书的学生"在班里是同时存在的，在说这句话时，只限定于指前者，而把后者排除在外。因此，这是限定性定语从句。需要注意的是，加了"班里""那些"等成分，限定了范围，其便倾向于做限定性理解。这是

因为限定范围的话，意味着非泛指化倾向即特指性加强。特指与限定从语义上来说是基本对应的，而泛指与非限定是基本对应的。同时，从定语成分的顺序来看，前面的定语表限定，后面的定语也倾向于做限定理解。

（27''）向来不读书的这些学生们不知为什么最近也开始读起书来了。（非限定性的）

当说话人认为现在的学生都不读书而说出这句话时，其中的"向来不读书的学生"是非限定性定语。说话人在说这句话时，"向来不读书的这些学生"指的是全体学生，不存在对比排他性，所以是非限定性的。

例（28）也可以置于以下两种语境中：

（28'）吃完饭后，大家纷纷寻找自己的栖息之处。李四找了块大石头，躺下来准备小憩一会儿。坐在草地上的张三喜欢抽烟，所以挑了一个离大家远一点的地方……（非限定性）

（28''）张三心情不好的时候就喜欢去公园。在家里，他看妻子怎么都不顺眼，心里总是冒出无名火。但坐在草地上的张三（他）却如同饮了一杯清凉的冰水一般……（限定性）

可以看出，定语是限定性的还是非限定性的，与其是属性表达还是事件表达没有本质关系。同时，尽管从短语本身的语义可以设想出许多对比项，但判定是限定性定语还是非限定性定语，最终还要看在具体语境中发话人在发话时有没有对比排他的意识存在。

4 小结

以上我们简要介绍了汉日两种语言中对限定性定语和非限定性定语的研究概况。通过介绍，我们发现汉日两语在此问题上既有相通之处，亦有不同的侧重点。汉日语研究均对限定和非限定的区别标准非常重视，都进行了深入探讨。不同的是，汉语研究偏重于从句法语义层面探讨，而日语

研究偏重于从语用功能角度探讨。研究的侧重点不同可以给两种语言今后的研究提供思路和参考。同时，通过介绍，我们也澄清了汉语先行研究中存在的一些认识上的误区。我们同时强调，判断定语是限定性的还是非限定性的，关键是要从语用功能角度，即从说话人的发话意图来看，看其有没有对比排他的意图；句法和语义层面的约束仅是一种辅助性的因素。

第3章　汉日两语中限定词的研究现状

在第 1 章，我们对英语、汉语、日语中限定词的研究现状，特别是限定词的类别进行了粗略的介绍。在本章，我们将对汉日两语中限定词的研究现状以及汉日语对比的相关研究成果进行较为详细的呈现，以期明确既往研究取得的成果及存在的不足，从而为下一步的研究，特别是汉日语限定词的对比研究打好基础。

第 1 节　日语限定词的研究现状

在第 1 章我们提到日语中对限定词的研究比较薄弱，相关研究的数量也比较少。专门讨论日语限定词的研究成果主要有坂原茂（2000）和建石始（2017）。庵功雄的一系列研究涉及了日语指示词的冠词性特征，我们将在第 3 节的汉日语对比研究现状部分加以介绍。本节将重点介绍坂原茂（2000）和建石始（2017）的研究内容，以期能对日语限定词的研究现状有较为准确和详细的把握。在介绍过程中，针对他们的某些主张，我们也会适当进行自己的思考。

1　坂原茂（2000）

坂原茂（2000）以对英语限定词的考察为基础，通过将日语与英语进行对比，明确了日语限定词和英语限定词的对应关系。该文基于名词短语的谈话处理模式，分析了四类名词性短语的指称机制及其在英语和日语中

的表现。在明确指出英语和日语限定词短语基本的对应关系的基础上，重点指出英语中受定冠词限定的名词短语与日语的光杆名词短语在很大程度上具有对应关系。

1.1　名词短语的谈话处理模式

坂原首先指出，名词短语在语篇谈话中的功能有二：一是导入新要素（作为无定成分），二是确定已导入要素的所指，作有定成分理解。英语的不定冠词和定冠词分别对应这两种功能，如：

（1）I ordered a book a month ago and the book finally arrived yesterday.

不定冠词导入的要素因为其对应物不存在于听者的知识库内，因此，听者会将这一要素导入自己的谈话记忆。这种将不需要确定所指的新要素导入谈话的语言表达就是不定表达。定冠词短语、指示形容词短语、代词、专有名词等都可以向谈话中导入新要素，但是，它们导入的新要素仅在此谈话中是新的，而在说话人和听者的知识库中与此对应的事物是已经存在的。因此，听者需要从自己的知识库中确定指称的是哪一个要素。这种需要确定要素的表达就是有定表达。典型的有定表达不是向谈话中导入新要素，而是确定它指的是已经导入的要素中的哪一个。

坂原进一步分析了名词短语在谈话理解机制中的作用。他指出，谈话过程中对对方话语的理解，一般涉及三类基础性知识（也称为谈话资源）：一般性常识、与发话现场相关的知识、基于先行话语的记忆性知识。导入的言语数据会用谈话资源加以处理，处理后的数据会保存在谈话记忆中。更新后的谈话记忆又被编入谈话资源，用于之后的言语数据的处理。也就是说，谈话处理是利用谈话资源处理导入的数据并不断更新谈话记忆的一个处理过程（见图 3-1）。在此过程中，不定成分的作用是要求向谈话记忆中导入新要素，而有定成分则要求听者去确定与谈话资源中相对应的要素。如果谈话资源中没有这一要素，则会再要求从发话现场或被激活的知识中找到所指，同时保存到谈话记忆中。

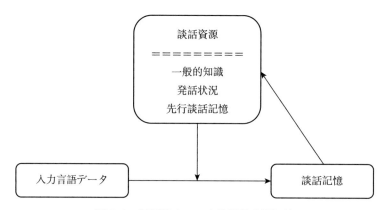

图 3-1　坂原茂（2000）的谈话理解机制

　　与某一对象或事件的典型表达相对应的知识，被称为"フレーム"（框架）（Fillmore，1982）或"理想认知模式"（Lakoff，1987），在话语理解过程中发挥着极其重要的作用。在谈话过程中，并不是所有的知识都要被激活，只有与预想的话题相关的知识才被激活。并且，随着谈话的进行，根据需要新的知识再被激活。同时，谈话也会通过各种方式利用发话现场的各种信息。比如时态、指示词等表达形式以发话时间和发话地点作为时间和空间的坐标轴来定位与之相对的事物。

　　定冠词短语要求听者确定所指对象，它提供的参考信息仅仅是该对象属于范畴 N。因此，当 N 在谈话资源中是唯一的事物时，最容易实现，但即使不是唯一事物，也有可能根据其他信息来确定所指。指示形容词短语 this/that N 除了提供对象属于范畴 N 这一信息以外，还提供其存在的位置信息。现场指示的时候，依据 this/that 来划定同定的区域范围，this 的话就从离说话人近的范围内搜索对象，that 的话就从离说话人稍远的范围内搜索。回指用法的时候也与之相似。领属形容词短语提供的信息，一是确定了对象属于范畴 N，二是明确了指示对象与人称的关系，也相当于是划定了搜索的范围。

　　坂原指出，英语中各类限定词的功能如下：

　　a. 不定冠词短语 a N：要求把新要素 N 导入谈话记忆；

　　b. 定冠词短语 the N：要求在谈话资源中搜索确定要素 N；

　　c. 指示形容词短语 this/that N：要求在 this/that 领域内搜索确定要素 N；

d. 领属形容词短语 his N：要求搜索确定与 he 有关联的要素 N。

后三者均为有定成分。当某要素可以通过定冠词短语来实现指示对象的确指时，原则上应使用定冠词短语。当仅靠定冠词无法确指时，可以使用领属形容词短语或指示形容词短语。当定冠词短语表达的信息冗余时，可以使用代词。日语在这种情况下有时会省略代词。

1.2　定冠词短语

坂原指出，定冠词短语一般分为照应用法和非照应用法。

（一）非照应用法又可细分为以下几种情况。

（A）基于一般性常识来确定指示对象。比如"太阳、地球"等专有名词。日语中，这种情况一般用光杆名词。

（B）基于发话现场确定指示对象。比如发话现场只有一个门开着，这时说"Close the door/ ドアを閉めろ"完全不会造成理解上的困难。

（C）基于发话现场与先行话语提供的信息的组合来确定指示对象。比如发话现场有两个门，其中一个开着。这时说"Close the door/ ドアを閉めろ"时，既有基于发话现场情景的判断，又有基于话语内容"close"的判断。

（D）类指的情况。短语的指示对象是范畴本身。日语的光杆名词有类指用法。

（二）照应用法又可分为同一指示用法和非同一指示用法。

（A）同一指示用法。同一指示用法的一个特征是照应词包含的信息不能多于先行词，如例（2）。但是，当照应词的意义可从语境中推测出来时，这一限制可被取消，如例（3）。

（2）a. ??I see a rose. The red rose is lovely.

b. I see a red rose. The rose is lovely.

（3）John will have to get rid of his dog. The crazy beast has started to terrorize the neighborhood children.

例（2）中 a 句的照应词的信息大于先行词，因此不合适。例（3）中

"the crazy beast" 根据语境可推知指示的就是前面句子中的先行词 "his dog"，因此即使信息量有所增加，也仍然可以成立。由此可见，语境信息在同定过程中发挥着很大的甚至是决定性的作用。下面一例更为明显：

（4）John met <u>Bill</u> one day. The boy told <u>his friend</u> that he was going to visit France during the Christmas vacations.

（B）非同一指示用法。非同一指示用法最典型的情况是：对象已经存在于上文设定的框架中，只是没有被文字化而已。这种用法一般称为"连合照应"（联合照应）或"橋渡し理論"（搭桥理论）。另外，也有人将这一用法称为"间接照应"，把同一指示称为"直接照应"。如：

（5）a. I read an interesting book. <u>The author</u> is a good friend of mine.
b. 私は面白い本を読んだ。<u>著者</u>は私の親友だ。

这两个句子中，基于一般常识性知识（一本书一般有一个作者），可以知道 the author 指的就是前句所说的书的作者，尽管它是被导入的新要素。坂原指出，这种照应用法在日语中一般使用光杆名词。

1.3 指示形容词短语

坂原认为，这类短语的用法可分为直示用法和照应用法两类。同时他还指出，英语的指示形容词短语与日语的"こそあ"指示形容词短语用法非常相似，基本用法相差无几。英语指示形容词短语和定冠词短语的差异，也基本等同于日语指示词短语和光杆名词的差异。

（一）直示和对概念对象的指示。直示的典型用法是指示发话现场存在的、可直接感受到的事物。远称的 that 和日语的"あの"可以指示基于一般性常识、具有某种显著属性的概念对象。比如：

（6）I've tried every way, and nothing seems to suit them!(…) I've tried the roots of trees, and I've tried banks, and I've tried hedges,(…)

but <u>those serpents</u>! There's no pleasing them!　(Lewis Carroll, *Alice's Adventures in Wonderland*)

此例中的 "those serpents！" 并非指现场的蛇，而是指由现场的蛇形成的表象。这种用法常常含有亲密、轻视、厌恶、恐怖等特殊感情。

（二）照应用法。指示形容词短语的照应用法只限于同一指示，并且先行词必须明示。因此，该类短语中主名词的选择较为自由。如：

（7）<u>熱帯林</u>は恐竜の時代から氷河期を越えて生き残ってきた地球最古の森林だ。時の流れの中で、熱帯林にすむ生物は多くの種に別れ、針葉樹林や温帯林とは異なる複雑な生態系を作った。そして無数の未知のウイルスも、<u>このゆりかご</u>の中に身を隠している。（『朝日新聞』1995 年 8 月 3 日）

此例中，"ゆりかご" 用来回指 "熱帯林"，但二者并不属于同一范畴。这里是一种隐喻用法。

坂原指出，指示形容词短语和定冠词短语存在以下不同。

（一）对于在说话人附近但听者看不到的东西，只能使用定冠词短语，不能使用指示形容词短语。

（8）a. Don't come in. The dog will bite you.

b. Don't come in.?? This dog will bite you.

（二）指示形容词短语始终只能进行同一指示，不能进行联合照应。

（9）a. I drove to London at full speed. I wore out the car in this trip.

b. I drove to London at full speed.?? I wore out (this/that) car in this trip.

（三）有多个指示领域时，定冠词短语可为每一个指示领域分配不同的个体（如例〈10a〉），而指示形容词短语只能多次分配同一个个体（如例〈10b〉）。

（10）a. In these two sentences, the verb is put in the past.

　　b. In these two sentences, this verb is put in the past.

（四）当参数没有被赋予具体值时，定冠词短语可做类指理解（如 11a），而指示形容词短语由于其值已经确定，因此，不能做类指解释（如 11b）。

（11）a. In a hospital, the nurse assists the doctor.

　　b. In a hospital, this nurse assists that doctor.

（五）篇章功能方面，指示形容词短语赋予指示对象某种相似性，以引起听者对所指对象的特殊关注。这就如同电影的 zoom-up 效果（聚焦放大效果）。这种焦点化操作会中断事件整体的自然流程。而定冠词短语没有这种效果，不会中断话语的自然流程。

（12）a. I entered a castle. I crossed the hall and went to the stairs. (The/??this) castle was calm and peaceful.

　　b. I entered a castle. I crossed the hall and went to the stairs. (??The/this) castle is always calm and peaceful.

与例（12a）相比，例（12b）中多了一个 always，时态也变为了现在时，也就是说，叙事流程发生了变化。

1.4　代词和领属形容词

代词和领属形容词短语与指示形容词一样，都要求先行词要明示出来，如例（13）和例（14）。但与指示形容词不同的是，它们不是固定性（时空限定）的指示词，可以用于不完全同一性照应，如例（15）。也可以这样理解：代词是函数（类）层次的照应，它可以允许赋予不同的值，而指示形容词是值（个体）层级的照应，不允许赋予不同的值。另外，回指的代词一般指的是第三人称代词，第一、二人称代词只有直示用法。

（13）Mary dressed the baby. (The clothes/??They/??These clothes) were made of pink wool.

（14）I was driving to London at top speed when (the/??its) engine hissed and exploded.

（15）My tail fell off, but (it/??this tail) grew back.

定冠词短语也可以回指明确的先行词，那么，它就存在与代词的竞争关系。到底是用定冠词短语还是用代词，这要视指示对象的活跃程度而定。当指示对象的活跃程度较高时，仅靠活跃程度的差别就能确定指示物，这时就不需要定冠词短语所赋予的信息，一般使用代词。

日语中，与英语代词 he/she/it 相对应的是"その男／その女／それ"，而不是"彼／彼女"。田窪行则、金水敏（2000）指出，从谈话管理理论来看，"彼／彼女"类似于指示一般常识性领域内概念性对象的"あの男／あの女"，指示对象仅仅登录到谈话记忆中还不够，同时还要与一般常识性知识领域内的对象链接。

英语的代词在日语中经常会是零形式，因此，英语的领属形容词短语多对应日语的光杆名词。领属形容词短语 his+N 的指示对象一般是先确定代词的指示对象，然后再去确定与之相关联的 N。也就是说，它的参数是代词 he。日语中，参数显而易见时，一般省略不说。硬要加上的话，反而会产生一定的对比义。

1.5　对以上语言现象的解释

坂原基于 1.1 中所述谈话处理模式，对上述不同类型名词短语的性质特征进行了如下总结。

（A）无定名词短语：向谈话记忆中导入新要素。

（B）有定名词短语：

    a.＋固定指示词，＋需要明示先行词——指示形容词短语——在发话现场和语言数据记忆领域确定指示对象，远称的 that+N 可以指示一般常识性知识中的要素

    b.＋固定指示词，－需要明示先行词——不存在（照应表达要是固

定指示词，先行词必须存在）

　　c. - 固定指示词，+ 需要明示先行词——代词——在语言数据记忆
领域中确定指示对象

　　d. - 固定指示词，- 需要明示先行词——定冠词短语——在一般常
识性知识、发话现场、谈话记忆等领域均可确定指示对象

　　指示形容词短语和代词都强制要有明示的先行词，因此，在谈话记忆
中，应存在一个与之相对的"语言数据记忆"领域。指示形容词短语和代
词确定指示对象都在这个领域内实施。领属形容词短语中的代词是在"语
言数据记忆"领域搜索指示对象，其整体却可以通过这一领域到其他领域
搜索，也就是说，可以不需要明示的先行词。

　　语言理解过程中，在处理明示的语言数据时，往往会激活相互关联的
各种知识，达到一种综合全面理解的层次。坂原称之为"语言理解记忆"
领域。定冠词短语除了会在语言数据记忆领域确定指示对象外，也可在语
言理解记忆领域中搜索指示对象，并将其招回到短期谈话记忆中。

　　指示形容词短语的基本用法是直示。对于它的照应用法，可以将语言
数据记忆领域视为一种发话现场，这样就容易理解了。代词也可以用于直
示，但其基本用法是照应。对于它的直示用法，也可以将发话现场看成是
语言数据记忆领域。定冠词看上去似乎也可用于直示，例如在只有一块黑
板的教室里可以说"Look at the blackboard"。但它也可以用来指称不在现
场的事物，比如让人把自己忘在车里的书拿过来时，可以说"Bring me the
book in the car."因此，这到底是不是直示用法值得商榷。

1.6　英语的定冠词短语与日语光杆名词的相似性

　　代词和指示形容词短语一般不在一般常识性知识领域、语言理解记忆
领域、长期谈话记忆领域中确定指示对象。那么，这些领域中对象的确定
就需要定冠词短语和光杆名词来完成。在发话现场，有时也不需要再用指
示词进行划分，因此，没有必要特意使用指示词。只有在需要同时划分其
他框架（フレーム）时才用指示词。对于语言数据记忆领域中的要素，要
根据框架的稳定度来区分使用代词、定冠词短语（或光杆名词）、指示形
容词短语。同一框架继续进行下去时用代词；使用同一框架的下位框架

时，用定冠词或光杆名词；同时使用相互独立的框架时，则用指示形容词短语。

定冠词短语和光杆名词的唯一区别是：定冠词短语本身就是有定成分，而光杆名词本身有定无定不确定。坂原认为，英语的定冠词短语和日语光杆名词具有高度的相似性，由此可以猜测：无论哪种语言，也不管该语言有没有定冠词，凡是仅提供指示对象所属范畴信息而不明示确定对象（同定）方法的有定名词短语，可能都具有和英语定冠词短语、日语光杆名词相同的功能。因此，在光杆名词可做有定成分的语言中，光杆名词可用于在所有的谈话领域搜索指示对象，而在拥有定冠词的语言中，这一角色就由定冠词短语来承担。日语没有冠词，但仍存在有定无定的区分，因此，将有定无定的区分归于定冠词的功能并不正确。

综上，坂原指出，日语和英语限定词短语的总体对应情况如下。英语的不定冠词短语和定冠词短语对应日语的光杆名词，指示形容词短语对应"この／その／あの N"短语，领属形容词短语对应日语的领属表达。只不过，由于英语的代词到了日语中多变为零形式（代词多被省略），因此，英语的领属形容词短语在很多情况下对应的是日语光杆名词。从这些对应关系中可以看出，日语的光杆名词既可用做无定成分，也可用做有定成分。

对坂原提出的日语和英语间限定词的这一对应关系，我们要认识到这始终是一种倾向性，是一种大致的定位。具体的对应关系受语境影响很大，具体还需要深入研究。同时，结合我们在第一章中对何伟、李璐（2019）的介绍可以看到，汉语和英语限定词短语的对应关系和日语有相同之处，但也有差异：英语的定冠词短语和指示形容词短语基本对应汉语的指示词短语"这／那+（量）+N"，不定冠词短语基本对应"一量名"短语，领属形容词短语基本对应汉语的领属表达。当然，这种对应也是一种倾向性，不是规则，不代表可以依此来对译。比如，表类指时，英语的定冠词短语就多对应汉语的光杆名词。另外，汉语中也存在代词省略现象，因此，与日语一样，也会存在英语的领属形容词短语对应光杆名词的情况。对于它们间的倾向性对应关系，还需要通过数据，特别是依据英、日、汉三语平行语料库来验证，才能更好地从整体上进行把握。这将留作我们今后的研究课题。

2　建石始（2017）

建石始（2017）从特定 / 不特定指示和有定 / 无定指示两个角度同时切入，将日语中的几类名词性短语进行了如下区分（见表 3-1）。

表 3-1　不同类型的名词性短语的指示特征（建石始，2017）

	有定	无定
特定	专有名词 / 用于前方照应的指示词	用于后方照应的指示词 /"一量名"短语 / 连体词"ある"
不特定	ア系列指示词（疑问句）	"一量名"短语 / 连体词"ある" / 无定光杆名语

建石始在对上述名词性短语进行初步定位的基础上，重点对后方照应用法的指示词、"一量名"短语、连体词"ある"的用法进行了详细考察，并尝试构建了日语限定词的层级。下面我们做详细介绍。

2.1　后方照应的指示词

日语中，用于后方照应的指示词主要是"コ"系列指示词，包括"こんなに""こう""このように""この N""こんな N"等形式，而作为名词性短语使用的主要是"この N"和"こんな N"这两种形式。木村英树（1983）比较了这两种形式的功能特征。他指出，"こんな N"用于前句时，后句用来具体地描述其所表示事物的内容，同时"こんな N"不能充当句子的主题，其所在句子可作为独立的句子结句。而后方照应用法的"この N"一般充当句子的主题，但其所在句子不能作为独立的句子结句，而是经常附带"が""けれども"这些接续助词以与后面的句子相连，构成一种解说式的"前置き"（开场白，引子），如下面的例（16）和例（17）。

（16）こんな夢を（／?? は）見た。腕組をして枕元に座って居ると、仰向に寝た女が、静かな声でもう死にますといふ。

（17）「わかりました。このことは信じていただきたいと思いますけど、国近を殺したのは、あたくしではございません」。

　　木村认为，同为后方照应用法的"こんな N"和"この N"之所以有这样的差异，主要源于"こんな"和"この"本质特征的不同。"こんな"指示事物的性状及样态。"こんな N"提前指示后文所示内容，仅告知听者存在该名词短语而不涉及其内容。因为其具体内容尚未可知，该对象对于听者来说是未知的，因此不能充当主题成分。而"この"的功能是依据语境指示限定不同的对象，当"この N"用于后方照应时，说话人先将自己大脑中的事物概念化，然后用"この N"指示，并将其置于作为解说对象的主题位置上，从而形成一种解说式的"前置き"（开场白，引子）。

　　建石始（2017）注意到木村的观点是存在反例的，如例（18）和例（19）。

　　（18）こんなこと聞いても仕方がないかもしれませんが、友子は君のことを好きだったらしいですよ。

　　（19）一九七六年という年に起こった出来事で、もっともありありと明瞭に僕の脳裏に浮かび上がってくるのは、じつにこの文句である。「ベレンコ中尉も、これでデレンコ」。歴史の凝縮作用というのはまことにもって不可解だ。

　　例（18）中虽然用了"こんな N"，但从句子整体结构来看却是一种"前置き"（开场白，引子）的成分；例（19）中虽然用了"この N"，但它不是主题成分。

　　建石始尝试从语篇功能的角度对"こんな N"和"この N"的后方照应用法加以解释。他指出，"コ"系指示词后方照应用法的语篇功能是"引起听者注意"，说话人是为了凸显这一功能才使用"コ"系指示词进行后方照应的。"この N"是有定名词短语，而"こんな N"是无定成分。后方照应用法的"この N"强制要求句子结构具备"引起听者注意"这一语篇功能，而后方照应用法的"こんな N"则没有这一强制性要求，因此它可以充当主题成分。未被主题化的后方照应要求指示对象必须是新信息，而被主题化的后方照应没有这一要求。因此，未被主题化的后方照应其功能是向听者传递新信息，而被主题化的后方照应其功能是向听者传递信息的重

要性。二者在语篇功能上是不同的。

2.2　连体词"ある"的用法

2.2.1　"あるN"与无定名词的区别

建石始指出，日语中的"ある N"和无定名词（如"誰か"等）都是无定成分，这是二者的共同之处。不同之处是前者为特定指示（说话人知道所指是谁），后者为不特定指示（说话人不知道所指是谁），如：

（20）a.寂しいから、ある人に会いたい。（＝特定）
b.寂しいから、だれかに会いたい。（≠特定）

但是，当在条件表达句中，以及句末形式是动词原形的时候，"ある N"的特定指示性就被消解了。"ある N"不表特定指示时，句子表达未实现的事态，名词短语所指的具体的人、物、事、时间、场所等也是未定的。也就是说，"ある N"被用作不特定指示时，所表事态的现实性^①较强。而当使用无定名词时，该事态是非现实性的。如：

（21）a.このグラウンドは一周が 400 メートルあります。つまり、例えば、<u>ある人（／誰か）</u>が 5 周走ったとすると 2 キロ走ったことになるわけです。（≠特定）
b.僕はきっといつか必ず困ることがあると思う。でもそんなときには絶対に<u>ある人（／誰か）</u>と巡り合う。ただ今はまだ出会っていないから、早くその人物に会いたい。（≠特定）

建石始认为，例（21a）和例（21b）中的"ある人"和"誰か"均为不特定指示，二者的差别在于，用"ある人"时，说话人能够很清晰地想

---

① 建石始规定，事态的现实性指的是说话人清楚地认识到了该事态的存在或发生。它不同于事态的事实性。事态的事实性强调事态本身的客观性质，而现实性强调说话人对事态的主观把握。因此，事实上还未发生的事态，在条件句中说话人可以将其作为已经发生的事态（现实性事态）来对待。

象出事态的存在或发生状况，而用"誰か"时，则只是平淡地进行假定，对事态场景的想像清晰度不高。

2.2.2　连体词"ある"的主要用法

（一）引起听者注意（「聞き手に注意させる用法」）

（22）私はある人の影響をずっと受けています。それは田中先生です。

（二）对听者有所顾虑（「聞き手に配慮する用法」）

（23）「この療養所はね、営利企業じゃないのよ。だからまだそれほど高くない入院費でやっていけるの。この土地もある人が全部寄付したのよ。法人を作ってね。昔はこの辺一帯はその人の別荘だったの。二十年くらい前までは。古い座敷見たでしょ?」（ノルウェイ）

（三）表达事态的现实性（「事態の現実性を表す用法」）

（24）このグランドは一周が 400 メートルあります。つまり、たとえばある人が 5 周走ったとすると、2 キロ走ったことになるわけです。

此用法可与不定名词（"何か、だれか、いつか、どこか"等）替换。
（四）构句功能

（25）結婚に対する考え方は人によって大きく異なる。ある人は幸せの始まりと捉え、逆にある人は不幸の始まりと捉える。

这种用法多表示并举，其中包含对比义。另外，此用法与存在动词有密切的关系。该用法常可用"一部の N"替换。

（五）表变项

（26）このコーナーでは毎回<u>ある人</u>を取り上げて、その人物の生涯に詳しく迫ります。

上述五种用法的特征如下（见表3-2）：

表3-2　连体词"ある"各用法的特征（建石始，2017）

	有定性	特定性	附加性[1]	使用动机
（一）引起听者注意	无定	特定	附加	语篇功能
（二）对听者有所顾虑	无定	特定	附加	语篇功能
（三）表达事态的现实性	无定	非特定	非附加	语篇功能
（四）构句功能	无定	非特定	非附加	句法功能
（五）表变项	无定	非特定	非附加	句法功能

2.3 "一量名"短语（1+助数词+ノ+名词）

建石始首先考察了日语中"一量名"短语（1+助数词+ノ+名词）的句法特征。他指出，"一量名"短语容易出现在补足语[①]位置上，而较难出现在谓语位置上。这一倾向源于不同句法位置上名词短语的指示性格。具体来说，当该名词性短语在句中为指示性短语时（多出现在补足语中或指定句、分裂句的谓语位置或者具有强调重音的位置），"一量名"短语容易出现；当名词短语为非指示性短语时（多出现在揩定句的谓语位置等），"一量名"难以出现。比如：

（27）（机の上にペンがあるという状況で）

a. ここに<u>ペン（／1本のペン）</u>があります。今日はこれを使ってマジックをしましょう。

b. これは<u>ペン（／?? 1本のペン）</u>です。今日はこれを使ってマジックをしましょう。

---

① 这里的补足语指的是由名词加格助词构成的形式。

建石始同时指出，"一量名"短语不同于其他的数量名短语（数量为 2 以上的名词短语）。2 以上的数量表达单纯表数量，但"一量名"短语并没有这么简单。有的"一量名"结构可用"ある N"来替换，说明它并不单纯表数量。

（28）彼は地面を踏み、優雅に腕を回した。<u>一つの（／ある）動き</u>が次の動きを呼び、さらに次の動きへと自律的につながっていった。

2.3.1　补足语中的"一量名"短语
（一）表变项的用法（不特定指示／无定成分）

（29）日本国内を移動していると、<u>一つの事件</u>に対する地域ごとの温度差を感じるが、それと同じようなことが国レベルでも起こっているのだなと、いまさらのように実感した。

建石始认为，有一些名词不能以光杆名词形式使用，必须加一些限定成分，于是就出现了这一用法。当这一用法构成"一＋助数詞＋の＋N……次の N"这类句式时，可替换成光杆名词，如：

（30）この手紙は何を意味しているのだ、いったい？僕の頭はひどく漠然としていて、<u>一つの文章と次の文章（／文章と文章）</u>のつながりの接点をうまく見つけることができなかった。

（二）引起听者注意的用法
向听者提供新信息，或导入新话题。这种用法可以与连体词"ある"和指示词"こんな"替换，如：

（31）五年生になって二学期の最初の日、教師が<u>一人の転入生（／ある転入生／こんな転入生）</u>を教室に連れてきた。首に白い繃帯

を巻き眼鏡をかけた小さな子だった。

（三）数量词用法（表数量用法，同数为 2 以上的数量名词短语一样）

（32）私は日本語学校で 5 人の中国人と 3 人の韓国人と <u>1 人のタイ人</u>を教えています。

这三种用法之间的关系如下（见表 3-3）：

表 3-3　补足语位置上"一量名"短语的各用法特征

	特定性	附加性
（一）表变项的用法（类指用法）	非特定	非附加（因为名词不能单独使用，所以"一量"是必有成分）
（二）数量词用法	特定	非附加（去了"一量"限定，意义发生变化，因此是必有成分）
（三）引起听者注意的用法	特定	附加（去了不影响句义）

2.3.2　谓语位置上的"一量名"结构

数量词出现在谓语位置上，一般是在指定句、分裂句或有强调重音的情况下。但"一量名"结构除了这些情况外，还有一种特殊情况，如：

（33）A：結婚は幸せの始まりと考えられているみたいだけど、僕は不幸の始まりだと思うよ。

B：まあ、それも<u>一つの考え方</u>かもね。

（34）あえていえば、僕自身にとって、スキーは<u>ひとつの宗教</u>かなと思うことがある。

这两例中"一量名"短语所在句子都不是指定句（两个名词短语无法对调），而是措定句，即此时的"一量名"结构均为无指性成分。同时，例句中的"一量名"结构也不能换成其他数量词，因此，它是一种较为特殊的用法。另外，此用法中的"一量名"结构可以换成"名＋ノ＋一量"形

式。比如例（33）中的"一つの考え方"和例（34）中的"ひとつの宗教"分别可以换成"考え方の一つ"和"宗教のひとつ"。再者，站在认知语义学的角度来看，此时的主语名词往往不是其后的"一量名"短语所表事物的典型。如果是典型代表，这一句式反倒不会成立。比如例（34）中"スキー"不能是"宗教"的典型代表。"スキー"如果换成"キリスト教"，则用"宗教の一つ"句子还可以成立，但用"一つの宗教"就显得很不自然了。

（35）キリスト教は<u>宗教の一つ（／?? ひとつの宗教）</u>である。

另外，就量词而言，该用法一般只用可表抽象意义的"一つ"，极个别情况可见"一人"，其他量词的允准度大大降低。

（36）人力車も<u>一つの車（／?? 一台の車）</u>なので、人を輸送する力は十分にある。

据建石始统计，此用法的"一量名"结构中，名词多为抽象名词。主要有："宗教、要員、きっかけ、哲学、見識、方法、芸、文化、伝統、歓び、決まり事、分岐点、方法論、傾向、姿勢、事実、しるし、現象"等。
对于"一量名"结构这种用法产生的原因，建石始认为，一般来说，数量词前置的数量词短语是限定性用法，后置的数量词短语表部分义。如：

（37）<u>山田さんの二人の息子</u>が家出した。（山田只有两个儿子）
（38）<u>山田さんの息子の二人</u>が家出した。（山田不止两个儿子）

但在"一量名"结构的这种用法中，数量词却可以后置而表达的意思基本不变，如前述。这是因为说话人为明示还有其他符合条件的事物，即基于一种对比强调的发话意图，才将数量词进行了前置。
另外，还有一种发话意图也会导致这种用法的产生，那就是想要表示出一种累加义（表示某一要素包含在当前该要素之中）。表累加义的时候，经常能看到主语位置上的名词后面使用助词"も"。比如：

（39）正しいことだけを教えるのではなく、<u>間違ったことを教えるのも（／？は）、教育の一つ（／一つの教育）</u>だと思います。

　　建石始认为，一般情况下，我们不会将"教错误的知识"和"教育"挂钩，但通过使用前置的"一量名"结构，强调了"教错误的知识"也是"教育"的一种，就把二者联系到了一起。

　　对建石始的这种解释我们有不同看法。首先，就对比强调还有其他事物这一发话意图而言，从例（37）可以看出，数量词前置反倒是限定了数量只有那么多，因此，要想强调还有其他事物，按理说不应该前置才对。而就凸显累加义这一发话意图来说，原本累加义就不是由数量名结构带来的，而是由助词"も"带来的。这从把"も"换成"は"后累加义就消失这一点可以看出。另外，如果真要强调 A 也是 B 中一员的话，用数量词后置的形式似乎更能突出这一点。毕竟，数量词后置，会暗含不止这些之义。对此，我们可以换个角度去想，换成数量词前置的"一量名"结构是否为了削弱这一对比强调义呢？削弱这一对比强调义，会使自己的判断主张不是那么强硬，语气更为舒缓委婉一些。毕竟是自己的主张，不宜过于强硬。比如下例：

　　（40）A：結婚は幸せの始まりと考えられているみたいだけど、僕は不幸の始まりだと思うよ。
　　　　B：まあ、それも<u>一つの考え方</u>かもね。

　　这个例子中，说话人 B 用"一量名"结构只是为了弱化"那的的确确是诸多想法中的一种想法"这一判断，说话人在此通过弱化这一意义，表达出"我姑且这么说，尽管我也可能会有一些保留意见"。这个例句中，前面的"まあ"和后面的"かもね"似乎更证明了这一点。

　　我们再看一例：

　　（41）「そうかもしれないけど、まずい料理を残すっていうのも<u>一つの見識（／見識の一つ）</u>だと思う」と僕は説明した。

原文用的是"一つの見識"，虽然建石始认为用"見識の一つ"也可以，但我们还是认为，在此场景中，前者更合适。这种场景中，显然说话人并没有强烈反对对方的观点，不想与对方正面对抗。这从"そうかもしれないけど""だと思う"这些表达也可以看出。

我们再看一个似乎是对比强调义的例子。

（42）例えば、最近では地球温暖化の原因は炭酸ガスの増加だ、というのがあたかも「科学の事実」であるかのように言われています。この説を科学者はもちろん、官公庁もすでに確定した事実のようにして、議論を進めている。ところが、これは単に一つの説（／説の一つ）に過ぎない。

这个例子中的"一量名"结构似乎是在强调"这只是一种，还有其他说法"。但是，我们认为，这一强调义的凸显，有"単に…に過ぎない"这一构式的作用在内，而如果只将"一つの説"和"説の一つ"对比，还是能感觉到前者比后者的语气要缓和一些。从整个语篇来看，如果用后者，则接下来极有可能会立刻陈述与其相反的说法。而用前者的话，由于其具有缓和作用，不一定立刻陈述相反的意见，也有可能止步于此，只是点出这一点而已。

总之，我们认为，与"Nの一つ"相比，谓语位置的"一つのN"语气更为舒缓委婉，不用前者而用后者的目的是减弱"Nの一つ"强烈的主观判断性，使谈话不至于变得直接对立。换句话说，这是一种缓和冲突的话语策略。

建石始（2017：116）似乎也指出了这一点：さらに、その用法が…「一＋助数詞＋の＋N」を使用することによって、自分の意見を主張したり、相手の意見を尊重したりするという談話的機能が生まれる。（笔者译：此外，该用法……通过使用"一量名"短语，产生出主张自己的意见或尊重对方的意见这种语篇〈谈话〉功能。）

"主张自己的意见"这一点与其前述观点一致。而"尊重对方的意见"似乎又与我们的观点一致。乍一看，这两种语篇或谈话功能似乎本身是矛

盾的。这又是怎么回事呢？

我们继续看建石始接下来的解释：

（43）A：結婚は幸せの始まりと考えられているみたいだけど、僕は不幸の始まりだと思うよ。

　　　B：まあ、それも<u>一つの考え方</u>かもね。

（43'）では、単に累加的な状況を表すのみではなく、累加的な状況を表すことによって、一見するとおかしな「結婚が不幸の始まりだ」という相手の意見を尊重している。（笔者译：在例43中，并不仅仅表示累加状况，还通过这种累加状况的表示，表达出说话人对对方"结婚是不幸的开端"这种乍看上去很奇怪的看法的尊重。）

至此，我们明白，建石始在这里指出的"尊重对方的意见"并不是"一つの考え方"本身的语篇或语用功能，而是"それも一つの考え方だ"整个句子的语篇功能。因为换成"考え方の一つだ"，句子一样具有这种功能。可见，这一论述与我们的观点并不冲突。我们认为，建石始没有将短语的语篇功能与句子的语篇功能区分开，造成其无法明确数量前置与数量后置在语用（或语篇）功能上的差异。

2.4　限定词的层级

建石始分析了连体词"ある"、"一量名"结构、"コ"系列指示词这三类限定词的层级关系。他首先从连体词"ある"和"一量名"结构的关系入手，然后逐步扩展到"コ"系列指示词，最后构建了这几类限定词的层级关系。

2.4.1　连体词"ある"和"一量名"结构的关系

建石始指出，连体词"ある"有五种用法，"一量名"结构有三种用法，二者有交叉的是表变项的用法和引起听者注意的用法。这两种用法二者基本可以互换使用。如：

（44）だからタイプが決まっちゃって、たとえば<u>ある（／一つの）顔</u>が気に入られたら、それじゃ次も同じようにしようか、とい

うことはありますね。（表变项用法）

（45）しかし久しぶりにあらためたそんな風景を眺めているうち
に僕はふと<u>ある（／一つの）事実</u>に気づいた。人々はみんなそれぞ
れに幸せそうに見えるのだ。（引起听者注意的用法）

二者虽然可以替换，但也并不是完全没有差异。二者在限定性的强弱
上有一定差别。这从二者共现的顺序上可以看出。"ある一つの N"可以成
立，但"一つのある N"不成立。如：

（46）何かに対するものの見方が、<u>ある一つの出来事（／?? 一</u>
<u>つのある出来事）</u>を境に、たった一日でがらりと変わってしまうと
いうことは、たまにある。

因此，连体词"ある"由于远离主名词，限定性要比"一量名"结构
弱一些。按建石始的观点，连体词"ある"是与存在相关的限定，在语义
上是一种弱限定。而"一量名"结构是对数量的限定，限定数量是以存在
为前提的，因此，与连体词"ある"相比，它是一种强限定。建石始进一
步指出，二者的这一差异还表现在如下现象中：

（47）この手紙は何を意味しているのだ、いったい？僕の頭はひ
どく漠然としていて、<u>ある文章とある文章（／?? 一つの文章と一つ</u>
<u>の文章）</u>のつながりの接点をうまく見つけることができなかった。
（48）彼は地面を踏み、優雅に腕をまわした。<u>ある動き（／??</u>
<u>一つの動き）</u>が<u>ある動き（／?? 一つの動き）</u>を呼び、さらに次の動
きへと自律的につながっていった。

建石始认为，连体词"ある"的限定性较弱，因此可以反复使用。而
"一量名"结构是一种强限定，不能反复使用。

对于建石始的这一看法，我们持有一些疑问。我们认为，限定性的强
弱是一个模糊的概念。限定性的强弱是从形式上判断（靠近主名词的限定

性就强），还是从语用功能上判断（不能省略的限定性就强）？还是从语义
上判断（"数量"比"指示"语义更具体，限定性更强；而"指示"又比
"领属"更明确，限定性就更强）？建石始似乎是从语义的角度来判断的，
他认为存在的限定要弱于数量的限定。他的依据是形式上的语序。但是如
果参考汉语，可以发现一些问题。我们知道，在汉语中，限定词的共现现
象较为普遍，甚至几类限定词同时共现于一个名词短语的现象，比如"领
属＋指示＋数量＋主名词"的结构，也很常见。并且经常领属成分不可或
缺，反倒是中间的指示词或数量词可以省略。按语序标准来判断限定性强
弱的话，就出现一种结果，即允许省略的限定词要比不可或缺的限定词的
限定性强。这听上去让人难以理解。另外，不同类型的限定词其限定的性
质和对象亦不同，对不同类型的限定词统一判断其限定性的强弱是否合适
也值得商榷。我们认为，如果只是从语义（因为语序形式与语义相对应，
因此也可理解为形式）上规定的话，只用说明其语序限制即可，没有必要
设定限定性强弱这一概念。

　　另外，对于建石始提出的证明限定性强弱的语言现象，我们也有疑问。
因为限定词修饰的是不同的名词，针对不同的名词，为什么就不能反复使
用呢？它与限定性的强弱有什么关系呢？在例（9）和例（10）中，日语
反复用"一量名"结构来限定，建石始的判断是不成立，但据我们向日语母
语者确认的结果，也不是完全不成立。再参考汉语，在这种情况下，汉语反
倒用"一段文章与一段文章之间的联系""一个动作接着一个动作"更自然，
一般不能说"某段文章和某段文章之间的联系""某个动作接着某个动作"。
可见，"一量名"结构与连体词"ある"的区别并不一定在限定性的强弱上。

2.4.2　连体词"ある"、"一量名"结构和"コ"系列指示词三者间的关系

　　连体词"ある"、"一量名"结构和"コ"系列指示词都有后方照应的
用法。这三种形式经常可以互换使用。比如：

　　（49）あれから数日間考えて、こんな（／ある／一つの）結論が
　　出ました。僕は研究をやめます。僕には才能がないし、続けていて
　　も仕方ありません。

这三种形式的共同点是：（A）均为特定指示成分且为无定成分；（B）均为附加性成分（即可以省略）；（C）其语篇功能均为"引起听者注意"。

这三种形式共现的特征：连体词"ある"一般居于"一量名"结构之前。三者同时共现于同一名词性短语中的情况极少。在共现的情况下，"连体词＋'一量'结构＋指示词'こんな'"的顺序相对占优势。连体词"ある"是对于存在的限定，"一量"结构是对于数量的限定，指示词"こんな"是对属性内容的限定，这三者与核心名词的语义接近度依次增强，因此，"连体词'ある'＋'一量名'结构＋指示词'こんな'"这种语序最符合语义接近度原则。这三种形式的不同点如下。

（一）对主名词的选择不同。当具备"引起听者注意"的语篇功能时，数量义较强的名词一般不能受"ある"限定；独立性较低（一般不单独使用）的名词，比如"の""気"等，一般不受连体词"ある"或"一量名"结构修饰限定。

（50）大雨の夜、私は<u>一台の（／こんな／??ある）タクシー</u>に乗った。運転手は親切で、乗り心地の良いタクシー。私は思わずその中で眠ってしまった。そして、それがすべての始まりだった。

（51）「旅行の楽しさは、旅先での思わぬ失敗にあるようです。それが一つもなくなるとちっとも面白くありません。このごろは、<u>こんな気（／??ある気／??一つの気）</u>がしていますよ。旅行をしているのはこのかばんのほうで、私はそれにくっついている荷物なのじゃないかと」

（二）语篇中与后方照应的对象之间的紧密度不同。连体词"ある"是弱限定，语篇中不强制要求指称对象立即出现。"こんな"是强限定，强烈要求指称对象立即出现。"一量名"结构居于二者中间。如：

（52）A：その夜のニュースは、<u>ある（／?一つの／??こんな）ショッキングな事件</u>を報道したんだよ。どんな事件だと思う？
B：わからないな。

　　A：実は「ごみ収集所で十億円見付かる」っていうニュースだったんだよ。誰が落としたんだろうね。

　　此例中，"ジョッキング事件"的具体内容并没有紧跟着说出来。这种情况下，连体词"ある"作为限定词使用没有问题，但"こんな"作为限定词使用就显得很不自然。

　　（三）让听者注意的信息的性质不同。"こんな"让听者注意的是该名词性短语的属性或内容；"一量名"结构只要后面叙述中涉及主名词，则其让听者注意的信息是自由的，没有特别的限制。"ある"让听者注意的内容完全没有限制，即使后文不再谈及该名词性短语的内容也可以使用。比如：

　　（53）そんなわけで、二人は知り合いになった。女は由紀子といった。父はある（／？一つの／??こんな）会社の社長で、生活に困らない。外国へ留学して帰ってきて、いまは毎日ぶらぶらしているの。女はそんなふうに自己紹介した。(『悪夢』)

　　在此例中，限定词短语后面的语句中没有再谈及主名词"会社"，当然更不会涉及其内容或属性，因此使用"こんな"便找不到所指对象，因此最不自然。用"一量名"结构也显得有些突兀。由于连体词"ある"没有任何限制，因此使用它完全没有问题。

　　由以上可以看出，这三种形式具有不同程度的限定性。连体词"ある"是弱限定，"こんな"是强限定，"一量名"结构居中。三者的关系如图 3-2 所示：

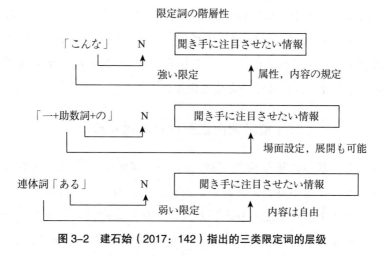

図 3-2　建石始（2017：142）指出的三类限定词的层级

第 2 节　汉语限定词的研究现状

在第 1 章我们提到，汉语中对限定词的研究主要伴随着指示词语义虚化（向定冠词靠拢）的研究而产生。同时，与英语的不定冠词相对应，汉语一方面关注"一"的语义虚化现象，另一方面关注由"一量名"短语（无定 NP）充当主语这一较为特殊的语言现象。另外，张伯江（2010）对限定词的共现现象进行了专门论述。对无定 NP 充当主语现象的相关研究，我们将放在后面章节专门介绍，在此我们重点介绍指示词和数量词"一"的语义虚化的相关研究。张伯江（2010）对汉语限定词共现现象的大致描述（主要是类型），我们已经在第一章第一节进行了简要介绍，其对每一类共现现象的具体主张我们将放在第 5 章和第 6 章进行专门介绍。

刘丹青（2012）指出，冠词是区分语言不同类型的重要因素之一。但是，有的语言中，冠词是不是存在并不明显，比如汉语。在几乎所有的语言中，冠词都是语法化的产物，并不是一开始就有的。因此，判断一个语言中有无冠词，有时不能仅从词形上看，还要注意其语义、话语功能等方面。方梅（2018:129）也指出，世界上的语言几乎都有指示词，但有冠词的语言并不多。在一些有冠词的语言中，冠词来源于虚化后的指示词。

一般认为，汉语中没有冠词。但刘丹青、张伯江、方梅等学者的一系

列研究指出，汉语中的指示词，特别是"这"以及数词"一"正通过语义虚化逐步向定冠词和不定冠词用法扩展。方梅（2008：131）更是明确指出，指示词"这"的部分用法"已经等同于定冠词的用法，无论从形态上还是从功能上都可以确认已经虚化为定冠词"。

1　指示词向定冠词用法的扩展

传统上，指示词被认为是直指（deixis）系统中的一类，其指示对象的确定要依赖言内环境和言外环境。因此，对其的关注一直集中于不同指示词的选择规律上。无论是日语还是汉语，这一倾向明显。日语指示词的研究在最初的几十年集中于"こ・そ・あ"的区分，而汉语则关注于"这/那"的区分使用。但是，随着研究的不断深入，汉语对指示词的关注逐步向其非指代用法转移。特别是刘丹青、张伯江、方梅等学者经过大量的实例考察，发现北京话中的"这"已经产生了定冠词的语法功能。

1.1　汉语指示词"这"的功能扩展

方梅（2018）指出，指示词的功能扩展体现在以下几个方面。

（一）作弱化谓词标记

汉语中存在"一＋动词"这类弱化的谓语短语，其前面常加"这"或"那"。如：

　　（1）A：我哭了，实在忍不住了。
　　B：这一哭，所有问题都解决了，我想。

这一结构可以在前面加上人称代词。如：

　　（2）A：我哭了，实在忍不住了。
　　B：你这一哭，所有问题都解决了。

有时"一"省略，指示词可以直接加在动词前面。如：

（3）A：我哭了，实在忍不住了。

　　B：<u>你这哭</u>太管用了，所有问题都解决了。

甚至于指示词可以直接加在动词或形容词之前。如：

　　（4）A：不产面的地方，实在没有这个东西的地方，就是，每人，就是过年发二斤面。这样话能吃饺子。

　　B：啊哈。至少过年<u>这吃饺子</u>这事儿得办到。

　　（5）A：你扔这砖头哪？

　　B：就听"扑通"。

　　A：深。

　　B：就冲<u>这深</u>……

　　A：跳。

　　B：不跳。

　　方梅指出，"人称代词 + 指示词 + 动词"以及"指示词 + 动词 / 形容词"格式的产生，是"人称代词 + 指示词 + 名词"格式类推的结果。这些格式一般用于回指，非回指的用法则要求所指对象必须具有较高的可及性[①]。其中的指示词并不是用来指别（不能作为"哪个"的回答），而是用来引入一个新的谈论对象。吕叔湘（1985）指出，"人称代词 + 指示词 + 名词"这类格式早在《红楼梦》中就已出现，如"偏<u>你这耳朵</u>尖，听的真！""恨的我撕下<u>你那油嘴</u>"等。

（二）做话题标记

"指示词 + 名词 / 动词 / 形容词"格式有时具有强烈的话题性，不是回指性用法，不能被"这个 / 那个"替换。如：

---

① 可及性（accessibility）即信息的可确定性程度。Ariel（1991）将名词性成分的可及性从高到低排列如下：代词 > 轻读的代词 > 非轻读的代词 > 非轻读的代词 + 体态 >（带修饰语的）近指代词 >（带修饰语的）远指代词 > 名 > 姓 > 较短的有定性描写 > 较长的有定性描写 > 全称名词 > 带有修饰语的全称名词。

（6）这要孩子给太监做老婆，我怎么对得起女儿啊？

（7）这过日子难免不铁勺碰锅沿儿。

例（6）中划线的名词性成分虽然没有在前文中明确出现，但前文在讨论一个姑娘嫁给太监这件事，因此，其用法虽然不是典型的回指用法，但其所指仍然不是全新信息。例（7）则有所不同。它之前是一段对小两口打架的评论，"过日子"完全没有在上文中出现，仅是一种推导出来的概念，它表达的是一个无定概念，不指具体的某个事件，也不能被回指。

方梅将"这"的这种用法称为话题标记。她认为，"这"的作用是"把一个未知信息包装成已知信息，或者把一个确指程度不高的成分处理得'像'一个有定名词""目的在于让这个位置上的成分在形式上符合话题位置的默认条件（＝有定名词）"。（方梅 2018: 128-129）

（三）做定冠词

前面我们提到，在一些具有冠词的语言中，冠词来源于语义虚化的指示词。对于如何确定一个指示词是不是已经虚化为冠词，Himmelmann（1996）提出了以下两个标准。

（a）指示词不可用于限定唯一的指示对象，但是冠词可以。如"this/that sun"是不能说的，但"the sun"是可以的。

（b）指示词不能用于指代基于概念关联而确定的对象，但冠词可以。比如，如果上文用了"tree"，下文中不可以用"this branch"或"that branch"来指称这棵树的树干，但是可以用"the branch"。

方梅（2018:130）指出，北京话里指示词的语义虚化体现在以下几个方面。

（A）形态上已经独立。虚化的指示词在语音上附着于其后的名词，只读轻声的 zhe，不能重读，不能读去声 zhè，更不能读成内含"一"的要素的去声 zhèi。同时，在句法上不能带量词"个"，这明显区别于指示词。

（B）可用于专有名词前。其中又分为两种情况。一种是专有名词尚未转化为普通名词，如北京话中"这"经常用于独一无二之物，构成"这太阳""这地球"等说法。例（8）和例（9）也是此类用法。尽管英语的定冠词也没有此用法，但在法语和葡萄牙语中却能见到此用法。另一种情况是

专有名词已转化为普通名词，如"雷锋"这个词原本为专有名词（人的姓名），但现今常用来表示具有雷锋精神的一类人，相当于普通名词（通指名词）。我们可以用"这位雷锋"来指称某个个体，如例（10），此时"这"是指示词用法，但也可以如例（11）那样用"这雷锋"指称具有该个体所代表的某些特征的一类对象。此时，"这"的用法就具有了冠词性质（这一用法与下面的〈C〉内在相通）。比如：

（8）这中国，人真多！

（9）这小张今天是怎么啦？

（10）我们真得好好感谢这位雷锋同志！

（11）你以为呢！这雷锋可不是那么好当的。

（C）可用于通指名词前，指称某一类对象，而不是某个个体。如：

（12）你知道吗，就这外国人呐，他们说话都跟感冒了似的，没四声。

（13）这熊猫都爱吃竹子。

（D）只用于光杆名词或相当于光杆名词的"的"字式（如"拉车的"）以及黏合式偏正结构（如"木头房子"）的前面，但不能用于数量名结构或含有描写性定语的组合式偏正结构之前。如：

（14）而且，乌贼，以前在学校念的时候，据老、老师说，这、这鱼啊，一下子喷出来啊，一家伙黑，是不是？我一想，这人怎么能吃那东西啊，是不是。

（E）在非回指名词前，名词的所指是由于概念关联而确定的对象，而不是上文中已经出现的确定对象。这一用法符合 Himmelmann（1996）提出的第二个标准。如：

（15）在中国你要做炸酱面，那也是，把这肉搁里面，噼里啪啦一

爆，把酱往里一搁，就行了。

　　方梅认为，指示词的以上用法已经与冠词用法无异，在形态上它已经具有相应的语音表现形式（轻声的 zhe），在句法上不能带量词"个"，在功能上它既不是指别，也不是替代，已经基本脱离了指示词的基本功能，因此可以确认已经虚化为冠词。同时，她指出，只有近指代词"这"有虚化为定冠词的用法，远指代词"那"的语义虚化程度还没有那么强，这与"这／那"的不对称性有很大关系。

　　我们赞同方梅指出的汉语指示词"这"正逐步向冠词虚化的观点，但不能据此说，汉语的"这"已经完全等同于定冠词。我们只能说，汉语的"这"在部分扩展的用法（语义虚化）上，带有了定冠词的部分性质，有向定冠词扩展的倾向，但尚不能将"定冠词"这一标签贴到"这"上面。因为语义虚化了的"这"不同于英语定冠词的一个最根本的特征是，英语的定冠词在句法上具有强制性，但汉语的"这"不具有强制性。方梅指出的上述用法中，"这"都是可以省略不说的。

1.2　参照汉语对日语指示词语义扩展的思考

　　汉语中指示词有向冠词用法扩展的倾向，那么，日语的指示词有没有这种情况呢？

1.2.1　庵功雄的观点

　　庵功雄（2007）指出，日语向来被视为"无定冠词语言"，在非回指用法中，通指名词（例 16）、默认有定的名词（例 17）以及所指对象独一无二的名词（例 18）前，英语需要强制使用定冠词，但日语要用光杆名词形式（也可理解为零形式限定词）。而在回指用法中，英语既可以用定冠词，也可以用指示词（例 19）。日语既可以用零形式（光杆名词），又可以用指示词"この／その"，如例（20）。

　　（16）a. 馬はよく働く。

　　　　 b. The horse works quite hard.

　　（17）a. 首相が辞めた。

b. The Prime Minister has just resigned.

（18）a. The sun has set in the west.

b. 日は西に沈んだ。

（19）Fred was discussing an interesting book in his class. I went to discuss the/this book with him afterwards.

（20）フレッドが教室である面白い本の議論をしていた。私はその後、彼とその／この／φ本について議論をした。

庵功雄指出，虽然在日语中，回指用法也有必须使用"この／その"的情况①，即"この／その"有时也带有强制性，如例（21）和例（22），但这种强制性不是基于句法要求的，而是基于篇章功能要求的。因为"この／その"的选择与现场指示时"こ／そ"系列指示词的功能没有直接关系。所以，它的这种强制性与英语定冠词的强制性并不相同。

（21）久しぶりに『坊ちゃん』を読んだ。｛この／?? その／?? φ｝本はいつ読んでも面白い。

（22）山田君は泳ぎが得意で国体に出たこともあるんです。｛その／?? この／?? φ｝山田君が溺れ死ぬなんて信じられません。

1.2.2　参照汉语的思考

参照方梅对汉语指示词语义虚化的考察项，我们来看一下日语指示词的语义扩展情况。

（一）后接专有名词的情况

庵功雄指出，日语在非回指用法中，通指名词、默认有定的名词以及所指对象独一无二的名词要用光杆名词形式，前面不能接指示词"この／その／あの"。但我们发现，并不尽然，日语的指示词可以用于所指对象独一无二的名词、人称代词以及人名地名等名词性成分之前。如：

---

① 庵功雄、张麟声（2007）指出，日语中的"この"在远距离照应用法、贴标签式用法、存在替代说法以及与话题有强关联性等情况下，在某种程度上是不可或缺成分，并且从功能上看，都是回指先行词的外延，因此，可以说与英语定冠词存在一定程度的对应关系。

（23）そんな想いを秘めた方々と共に、夜明け前の世界を潤していければと願っています。同じ志を抱く人々がネットワークを組むことで生まれる新たな意識の潮流を、この日本から一気に広げていこうではありませんか。（BCCWJ『国際テロを操る闇の権力者たち 』）

（24）アスラ彦はニコッとしながら答える。

「いま、この国はゴミが一杯で、自然環境は壊されています」

生徒達は〔え、そうなの?〕という顔をする。

「では、少し考え方を変えてみましょう。自分の部屋が汚れたら掃除をする。それは部屋という空間が汚れ過ぎると、住めなくなるからです。ではもっと大きく見て、この地球が汚れていたとしたら、どうしますか。海・山、そして私たちがいる、この環境が汚染されて、住めない状態になったらどうしますか？　そこのあなた答えてもらえますか」（BCCWJ『アスラ彦の青い鳥』）

（25）誰の意見でも虚心に聞こう。いまは国家有事のときだから、諸君は思い切って仕事をしてほしい。事の成否はともかく、責任は大臣であるこの田中がとる。（BCCWJ『ワイドショー政治は日本を救えるか』）

（26）そしてこれに対してアメリカ側は、「相互防衛援助協定の精神にかんがみ」、ここで相互防衛援助協定というのが出てきているのですよ。その精神にかんがみ「当然防衛技術交流の両面交通が促進されて然るべきであると考えており、日本側の検討が早急に進められるよう期待している。」この私が述べた大要は大体事実でしょう。（BCCWJ『国会会議録』）

　　上述各例中，"この N"都不能算是回指用法，并且我们能强烈地感受到与现场指示用法的关联性。同时，由于后面的 N 或是专有名词或是独一无二之物，或是人名甚至是人称代词，因此，省略指示词句子完全可以成立。从这个角度看，此时的指示词"この"其主要功能并不在于指示，而是其他。我们也可以认为其指示义与汉语的指示词一样，发生了虚化。但同时我们也要看到，汉语和日语指示词的这一特征与英语的定冠词仍然存

在很大的差别。比如例（18）"The sun has set in the west"中的"the sun"放到汉语和日语中只能用光杆名词来与之对应，而不能使用指示词来修饰。也就是说，即便是专有名词或独一无二之物，其所受限定的情况在英语中和在汉语、日语中也是不一样的。英语中定冠词是强制要求使用，是一种句法上的限制，而汉语和日语原则上不用任何限定形式（即用光杆名词），但也有使用指示词限定的情况。指示词做限定词用时并不是句法上的强制限制，而是语用功能的需要。我们再看例（18），在客观地描写"太阳已经落入西山"时，汉语一般要用光杆名词（日语也如此），而不能用"这太阳"（或"この日"）。但当表达一种特殊的心理情感时，"太阳"前面也不是绝对不可以加指示词。我们可以设想这样一个场景：某人外出自驾游，某一天倒霉事不断，车半路突然抛锚，手机也没电了，水也刚刚喝完，另外发现也没有带厚衣服和手电筒等过夜用品，这时太阳也落山了。他可能会说："真倒霉呀，车半路抛锚，手机没电，水也喝完了，也没带什么厚衣服，感觉什么都在我和作对，什么都在故意找我麻烦，连这太阳也急着向山那边躲……"

在当前的汉语研究中，如前所述，对指示词（特别是"这"）指示功能的虚化现象，很多学者给予了关注，围绕它的各种表现进行了很多考察和探讨。但是，虚化后的指示词具有了什么样的语用功能，这一问题还有待进一步深入研讨。比如前面所说的"连这太阳也急着向山那边躲"中的"这太阳"表现了说话人一种怎样的情感？"这"的语用功能是什么？为什么它会产生这种语用功能？这些问题还值得做进一步思考。日语也是如此。

另外，还要注意，尽管在指示词后接独一无二事物这类现象上，日语和汉语表现出了较高的相似性，但二者也并非完全相同。比如日语中经常能看到"この私"这一说法，但汉语很少能听到"这个我"的说法。在后面的章节中，我们将以"この私"为例，对这些问题进行案例式分析。

（二）概念关联照应（联合照应）用法

前文提到，Himmelmann（1996）指出，在英语中，指示词不能用于依靠概念关联而进入话语的单位，但定冠词可以。比如上文只提到 tree，下文说到其树枝可以说 the branch，但不能说 this/that branch。坂原茂（2000）也指出了这一问题。

方梅（2018）指出，汉语的指示词"这"具有这种概念关联照应用法。

她举出的例子是：

（27）在中国你要做炸酱面，那也是，把这肉搁里面，噼里啪啦一爆，把酱往里一搁，就行了。

那日语中怎么样呢？对此问题，庵功雄（1995: 629）进行了考察。他举出了如下一些例子：

（28）経済評論家の高原須美子さんは 其{その /?? この / φ} 著書『女はサンド老いを生きる』の中で、脳血栓で倒れて寝たきりになった実母の看病の様子をつづっている。

（29）しかし、60 年安保以後の高度成長のなかで、社会党の主張と行動は次第に現実とのズレを大きくし、教条主義的色彩が濃くなった。{その / この / φ} 理由は、マルクス・レーニング主義に傾斜した社会主義革命路線が、党内で勢力を伸ばしたことと無関係ではなるまい。

（30）僕が愛読している堅いことで有名な雑誌があるんだけど、今度 {この / その / φ} 表紙になんとヌード写真が使われたんだ。

（31）明美は明るくてみんなに愛されている。しかし、{その /?? この / φ} 弟は乱暴者で近所の鼻つまみ者だ。

（32）明美は明るくてみんなに愛されている。しかし、{その / この / φ} 明美の弟は乱暴者で近所の鼻つまみ者だ。

基于对这些例子的判断分析，庵功雄指出，日语中，指示词的概念关联照应用法如果是在句内实现照应（如例〈28〉），则只限代行指示用法[①]，

[①]　庵功雄（2007）参考林四郎（1983），将语篇中指示词的用法分为代行指示和指定指示两种。指定指示指的是"この/その/ゼロ＋NP"整体与先行词照应的用法，代行指示指的是"この/その/ゼロ＋NP"中的"こ/そ"与先行词照应的用法。比如（Ⅰ）昨日友達と寿司を食べた。この/その/φ寿司はなかなかの味だった。（Ⅱ）昨日友達と寿司を食べた。この/その/φ味はなかなか良かった。其中（Ⅰ）是指定指示，（Ⅱ）是代行指示。

此时，可用"その"和零形式，但不能用"この"；在跨句的代行指示用法中，先行词如果是句子本身（例〈29〉）或事物（例〈30〉），则可以用"この"，但如果是人（例〈31〉），则一般不能用"この"。例（32）可以使用"この"，是因为此时"この"修饰的是"明美"，而不是"弟"，其不再是概念关联照应用法，而是一般的回指用法了。

对于庵功雄的主张，我们基本认同。从其所举例子可以看出，日语的指示词从表面上看似乎具有概念关联照应用法，但站在将代行指示与指定指示相区分的角度看，它并非严格意义上的概念关联照应用法，而仅是一种普通的回指用法。其中的"こ/そ"回指先行词，然后再与其后 NP 构成一种领属关系。而在严格意义上的概念关联用法的名词性成分（比如英语的定冠词短语）中，并不存在回指先行词的语法形式，定冠词是不回指先行词的，定冠词短语与先行词仅仅是一种语义概念上的联想式关联。

上述例句中的"この/その"基本上与汉语的"其"或"她的/他的/它的"相对应，而与"这/那"形不成对应关系。这也显示出日语的指示词与汉语的"这"在指示义虚化方面的差异。

另外，对于庵功雄的主张，我们存在一点疑问，即事物与人的区分是不是影响"この"选择使用的决定性因素？答案似乎是否定的。比如，把例（31）中的人换成物，改成如下例（33）这种形式：

（33）「週刊春秋」という雑誌はみんなに愛読されている。しかし、{その/?? この/φ} 表紙にはヌード写真が使われたことがある。

可以看出，"この"仍然是不能使用的。因此，事物与人的区分并不是决定"この"在代行指示用法中是否使用的因素。那么，例（30）与例（31）之间到底有什么差异导致了"この"的不同选择呢？

我们认为可能有两个因素。一个因素是句子语用义的差异。例（30）有较为强烈的主观感情色彩，吃惊的语气很明显。而指示词指示义虚化，向冠词靠拢的主要动因就是要突显某种语用功能。在此过程中，指示词原本的指示义被压制。因此，主观感情色彩的强化会给"この"指示义的虚化提供条件。

另一个因素是被限定名词与先行词的语义关联度。杂志必有封皮，但人不一定有弟弟。至少，对于听者来说，说到杂志，他能联想到封皮。但听到"明美"并不能联想到她的弟弟，除非这个"弟弟"是说话人和听者所共知的人物。比如，我们把例（30）换成一个结构相似、同为事物但词义关联度不高的形式，如：

（30'）僕がよく食べに行くけっこうおいしい日本料理店があるんだけど、{?? この / その / φ} 看板が何の理由もなしに突然落ちてしまったんだ。

在这种情况下，"この"的允准度大大减弱。

也就是说，当听者听到先行词能很快联想到被修饰名词所代表的事物或人（或者已经是共知的事物或人），并且句子含有强烈的感情色彩（一般来说重音多置于被修饰名词上，且经常充当话题性成分）时，"この"或"这"的允准度就显著加强。比如：

（34）明美が明るくてみんなに愛されてるのは知っているよ。しかしね、この弟はね、乱暴者で近所の鼻つまみ者なんだよ。

（35）明美人特别好，大家都特别喜欢她。但是这弟弟呀，哎，就不怎么样了。

日语中，"そ"有代行指示的用法，可代替前文中的成分。但"こ"没有此用法，它始终类似于现场指示的用法，只不过，此时的"现场"被切换到了语篇（也可以理解为说话人的知识空间）中，不再是具体的现场。

（三）后接类指成分的情况

刘丹青（2012）指出，英语中，指示词短语不能表类指，但定冠词短语可以，如 this panda 不能表类指，而 the panda 可以表类指。汉语中，北京话"这＋名词"也可以表类指，如"这熊猫都爱吃竹子"。但需要注意的是"这只熊猫"不能表类指。方梅（2018）也持相同观点，除了前面这个

例子，她还举出了下面这个例子：

（12）你知道吗，就这外国人呐，他们说话都跟感冒了似的，没四声。

反观日语，指示词"この"似乎也有这一功能，如：

（36）それはよく認識をされているところだというふうに思いますけれども、これから私たちが取り組まなければいけない問題は、在留外国人の方々に対する問題、そして短期間で働きにきているような方に対する問題、こういう問題が国際化の中で二本柱として存在するのではないだろうかというふうに思うわけです。そういう意味で、これは表裏一体の問題として、外国人労働者の問題を若干お聞きしておきたいというふうに思っております。この外国人、最近入国に絡まって特徴的なこと、これはどういう点が挙げられるでしょうか。その点についてお聞きをしたいというふうに思います。（BCCWJ『国会会議録』）

（37）昔鎖国の世に旧幕府のごとき窮屈なる政を行う時代なれば、人民に気力なきもその政事に差し支えざるのみならずかえって便利なるゆえ、ことさらにこれを無智に陥れ無理に柔順ならしむるをもって役人の得意となせしことなれども、今外国と交わるの日に至りてはこれがため大なる弊害あり。譬えば田舎の商人ら、恐れながら外国の交易に志して横浜などへ来る者あれば、まず外国人の骨格逞しきを見てこれに驚き、金の多きを見てこれに驚き、商館の洪大なるに驚き、蒸気船の速きに驚き、すでにすでに胆を落として、追い追いこの外国人に近づき取引するに及んでは、その駆引きのするときに驚き、あるいは無理なる理屈を云いかけらるることあればただに驚くのみならずその威力に震い懼れて、無理と知りながら大なる損亡を受け大なる恥辱を蒙ることあり。（BCCWJ『国会会議録』）

　　这两例中的"外国人"均为类指名词，并且把"この"去掉也完全不影响句子的成立。从这个角度来看，这里的"この"指示义或回指义也可以认为发生了一定程度的弱化。另外，日语中还有"このNPというのは"这种结构，相当于"NP这种东西"，更凸显了"この"后面成分的类指特征。如：

　　（38）それというのも、特に商店街は、佐藤大臣の選挙区でもそうだと思いますが、今、大変に壊滅的なダメージの中で空き店舗もふえておりますし、また、大店法等の規制緩和の中で、あるいは二代目の育成等がなかなかままならず、厳しい状態に置かれているところが多いわけでございます。しかし、この商店街というのは単に物を売ったり買ったりする場所だけでなく、まさに商店街の方々の力によって地域のコミュニティーをつくり、あるいは文化をつくっていく。（BCCWJ『国会会議録』）

　　（39）そこで、消費税の問題の最後にお尋ねをいたしますが、私は、この消費税というのはさまざまな矛盾を含んでいる税制であるというふうに思いますし、…（BCCWJ『国会会議録』）

　　从这些例子可以看出，日语的"この"与汉语的"这"在后接类指名词的用法上具有相似性，都可以理解为指示义发生虚化，正向定冠词用法靠拢。不过，我们也要注意，指示词后接类指名词时，英语和汉、日语在绝大多数情况下是不对应的。特别是就某一类事物展开客观叙述时，比如在科普类文献或新闻报道的标题中，汉语和日语往往是不能在类指名词前加指示词"这"或"この"的。

　　（40）机器人将进军新药开发领域。
　　译：ロボット、新薬開発分野に進出へ。（人民网日文版2015.12.1）
　　（40'）??这机器人将进军新药开发领域。
　　译：??このロボット、新薬開発分野に進出へ。

英语和汉、日语个别情况对应但总体上不对应，导致这一现象的原因仍然在于，汉语的"这"和日语的"この"在向定冠词靠拢的用法中，其不是受句法制约才使用的，而是在特定的语篇功能的需求下才出现的，因此，它的使用不具有普遍性，这与英语形成鲜明对比。

2　数词"一"的不定冠词用法

就汉语而言，很早就有学者指出，"一＋量词"有时相当于不定冠词，而不是在表数量。

吕叔湘（1944）早就指出，汉语里的"一个"有不定冠词的用法，并且比不定冠词用法要广。吕叔湘（1982：157）也指出："（一）个是一个表数量兼表无定的冠词"。王力（1989）也指出，"一个、一种"受西方语言的影响，用途明显扩大，在"五四"以后，产生了相当于冠词的用法。

方梅（2002）指出，在口语中，"一个"脱落"个"之后一律念阳平的"一"是语法化程度更强的不定冠词，如"你还不能算一坏人""我这货好销，一老外昨天从我这儿买走好几条"。其判断的依据如下。

（一）变调。这种用法的"一"不同于数词"一"的变调规律，它一律发成第二声。

（二）重音。这种用法的"一"自身不能带重音，其重音在后面的名词上。

（三）数量表达。这种用法的"一"不能与其他数目构成对比，因此它不再表数量。比如不能说"我就带了一帮手儿，可是他领了仨"，要说也是"一个帮手"。

（四）回指功能。这种用法的"一"多用在宾语位置，从不作为回指形式，这表明其专门用于无定表达。

刘丹青（2012）进一步提出，这种用法的"一"前面不能带指示词，也说明其语法化程度加强。

方梅（2018：140）指出，"一"的这种不定冠词用法和"这"的定冠词用法均是在近几十年北京话中产生的。二者成套出现，体现出它们是一种体系性的变化。

那么，日语的情况如何呢？

庵功雄、张麟声（2007）指出，日语和汉语都没有冠词，但是汉语在一定的句法条件下必须使用"一量名"结构，"一量"组合与英语的不定冠词有相似之处。比如：

（41）院子里有一只猫。

译：庭には猫がいる。

（42）在一个图书馆阅览室前面，挺立着一株高大的白兰树，一把大伞似的把阅览室遮着。（黄庆云《白兰说的故事》）

译：図書館の閲覧室の前に、高い高い白蘭の木が立っていて、傘のように、閲覧室の上に覆いかぶさっている。

与日语相比，汉语的"一量"结构在某种程度上来说是必有成分。日语如果也相应地使用"一量名"短语，则句子会显得很不自然。

从方梅（2018）和庵功雄、张麟声（2007）的论述我们可以做如下理解。

（一）汉语的"一量"结构与英语的不定冠词有相似之处。"一量"结构省略量词后，"一"的语法化程度进一步变高，向不定冠词靠拢得更近。

（二）汉语的"一量"结构具有不定冠词用法，而日语一般使用光杆名词形式，不使用"一量"结构。

的确，汉语的"一量"结构要较日语使用频繁得多，这一点也可从对译语料库的数据统计中得到验证。但是，日语中的"一量"结构除了表数量用法外，也有类似于不定冠的用法，并且其在一定程度上也是必有成分。比如：

（43）父亲一句一句平板地说下去，好像这些话都是极其平常的。他听着，他应着。他并不说他愿意或是不愿意。一个念头在他脑子里打转："一切都完了。"

译：父親の言葉は一句一句、それがきわめて普通のことであるかのように淡々と話されていった。彼はそれを聞いて、うなずくだけだった。いいともわるいともいわなかった。一つの考えが頭の中

をよぎった。「一切がおわったのだ」（CJCS《家》）

（44）同学们这一阵狂热的欢呼，连站在一旁监视着他们的军警，都有的被感动得放下了手中的刀枪。<u>一个年轻的士兵</u>，悄悄地走到王教授的身边，突然举手向他敬了一个礼……

译：学生たちの狂喜の雄叫びに、大通りでかれらを監視している軍警の中にさえ、感動して、構えていただんびらや銃を、下にさげてしまう者もいた。<u>ひとりの年若い兵隊が</u>、こっそりと王教授のそばに近寄ると、とつぜん、挙手の礼をし……（CJCS《青春之歌》）

这两例中，无论汉语还是日语，"一量"结构的功能均是在向语篇中引入一个新的话题性成分，同时也不能省略，与英语的不定冠词 a 非常相似。

但是，我们同时也要注意到，英语的不定冠词与汉语、日语不对应的情况更多。比如：

（45）a. I am not a girl. I am a boy.（a 不能省去）

b. 我不是（一个）女孩，我是（一个）男孩。（"一个"可用可不用）

c. 私は（??一人の）女の子ではありません。（??一人の）男の子です。（"一人の"加上很不自然）

从这里可以看出，英语的不定冠词句法强制性较强，而汉语和日语这种强制性比较弱，它们的使用更多地受到语篇或说话人表达意图的影响。同时，汉语和日语虽均为无冠词语言，但是两种语言中的"一量"结构既有相似之处，也存在差异。

我们始终认为，在日语和汉语中，无论是指示词还是"一量"结构，在向冠词用法扩展的过程中，篇章语用功能的制约是其扩展（语义虚化）的主要动因。那么，这些处于语义虚化过程中的成分，其身上衍生出了什么样的篇章语用功能，这自然就成了我们关注的焦点。对于"一量"结构，我们将在后面章节通过对"一量名"结构充当主语现象的对比考察，进一步明确汉语和日语之间的异同。

第3节　汉日语限定词对比研究现状

我们在第1章提到，关于汉日语限定词的对比，相关研究成果较少。就我们目前收集到的资料来看，庵功雄、张麟声（2007）和盛文忠（2014）与本研究相关度较高，值得重点关注。

庵功雄、张麟声（2007）从汉日语对比的角度讨论了日语和汉语"一量"结构与指示词的冠词化倾向，特别是指示词"この"必须使用的几种情况，以此来证明它与英语定冠词的相似性。其主要观点我们已经在第二节中进行了阐述，在此不再赘述。需要注意的是，该文最后也指出，日语和汉语中所谓的"定冠词"，都是从功能角度规定的，不是从句法角度。但是，英语的定冠词是从句法角度定义的，在句法层面上是不可或缺的成分。这一观点与汉语研究领域中刘丹青等学者的观点是一致的。我们也非常赞同这一观点。

盛文忠（2014）从语言类型学视角，考察了汉日语限定词共现现象的异同。我们将其主要观点摘录如下。

（一）关于限定成分的共现顺序，Greenberg（1963）曾指出世界上的语言存在如下共性：当任何一个或者所有的下述成分（指示词、数词、描写性形容词）位于名词之前时，它们总以这种语序出现；如果它们后置，语序或者依旧，或者完全相反。

Hawkins（1983：119-120）也指出："如果中心名词前有修饰该词的指示词（D）、数词（Nu）、形容词（A），则它们的排列顺序为'指示词（D）> 数词（Nu）> 形容词（A）'。如果这些修饰成分位于中心名词之后，那么它们的排列顺序无法预测。最常使用的语序为与前置时正好相反的排列顺序，即两者呈现一种镜像关系。"

（二）汉语和日语的定语成分都强制要求前置于主名词，这是二者的共性。并且，当三种形式共现于同一名词性短语时，两种语言的基本语序均为"指示词 > 数量语 > 形容词"，如例（1）。当修饰成分中不含数量词时，也基本不改变这一语序，如例（2）。当修饰成分中含有属格（所有格，即领属性定语）时，汉日语一般都是属格成分前置于指示词、数量词和形容词，即

一般采用"属格成分＞指示词＞数量语＞形容词"这一语序，如例（3）。

（1）そう言った若い女の眼を、克平は美しいと思った。ものを言う眼である。どんな微かな感情の動きでも、<u>この二つの小さなレンズ</u>はそれを表出するだろうと思う。（CJCS『あした来る人』）

译：克平觉得如此说话的年轻女郎的眼神很美。那是一对会说话的眼睛。不论多么细微的感情涟漪都会从<u>这对小镜头</u>中一泻而出。

（2）そういう運命を持って、<u>この小柄な登山家</u>は生まれてきているらしかった。（CJCS『あした来る人』）

译：<u>这个矮小的登山家</u>似乎生来就背负这样的命运。

（3）老師が無言で授ける恩恵には、<u>老師のあの柔らかい桃色の肉</u>と似たものがあった。（『金閣寺』）

译：他这种尽在不言中的施恩加惠，很像<u>他那身桃色的、柔软的虚伪的肉</u>。

这一语序符合生命度等级原则（生命度等级高的成分＞生命度等级低的成分），同时，由于人称代词和指示词属于封闭性词类，数量少，易被特定，而形容词属于开放性词类，数量众多，较难被特定。因此，也符合可别度原则（可别度高的成分＞可别度低的成分）。

（三）日语中形容词有时可置于指示词、领属词（属格成分）之前。如：

（4）船頭の声は哀れな玉枝の躯にしみとおるようにひびき、<u>温かいその声</u>が真綿のように耳をつつんだ。玉枝は眼頭をうるませて船頭をじっとみつめた。（CJCS『越前竹人形』）

译：老船家的话好像渗透进了可怜的玉枝的心窝，<u>这温存的声音</u>如同丝绵包住了玉枝的耳廓，始终不息。

（5）ナオミはナオミで、腹の中では<u>このしつッこい私のやり方</u>をせせら笑っているらしく、言葉に出して云い争いはしないまでも、変に意地悪い素振りを見せるようになりました。（CJCS『痴人の愛』）

译：而纳奥米毕竟是纳奥米，她似乎在暗自嘲笑<u>我这种执拗的做法</u>。虽然没到争吵一番的程度，但她流露出的表情是奇怪的、居心不良的。

可以看出，日语中形容词的位置相当自由，但汉语中形容词的位置相当受限制。可以说，汉语中，可别度原则占压倒性优势，即一般要使用"属格 > 指示词 > 形容词"语序。相反，日语被称为现场依赖性很强的语言，语用因素在其中起了很大的作用，即便形容词前置于属格成分，只要有一定的语境，就可以避免产生形容词修饰属格成分的误解。

这一现象也符合语义接近原则，即语义上关系紧密的成分尽可能接近。形容词表示中心名词内在的、本质的意思，与属格成分、指示词、数量词相比，在语义上更接近中心词，因此它在位置上更接近中心词。不过，日语中有时基于语用的考虑也会将形容词前置。

（四）关于关系从句，在 SVO 语言中，关系从句位于中心名词之前（RN）的语言仅有极少数，而在 SOV 语言中，这种类型占了约三分之二。因此，可以说，汉语在 SVO 语言中是极为特殊的语言。就多项关系从句的共现顺序而言，无论日语还是汉语，一般都遵循以下两个原则。

（Ⅰ）符合语义接近原则：语义上关系紧密的成分尽可能接近，因此有此倾向：临时性成分 > 恒常性（内在性）成分；

（Ⅱ）符合句法成分先后顺序原则：含有主语成分的关系从句 > 不含主语成分的关系从句。

此外，汉语还受到音节长度原则（音节长的成分 > 音节短的成分）、时间先后顺序原则（时间上先发生的 > 时间上后发生的）的制约。而日语因为形态丰富，音节长度原则在决定多项关系从句共现顺序时基本不起作用。同时，日语中也很难发现遵循时间先后顺序原则的例子。其理由是：与汉语中这种类型的句子相比，日语中的两个或多个关系从句一般使用动词连用形来接续，然后整体上限定核心名词，并不分别限定。

（五）关系从句与形容词定语的顺序，日语一般是：关系从句 > 形容词 > 中心名词。这一语序符合语义接近原则（语义上关系紧密的成分尽可能接近）、音节长度原则（音节长的成分 > 音节短的成分 > 中心名词）、避免歧

义原则。关于避免歧义原则，因为日语是 OV 语言，因此，如果形容词前置，则当关系从句中有名词时，句子结构容易被理解为形容词修饰该名词而不是主名词。如：

（6）a.<u>ふたりの男性に求愛された美しい女性</u>が、心を決めかねて死を選ぶ。

　　　b. <u>美しいふたりの男性に求愛された女性</u>が、心を決めかねて死を選ぶ。

a 句中的"美しい"前置后，就被认为修饰的是"ふたりの男性"，而不再是"女性"。

汉语中关系从句与形容词定语共现于同一名词性短语中时，其语序也和日语相似，基本遵循语义接近原则、音节长度原则、可别度原则，同时它还遵循构词原则：不能省略"的"的成分 > 可省略"的"的成分 > 中心名词。构词原则主要是将汉语中"的"的特殊性作为区分标记，但其本质仍是语义接近原则，张敏（1998）曾指出"的"的省略与否与语义相关度密切相关。

但总体而言，汉语与日语相比，其语序比较自由，"关系从句 > 形容词定语 > 中心名词（RAN）"和"形容词定语 > 关系从句 > 中心名词（ARN）"两种语序并存。这一方面是由于汉语中多项定语间常使用顿号隔开，会避免歧义，同时还有语序类型学上的原因。汉语是 SVO 语言，因此，当关系从句中出现主语时，如果形容词定语置前，会出现形容词定语修饰关系从句中的主语的歧义。因此，在这种情况下形容词定语一般不能前置，除非用标点符号隔开。日语也是如此。不同的是，日语因为是 SOV 语言，因此即使关系从句中没有主语，有宾语时也有可能产生歧义。并且日语一般句中很少用标点符号。因此，日语受限制比较大。而汉语中，当关系从句中没有主语时，由于其宾语一般置于动词后，故不会产生歧义。因此，较日语而言，汉语受限制较小。

（六）关系从句与指示词的顺序，日语中，关系从句倾向于在指示词前，构成 RDN 结构。这符合语义接近原则和音节长度原则，同时还可以避

免指示词修饰关系从句中的首发名词这一误解。如：

（7）a. 梶は<u>銀座の酒場で偶然発見したこの小娘</u>に、酒場から足を洗わせて、洋裁店を持たせてやっている。（CJCS『あした来る人』）

译：这小姑娘是他在银座一家酒吧偶然发现的。而后把她从酒吧解脱出来，让其开了一家西服缝纫店。

b. 梶は<u>この銀座の酒場で偶然発見した小娘</u>に、酒場から足を洗わせて、洋裁店を持たせてやっている。

"この"如果前移的话，如例（7b），易被误解为是修饰限定"銀座の酒場"。

但是，日语口语和书面语中也都有指示词前置于关系从句的情况。在书面语中，绝大多数例句采用关系从句前置于指示词的语序，采用指示词前置于关系从句语序的例句数量极少，且有以下共同特点：关系从句的音节长度与指示词大致相当，且大多是单一动词、连语或惯用的词组。如：

（8）日本の地方都市にも、<u>このような特色のある文化</u>を育てたいと思う。（CJCS『日本列島改造論』）

译：我想，在日本的地方城市也要培育这样带有地方特色的文化。

即，日语中关系从句前置于指示词的语序（RDN）占绝对优势，一般不能采用相反的 DRN 语序。

相比而言，汉语中指示词的位置要灵活得多。RDN 语序和 DRN 语序都很常见。

（9）<u>他那善良的、富有爱心和责任感的心灵世界</u>中，蕴含着极为丰富的内容。（CCL）

（10）<u>由昆明市投资 60 多万元兴建的这所小学</u>，设在明代杰出的地理学家、探险旅行家徐霞客的居住地……（CCL）

出现这一差异的原因是，汉语由于语序及自身的特点，改变语序也基本不会造成误解或歧义。当指示词前置时，日语容易造成指示词修饰限定从句中主语或宾语的误解，而汉语中指示词后面一般要带量词，因此可以有效避免这一情况的发生。另外，在出现主格或宾格以及其他格成分时，汉语由于前置介词使用较为普遍，而介词介于指示词和介宾结构中的宾语之间，因此也能避免造成误解。但日语是 OV 语言，名词总在前，因此难以避免误解。

汉语中，对于这两种语序，指示词在前符合可别度原则，指示词在后符合语义接近原则，这两个原则相互冲突和竞争，因此语序不稳定，两种语序均可使用。不过，指示词居前的语序具有相对优势。

上述内容是盛文忠（2014）与本研究直接相关的考察结果及观点主张。对此，尽管我们认为仍存在一些值得商榷之处，比如诸多原则的优先顺序、定语成分与关系从句的区别等，但总体上我们持赞同观点。该研究与本研究关联紧密，对本研究具有较大的借鉴和参考意义。

第 4 节　汉日语限定词研究的薄弱之处

在上面三节中，我们分别对日语和汉语以及汉日语对比领域中限定词的研究现状进行了回顾和思考。可以看到，当前的研究有以下两个明显的特征。

（一）汉日语研究各有侧重点。日语中，坂原茂虽然梳理了日语和英语限定词的总体对应情况，但这种对应关系仅是一种倾向性，研究还没有深入进去；庵功雄、建石始和岩田一成的研究则从功能语法的角度逐步走向深入，开始关注具体的某个限定词的功能扩展，并对其用法进行了详细的、全面的描写和解释。汉语对限定词的研究侧重于指示词语义虚化（向定冠词靠拢）的过程及表现和"一量名"无定 NP 主语（与不定冠词相对应）的限制条件和篇章语用功能。就各自语言中研究的不足而言，日语中，一是研究对象具有局限性，特别是没有打破指示词、人称代词、数量词之间的界限，将它们统合起来进行考察，也因此，和汉语相比，其在限定词的共现现象研究上几乎为空白。二是对指示词、数量词向冠词用法扩展的探讨

尚显薄弱，这一点与汉语相比尤为明显。当然，这与日语没有汉语向冠词用法扩展程度大有直接关系。汉语中的"这"和"一"已经扩展出在语音和形式上独立性相当强的用法，但日语的指示词和数量词远远没有到达这一步。因此，自然也就没有能够引起学者们的足够关注。与日语相比，汉语的研究也存在一定的不足。一是在指示词的语义虚化研究上过于关注其理据性或其表现，而忽视了对其新扩展出的语用功能的深入探讨。二是众多研究中各家观点往往有明显的差异甚至对立（比如在关系从句的限定性和非限定性上、"一量名"主语的成立条件及篇章语用功能上等），需要进一步梳理，探究其根本原因在哪里。

（二）汉日语对比研究较为薄弱。从限定词的角度对汉日语展开的对比研究中，较为全面深入的目前仅见盛文忠（2014）。但该研究是基于语言类型学的考察，重心放在了限定性成分共现顺序的跨语言描写及普遍性语序原则的适用性上，对于限定性成分特别是限定词的语用功能，并没有加以关注。比如该研究在谈到某些游离于规则之外的现象时，也曾指出是由于语用的需要。但是作者没有具体加以分析，没有明确到底是什么样的语用？本研究期望能在一定程度上弥补这一不足。本研究基于功能的考察，重心在于不同共现顺序所导致的句法、语义、语用功能的变化和差异，特别是对语义虚化和语用功能的相关关系关注更多。从语用角度对限定词共现现象的考察，我们将在第 5、第 6、第 7 章围绕一些典型现象进行。

第4章 指示词指示义虚化的个案研究

在第3章，我们重点介绍了汉语和日语中指示词指示义虚化，逐步向定冠词用法扩展的语言现象及相关的研究成果。在汉语中，对指示词指示义虚化的研究是指示词及限定词研究中的一项重要内容，刘丹青、方梅、张伯江等诸多学者都对此现象给予了重点关注。日语中，由于指示词语义虚化的程度没有汉语高，故这方面的研究还不是很多，主要以庵功雄的一系列研究为代表。整体来看，汉、日语中对指示词的这一扩展性用法的研究偏重于发掘其表现，即重点列举能证明其向定冠词用法扩展的外在表现。虽然研究者已经认识到指示词用法的扩展是基于语用需求产生的，但对指示词指示义虚化后所产生的语用功能是什么、为什么会产生此语用功能等问题关注不够。本章我们将分别以日语中的"この＋人称代词"和汉语中的"这／那＋VP"为个案，尝试从功能的角度来分析指示词指示义虚化的动因、虚化后的功能及相关的制约条件，以加深对相关问题的认识。

第1节 日语"この私"的语用功能

在第3章，我们看到判断指示词是否在向定冠词用法扩展的依据之一，就是看其能不能修饰有定成分。因为有定成分本身已经能够确定所指，自然无须再加指示词来限定，因此，有定成分前面的指示词可以认为其指示

功能发生了弱化。日语中，经常能够见到"この＋人称代词"的用法，其中尤以第一人称代词最为常见。陈平（1987）指出，人称代词是典型的有定成分。因此，这里面的"この"的功能就值得思考了。

大西智之（1992）曾指出，汉语的"我这个人"与日语的"この私"相对应，但我们通过对译实例发现，二者在大部分情况下都无法直接对译，很难说它们之间有显著的对应关系。比如：

（1）「親戚の人が見舞いに来てくれて一緒にここでごはんを食べるでしょ、するとみんなやはり半分くらい残すのよ、あなたと同じように。でね、私がペロッと食べちゃうと『ミドリちゃんは元気でいいわねえ。あたしなんかもう胸いっぱいでごはん食べられないわよ』って言うの。でもね、看病をしてるのはこの私なのよ。冗談じゃないわよ。他の人はたまに来て同情するだけじゃない。ウンコの世話したり痰をとったり体拭いてあげたりするのはこの私なのよ。同情するだけでウンコがかたづくんなら、私みんなの五十倍くらい同情しちゃうわよ。…」（CJCS『黒い雨』）

译："亲戚来探望的时候，不也一起在这里吃饭吗，结果他们也都吃一半就放下筷子，和你同样。见我吃得干干净净，就说'绿子这么有胃口，我可难受得根本吃不下东西'。问题是，看护的是我（？我这个人）呀，这可不是闹着玩。别人偶尔来一趟，充其量不过是同情！接屎接尿接痰擦身子都是我一个人（？我这个人）干。要是光同情就能解决屎尿，我可以比他们多同情五十倍……"

（2）然し何方が先へ死ぬと判然分っていたならば、先生はどうするだろう。奥さんはどうするだろう。先生も奥さんも、今のような態度でいるより外に仕方がないだろうと思った。（死に近づきつつある父を国元に控えながら、この私がどうする事も出来ないように）。（CJCS『こころ』）

译：但是，倘若真能知道谁先死的话，先生会怎样，夫人又会怎样？我想先生也罢，夫人也罢，除了现在的态度之外，也不会有其他吧。（正如故乡的父亲等待着死亡的迫近，而我（？我这个人）却毫无

办法一样）。

（3）ケンポナシは樹容が端麗である。それが五株も並んでいる
のを見て、市来某はこの木を東京の街路樹にしたら悪くないと思っ
たろう。それで宿所へ重松の曾祖父を呼んで、ケンポナシの実を五
勺、いずれ元代官が東上する際に託してよこせと云いつけたろう。
お礼には何がよいか申せ。へい、お役人さま、噂に聞くインキと申
すものでお書きになった御書状を、この私へ頂戴させて遣わされま
せ。——そんなようなことではなかったろうか。（CJCS『黒い雨』）

　　译：玄圃梨树长得十分端庄，市来某看到并排长着五棵树，心里
也许在想如果用它做东京的行道树可能不错。这一来，就把重松的曾祖
父叫到寓所里，让他把五勺玄圃梨树种子改日在原地方官进京时托其带
去，并让他说出用什么东西回敬为好。曾祖父说：好吧，京官老爷，就
用听说的西洋墨水给<u>我（？我这个人）</u>写个信来，也就行了。——不就
是这么回事吗？

　　那么，日语的"この私"（推及"この＋人称代词"）到底是怎样的一
种表达形式呢？第一人称代词本身已然有明确的指称，为何还要再加指示
词"この"来加以限定呢？其到底具有怎样的语义、语用功能呢？本节我
们主要围绕这些问题加以考察。

1　相关研究概述

　　"この＋人称代词"作为日语中的一种特殊表达形式，先行研究对其论
及较少，仅见马燕菁（2010）对其性质、功能进行过较为深入的研究。该
文通过对《红楼梦》及其日译本中人称代词受修饰现象的统计分析指出以
下几点。

　　（一）日语中人称代词受定语修饰的数量远高于汉语，特别是第一人称
代词受"この"修饰的例子最多。岳麓本《红楼梦》中人称代词受定语修
饰的例子仅见 2 例，而日译本（伊藤漱平译）中多达 233 例，其中第一人
称代词受修饰的例子有 193 例。在这 193 例中，受指示词"この"修饰的

例子最多，有 148 例。

（二）"この＋第一人称代词"是日语中的一种焦点标记形态。《红楼梦》中很多具有焦点标记（如"是……〈的〉""连……也……"等）的句子，其中的焦点成分第一人称代词都被译为"この＋第一人称代词"的形式，同时其后还经常附加"が／も／でも／さえ／まで／だけ／しか／ばかり／ぐらい／こそ／は"等焦点标记，如例（4）和例（5）。而一些句子，汉语虽然没有明显的焦点标记，但仍被译成了"この＋第一人称代词"形式，是由于该句中出现了与"我"相比较的对象，从而凸显了"我"。如例（6）。

　　（4）贾母眼泪交流，说道："是我弄坏了他了！但只是这个丫头也忒傻气！"（《红楼梦》岳麓本，1994：797）

　　译：後室は涙をはらはらと流しながら、「このわしだ、あれを滅茶滅茶にしたのは！それにしても、あの娘もまた一途に思い詰めたものよ！」（SI，1981：Ⅲ・258）

　　（5）贾瑞说道："嫂子连我也不认得了？不是我是谁？"（《红楼梦》岳麓本，1994：80）

　　译：賈瑞はそこで、「お嫂さんにはこのわたくしまでお見忘れとは！わたくしでなくってなんとしましょう！」（SI，1981：Ⅰ・150）

　　（6）贾母听见，便说："谁在这里混说！人家有喜事好处，什么怪不怪的。若有好事，你们享去，若是不好，我一个人当去。你们不许混说。"（《红楼梦》岳麓本，1994：761）

　　译：後室は、「だれだえ、そこで馬鹿な口を利いておるのは！人にめでたいこと結構なことが舞いこもうというときに、怪だの怪でないのとはなにごとだ！もしも吉と出たならば、みなで享けたらよい。凶と出たそのときは、このわしが一人で引き受けましょう。よいか、おまえたちもやたらなことをおいいでないよ」とたしなめました。（SI，1981：Ⅲ・194）

（三）"この＋第一人称代词"的基本语用功能是凸显第一人称，并暗含"不是其他人，就是发话者本人"这一对比功能，具有穷尽性和排他性。

比如例（4）中，"贾母通过使用'このわし'来凸显焦点成分'我'，强调造成林黛玉死亡的不是他人，正是自己"（马燕菁，2010：235）。例（5）中，"贾瑞说道'嫂子连我也不认得了？'该句子的预设可概括为：在说话人贾瑞看来，凤姐不认识自己的可能性最小。贾瑞随后又用了'不是我是谁？'从而突出了贾瑞急于和王熙凤套近乎的迫不及待的心绪。日译本中的'このわたくし'作为极性最高端与凤姐认识的其他人相对比，强调听话人凤姐就是不认识其他人，也应该认识站在她面前的说话人贾瑞"（马燕菁，2010：235）。例（6）中，与"我"相对比的是出现在发话现场的听话者"你们"，另外"还在人称代词'我'后使用了表示限定义的'一个人'，强调一旦有不祥之事发生，就应验在发话者贾母一个人身上，在场的其他人不必担心"（马燕菁，2010：237）。

（四）就"この＋第一人称代词"所使用的场景而言，由于其具有的对比排他性，因此当发话人否定或质疑对方的预设（听话者的先行话语或想法）时，常出现这种焦点标记。如：

（7）薛姨妈道："你还装憨呢！人人都知道是你说的，还赖呢。"薛蟠道："人人说我杀了人，也就信了罢？"（《红楼梦》岳麓本，1994：255）

译：「チョッ、いまさらおとぼけでないよ！おまえが言い触らした張本人だということならだれ知らぬ者はないのに、それでもしらをお切りかえ？」「それでは、このわたくしが人を殺したとみなが申しましたら、それもそのまま真に受けておしまいになるのですね？」（SI，1981：Ⅰ・464）

（8）可巧黛玉的小丫鬟雪雁走来与黛玉送小手炉，黛玉因含笑问他："谁叫你送来的？难为他费心，那里就冷死了我！"（《红楼梦》岳麓本，1994：61）

译：するとそこへ折も折、黛玉づきの侍女見習の雪雁が、彼女に手焙りを届けるとて来合わせました。黛玉は得たりと笑い顔で雪雁にたずねて、「だれの差金なの、こんなものおまえに届けさせたりして、気を使ってくれたのはかたじけないとして、いくらなんで

もこのわたしがその滅多なことで凍え死にするわけもなかろうに」
（SI，1981：Ⅰ・116）

例（7）中，"薛姨妈所说的'人人都知道是你说的'是发话者薛蟠强烈否定的对象，因此他通过举出一个极端的例子'人人都说我杀人了'和反问句相叠加的形式来表达自己的愤怒"（马燕菁，2010：239）。例（8）中，"黛玉看到雪雁给自己送小手炉，就衍推出'定是紫鹃怕自己冷，让雪雁送来的'，便以反问的方式来质疑对方的行为，并借此讽刺宝玉"（马燕菁，2010：239）。例（7）是发话者否定质疑对方之前的话语，例（8）是否定质疑对方的想法。

对于马燕菁（2010）提出的以上四点结论，我们认为还存在待商榷及研究之处。下文我们将围绕以下三个方面的问题，展开进一步的考察和分析。

（一）"この＋第一人称代词"是不是焦点标记？是不是总是句子的焦点成分？

（二）"この＋第一人称代词"的基本表达功能是什么？

（三）"この＋第一人称代词"用于什么场景中？

2 "この＋第一人称代词"与话语焦点

2.1 "この＋第一人称代词"是不是焦点标记？

马燕菁（2010）认为，对应日语"この＋第一人称代词"的汉语表达形式"我"大多处于带有焦点标记（如"是……""只是……""连……也……"等）的焦点成分位置，因此"この＋第一人称代词"是日语中的焦点标记之一。我们认为，这一论述混淆了焦点标记和焦点成分这两个概念，汉语中的焦点成分（注意不是焦点标记）"我"通过"この＋第一人称代词"来对译，并不能推导出"この＋第一人称代词"就是焦点标记，其顶多是一种焦点成分而已。该文指出"この＋第一人称代词"之后带有焦点标记（如"が""まで""…は…だ"等）是一种焦点标记的重叠，这一结论让人很难信服，倒不如将"この＋第一人称代词"理解为焦点成分更为合理，否则焦点成分将不复存在，焦点标记成了"皮之不存，毛将焉附"。

张伯江、方梅（1996）曾提出作为标记词的三个原则：（A）作为标记成分，它自身不负载实在的意义，因此，不可能带对比重音；（B）标记词的作用在于标示其后成分的焦点身份，所以焦点标记后的成分总是在语音上凸显的成分；（C）标记词不是句子线性结构中的基本要素，因此它被省略掉以后句子依然可以成立。可以看出，"この＋第一人称代词"明显不符合这几条原则。首先，从第一节中也可看出，"この＋第一人称代词"经常是说话人重点强调的成分，并且是对比排他性的强调，因此在语音上带有明显的对比重音，其本身就是语音凸显成分。其次，它作为句义表达的重心，不可能在句中被省略掉。因此，将其视为焦点标记不妥。

2.2　"この＋第一人称代词"是不是总是句子的焦点成分？

2.2.1　什么是焦点？

周士宏（2009）指出："焦点是近年来学界的热门话题。学者普遍认为，焦点属于话语功能范畴，是说话人最想让听话人注意的部分，承载着话语的新信息。"焦点又分为信息焦点和对比焦点两类[①]。张伯江、方梅（1996：73）指出："一个句子的焦点是句子语义的重心所在。由于句子的信息编排往往是遵循从旧到新的原则，越靠近句末信息内容就越新。句末成分通常被称作句末焦点，我们把这种焦点成分称为常规焦点。反之，如果一个成分不用作引入新信息，而是在上文或语境里已经直接或间接地引入了的，是说话人出于对比目的才着意强调的，这个成分就是对比焦点。""常规焦点跟对比焦点的根本差别在于二者的预设不同。所谓预设，通俗地说，就是听话人和说话人双方都共知并认可的前提。如果句子的预设是'有 X'，整个句子是要说明这个 X，这时候，焦点成分是呈现性的，属于常规焦点；如果说话人预设听话人认为某事是 B，而实际应该是 A，说话人说出这个句子的目的在于指别'是 A 而非 B'。这时候句子的焦点成分就是对比性

---

① 对于"信息焦点"和"对比焦点"，很多学者进行了研究，只不过所用名称不同而已。比如 Lambrecht（1994）分别称之为"谓语焦点"和"论元焦点"，张伯江、方梅（1996）分别称之为"常规焦点"和"对比焦点"，Halliday（1967）分别称之为"信息焦点"和"对比焦点"，Kiss（1988）分别称之为"信息焦点"和"识别焦点"，徐烈炯、刘丹青（1998）分别称之为"自然焦点"和"对比焦点"，等等。

的，属于对比焦点。"

徐烈炯、潘海华（2005：15-18）指出，对比焦点和信息焦点属不同的语用概念，信息焦点是每句中必有的，承载着话语的新信息，而对比焦点不是必有的。对比焦点的特点是说话者头脑中有一个范围，从这个范围中挑出一个（或者几个）对象，排除其他对象。而信息焦点的选择没有这样一个范围。比如：

（9）John introduced Bill to Sue.
约翰把比尔介绍给休。

在特定现实环境下只有 Bill、Carl、Mark 三个候选人，John 介绍了 Bill 给 Sue，而没有介绍其他两位。如果说话者头脑中根本不存在一个三人范围，那只可能是信息焦点，而不是对比焦点[①]。

另外，随着话题概念引入焦点研究，"话题焦点"又引起争议。徐烈炯、刘丹青（1998）把汉语中重读的对比话题也视为焦点，称为"话题焦点"，如：

（10）a.老王当过空军，老张嘛，当过海军。
b.我（连）鸵鸟肉都吃过。

徐烈炯、刘丹青（1998）认为，"老张"和"鸵鸟肉"既有话题性质，又有焦点性质（［＋突显］［＋对比］）。但周士宏（2009）指出，话题和焦点是不相容的，话题成分不可能成为焦点，不应把"对比"看成是焦点的定义特征，而应看作一个独立的功能特征，它既可以附加在话题成分上，也可以附加在焦点成分上，同时，对比话题在语音上也可以重读。即：

话题＋对比［重读］——对比话题

焦点＋对比［重读］——对比焦点

周士宏（2009）还指出，对比话题和对比焦点的不同在于：从语用功

---

① 例（9）及这部分说明引自徐烈炯、潘海华（2005：15）。

能上看，对比焦点总包含纠错或矛盾的语用意义，对比的是焦点成分与其他可能的候选项（即不同"名词性成分 NP"之间的对比），对比话题所要对比的仍是对话题的不同陈述（即不同"谓语动词 VP"之间的对比），其作用在于提示不同的话题。

（11）A：老王当过海军。（语境）

B：**老张**当过海军。（对比焦点）

A'：老王当过空军。（语境）

B'：**老张**，当过海军。（对比话题）[①]

关于"话题焦点"的争论，我们赞同周士宏（2009）的观点。

马燕菁（2010）指出："日语属于黏着语，虽然主题标记相对比较固定，但焦点标记相对较多，助词'が／も／でも／さえ／まで／だけ／しか／ばかり／くらい／こそ／は'等都可以表示焦点。"该文将"この＋第一人称代词"视为焦点标记的依据之一就是"この＋第一人称代词"经常与这些助词连用。我们认为，在这一点上该文没有把"焦点"和"话题"区分开。如果参照周士宏（2009）的观点，上述助词中的大多数经常表示的是对比话题，而不是对比焦点。[②]

首先，Kuno（1972）曾指出，日语表达对比话题时用对比性的"は"，表达对比性焦点时用表示详尽列举的"が"。比如：

（12）Hanako: Mary-san <u>anata-wa</u> osoji shite kudasai, <u>watashi-wa</u> oryori shimasu kara.

Mary: Ie, <u>watashi-ga</u> oryori shimasu kara; <u>anata-wa</u> hoka-no koto shite kudasai.[③]

（花子：メリーさん、<u>あなたは</u>お掃除してください。<u>私は</u>お料理しますから。

---

① 引自周士宏（2009）。

② "主题"和"话题"虽然也有区别，但在这里，"主题"可参照"话题"来处理。

③ 该例句引自周士宏（2009）。原始出处见书后的参考文献 Kuno（1972）。

メリー：いいえ、私がお料理しますから。あなたはほかのことしてください。）

其次，对于"でも""さえ""まで"等助词，我们可参考周士宏（2009）对汉语"连"字句的研究。关于"连"字句，张伯江、方梅（1996）认为，"连"字后面的成分是对比性话题，用于表现极性对比，而"连"是焦点标记，用于标记极性对比话题。徐烈炯、刘丹青（1998）认为，"连"字后面的成分是话题焦点，"连"是前附性话题标记。对此，周士宏（2009）指出，徐烈炯、刘丹青认识到"连"后的成分具有对比的意味，而且也发现它不同于对比焦点而有一定的话题性，但误把它当作焦点的一种；而张伯江、方梅准确地观察到了"连"后的成分具有对比性话题的特点，但误把"连"当作焦点标记。其根本原因在于他们都把"焦点"和"对比"等同起来，并认为重音是识别焦点的有效手段，而忽略了话题也可以对比，也可以携带重音。若把"连"称作"对比性话题标记"，把"连"后成分称作"对比性话题"，就能消除这种认识。参照这一观点，我们认为，日语的"でも""さえ""まで"等助词并不是焦点标记，其前面的名词性成分也并不一定是焦点成分。①

2.2.2 "この + 第一人称代词"与句子焦点

"この + 第一人称代词"是不是总是句子的焦点？对于这一疑问，我们利用三个语料库即日本国立国语研究所编制的《现代日语书面语均衡语料库》（BCCWJ）、北京日本学研究中心编制的《中日对译语料库》（CJCS）、基于影视剧本的自制话语语料库（200万字规模）进行了实例调查，共获取用例约400例。

（一）充当焦点成分

通过对实例的分析，我们发现，的确如马燕菁（2010）所言，"この + 第一人称代词"经常充当句子的焦点成分。例如：

---

① 关于"だけ""しか""ばかり""くらい"等助词是不是焦点标记也值得商榷。张伯江、方梅（1996）指出，汉语的"才""只""就""都"等不符合焦点标记词的标准，不认为它们是焦点标记。

（13）「先生を本当に愛してた人間こそが犯人なんです！それは私をおいて、他にはいません」

と、悦子は言った。

そのとき—スタジオの中に、甲高い声が響いた。

「違うわ！」

と、立ち上がったのは、安田哲子だった。

「—どなた様ですか？」

と、水口が訊く。

「私、榎本さんと同じ編集部にいる安田哲子です」

「はあ。違うとおっしゃるのは？」

「先生を一番愛していたのは、<u>この私</u>です！」

と、哲子が主張した。（BCCWJ『作者消失』）

（14）五木谷：だから、当たると言ってるんですよ。それを 2 億も払えだなんて。元々、無職でフラフラしていたアイツを有名にしてやったのは、<u>この私</u>ですよ。（ドラマ『ＳＰＥＣ』）

（15）「わ～、それ何？」

トリシアが立ち上がってのぞきこむ。

「知らないのですか？小鬼という生き物です。<u>このわたし</u>が、召喚しました。」（BCCWJ『トリシア、ただいま修業中！』）

（16）"哈哈，林小姐不要开玩笑了，我哪有一点这个意思。如果是我处理的问题，那什么都好说，可惜你落到蒋孝先的手里，是我硬作担保才保了你出来。不过，我要想办法，一定想办法救你。"（CJCS《青春之歌》）

译：「はっは、お嬢さん、冗談はよしにしよう。わたしには毛頭、そんなつもりはない。もし、わたしの手で処理できる事件だったら、なんの問題もないのだ。だが、残念なことには、きみは蒋孝先の手中におちてしまった。<u>このわたし</u>が、むりやり頼んで、保証人になって、やっともらいさげたんだ。だが、わたしは必ずなんとかする、なんとかして、きみをたすけだす」

　　以上这些例子中"この私"都是典型的焦点成分。但是，我们发现，也有很多例子无法将"この私"视为句子焦点成分。

（二）充当非焦点成分

A. "この＋第一人称代词＋は"

　　日语中由"は"引导的主题成分一般承载着旧新息，与之相对的述语部分才是句子的新信息所在。同时，前文也指出，"は"可用来提示对比话题（注意不是对比焦点）。通过实例调查发现，"この＋第一人称代词"虽然经常后接助词"が"，但也并不是不能后接表主题的"は"。例如：

　　（17）結局、私は "なんとなくの気分" で生きているらしい。

　　　　そんな退廃的で、主体性のない生き方なんて、けしからん、と言われてしまいそうだけれど、昭和三十四年に生まれた、この私は、"気分" が行動のメジャーになってしまっている。（BCCWJ『なんとなく、クリスタル』）

　　在该例中，"この私"所在句子的信息焦点位于述语部分，"この私"明显不是句子的信息焦点。同时，从上下文中也看不出有与"私"相对比的对象，因此也难以说其是对比焦点。

　　（18）「そうなんだよ。何もね、座って一日中原稿を書いているばかりが人生じゃないよ。男はある時妻も子も家庭も捨てて、荒野を吹く風にならなければいけないんだよ」

　　　　勝手に行け、勝手に風になれ、とこのわたくし言いたかったのでございますが、わたくしが言ったのは、「先生、仕事も捨てるつもりじゃないんでしょうね」というはなはだ情けないものでございました。

　　　　「仕事は捨てやしないよ、ただ、サボるだけだ」

　　　　「ぶく先生！」

　　　　わたくし思わず悲鳴のような声をあげてしまいました。

　　　　「心配するな、行ったらこの俺はこのことを必ずネタにするんだから。一ヶ月このことで時間をつぶしても、作家寿命が三年延びる

んなら安いもんじゃないか」（BCCWJ『空気枕ぶく先生太平記』）

　　该例中，"<u>この俺</u>"由于其所在句子的信息焦点也是位于句子的述语部分，因此不是信息焦点；同时说话人也并不是在有意识地将自己（"俺"）与作者（"わたくし"）进行对比，因此也不是对比焦点。以下三例类同。

　　（19）そして当の「心がけ」が、いわゆるトレーニングであって、「身体にいいこと何かやってる？」とテレビCMでせっつかれるたびに、はて<u>この俺</u>は特別にやってないが、これではダメだろうなあと、またまたストレスに感じてしまう例の存在である。（BCCWJ『ご隠居マニュアル』）
　　（20）自分でも驚きだ。なんといったこともない普通の宗教勧誘にここまで過剰に反応してしまう、自分のバカさに驚愕だ。もうダメだ。
　　だから俺は、もう死のう。宗教家の前でこれだけの大恥を晒してしまった<u>この俺</u>は、もはや一刻も早く死ぬべきだ。だからいいからオバサンは、さっさととっとと帰ってくれ。その娘さんをつれてどっかに行ってくれ。あぁ、もうだめだ。俺はもうダメだダメだダメだ！（BCCWJ『NHK にようこそ！』）

　　关于对比话题和对比焦点，按照周士宏（2009）的观点，以下几例中"この＋第一人称代词"虽然均有较为明显的对比对象，但句子不包含纠错或矛盾的语用义，对比重心在于对话题的陈述部分（VP）而不是 NP，因此应该是对比话题而不是对比焦点。

　　（21）その後、ただひたすらカヌーを漕いで、ドーソンにたどり着き、何とか、日本に帰りついたのですが、こらぶくよ、あの時、地に伏せなかったら<u>この俺</u>は死んでいたのであり、おまえは犯罪者となっているところだったのだぞ。（BCCWJ『空気枕ぶく先生太平記』）

（22）しかし、真如法親王は違う。世間を諦らめてしまっている
から、世間と関わることを極力避けている。恒貞親王も同じ道を辿っ
ている。

　　―それで、<u>この私</u>はどうなのだろう。

　　正子は自分が真如法親王や恒貞親王のように全く世間を捨てて
しまってはいないと思う。（BCCWJ『淳和院正子』）

（23）「…（前略）。たとえば、単にお手伝いに来ていた人には、
鹿島通泰さんを殺害しなければならない動機があるとは思えません
からね」

　　「それじゃ…」と、行雄は息を溜めて、吐き出すように言った。

　　「私はどうかね、え？<u>この私は</u>」

　　「資格は充分、あります」

　　浅見は冷ややかに言った。（BCCWJ『三州吉良殺人事件』）

（24）なるほど、万が一の折にはその笛を思いきり吹けば、その
音を聞いた我々がドア一つ開け放つだけで隣の部屋へ飛び込むこと
が出来る。

　　我々は倉庫の中を一通り確認し終えると、元の仕事部屋へと戻った。

　　「<u>この僕は</u>どうしたらよいのかね？」中林教授が年甲斐もなくや
や不満げに、諸井探偵へ問いを発したのが、少々笑いを誘う。

　　「…教授には大変恐縮なのですが、このプレハブ小屋には裏口
が、ほらあそこにあります。…」（BCCWJ『悪夢街の殺人』）

B.“この＋第一人称代词＋が”

尽管 Kuno（1972）指出“が”经常用于标记对比焦点，但我们发现有
很多实例，虽然“この＋第一人称代词”后面使用了“が”，但仍难将其视
为句子的焦点。比如：

（25）陽は天頂から容赦なく照りつけ、布で覆った頭が痛む。驢
馬の糞の匂いのする土埃に息が詰まる。喉が鳴る。

　　だが、わたしは行かなくてはならない。城壁外のゴルゴダの丘へ。

どうして行かないでいられよう。このわたしが。あのひとの妻が。わたしはあのひとの一番の女弟子であるのと同時に、ただひとり女としてあのひとに愛された者なのだから。（BCCWJ『龍の黙示録』）

（26）「許して、あたしはこんなことしたくなかったのよ」

富士子は叫んで、両眼から涙がちぎれ飛んだ。

「〈区外〉であいつに取り憑かれてから、こうしなくてはいられなくなって。あいつこれを贅沢って言うのよ。〈新宿〉へ来てから、もう二〇人以上殺したわ。それから—それから…」

富士子は両手で顔を覆った。瘧のように震える全身が不意に止まった。ゆっくりと手が下りてくる。現われた顔はどこか違っていた。歯は剥き出しであった。唇の端といわず、口全体から、滝のように涎がこぼれていた。

「それから…食べたのよ、このあたしが」

富士子は膝をついた。奇妙な動作が後につづいた。上体を畳にぺたりとつけ、岩壁でも登攀するみたいに、虫そっくりの恰好で清三に近づいて行ったのである。（BCCWJ『魔界都市ブルース』）

以上两例中，由于"この＋第一人称代词"的后置，因此句子的信息焦点明显不在"この＋第一人称代词"上，"この＋第一人称代词"也不是说话人想要强调的内容，即不是句子语义的重心所在。另外，语境中也没有明显的对比对象。即使认为其由于"が"的存在而暗含对比排他之意，也难以称为对比焦点。

（27）执事：刑事としてのメンツもお嬢さまとしてのプライドも忘れ去ってしまったか。

お嬢様：冗談じゃないわよ。どうしてこの私がずぶの素人の力を借りなきゃいけないわけ？私はただあなたが聞きたがるだろうと思って話してあげただけ。当然でしょ？このくらいの謎自分で解けるわよ。（ドラマ『推理はディーナーの後にしよう』）

（28）（ミリやんは五つの人格に分裂していた。売春防止法の闘士、老女性議員ミリやんと、廓話やストリップの舞台裏の人情話を得意とする下町の文豪ミリやんと、売春女子高生ミリやん及びほかの二人のミリやん。五人は売春が許せるか許せないかについて討論している）

文　「どんなもんでも規制緩和は慎重な方がいいぜ」

老　「ええーい、もう自由化なんて、この私がさせません。体をはってでも売春の悲惨さを訴えます‼」

文　「と言うと…?」

老　「この私が体を売ろうじゃありませんか‼」

文　「そ…それは、いくら安くても…」

老　「ええーい、30円でどうだ‼」

女　「そんなんじゃ、100回寝ないと、ディズニーランドにも行けないわよ」（BCCWJ『しりあがり寿の多重人格アワー』）

以上两例中，例（27）的句意重心在于"为什么要借外行人的力量?"例（28）的句意重心在于"させません"而不是"この私"，这从后一句内容也可看出。

C. "この＋第一人称代词＋を／に／…"

"この＋第一人称代词"后面也可接其他助词，但同样有很多不是句子焦点的实例。比如：

（29）大久保長安は老雲水の身より放たれる、凄愴とも、無残とも、なんとも形容しがたい"気"に、打たれたごとく沈黙した。

が、ややあって、震え声で尋ねた。

「それで…。このわたしを何とするつもりだ。片桐且元や真田幸村と通じた裏切り者として断罪するのか」

「お主をどういたすかだと。それは、わしら伊賀者の決めることではない」（BCCWJ『真田三妖伝』）

　　此例中，"このわたし"所在句子由于有疑问词存在，因此"このわ
たし"不是信息焦点；同时语境中也不存在与"このわたし"对比的对象，
因此它也不是对比焦点。

　　（30）山際は眉根を寄せて、不信感をあらわにして、梅本を睨ん
だ。梅本は当惑げに視線を外した。
　　「ということは、つまり、浅見さんが何やらややこしいことを言
うて来たのですか？」
　　「まあ、そう思っていただいて結構です」
　　「それで、あんた、この僕に何を言いたいのです？」
　　「津野さんのことで、お訊きしたいことがあります」（BCCWJ
『御堂筋殺人事件』）

　　此例中"この僕"所在句子的信息焦点在于疑问词部分，且上下文中
没有与"この僕"构成对比排他关系的对象，因此"この僕"既不是信息
焦点也不是对比焦点。以下例子类同。

　　（31）浮舟の君の昨夜の母君へのお返事もあけてみて、右近は激
しく泣きます。
　　「やはりそうだったのか。こんな心細いことをお書きになって。
どうしてこのわたしに、ほんの少しでもお心のうちを打ち明けて下
さらなかったのだろう。お小さい時から、わたしには少しもお心を
お隠しにならず、こちらだって、塵ほども姫君に隠しだてなどしな
いのが当たり前になっていたのに、…」（BCCWJ『源氏物語』）
　　（32）そんなわたしを、「賢婦の鑑」と言ってくれるならわかる
が、馬買いごときで鑑と称されるのは褒め過ぎであろう。
　　そんなことを思いながら、ともかくあの千代に会ってみたいと考
えた。
　　「なんですって！このわたしに北政所さまが—」
　　使者の口上に千代は驚き訝った。…（BCCWJ『山内一豊と妻千

代』）

（三）马燕菁（2010）中的例子

马燕菁（2010）将"この＋第一人称代词"视为焦点（标记）的主要依据是：对应日语"この＋第一人称代词"的汉语表达形式"我"总是句子的焦点成分，它要么紧跟在焦点标记（如"是……""只是……""连……也……"等）后面，要么与句中其他对象形成对比关系，突显"我"，成为焦点。如：

（33）宝玉道："可不是。"说着，便滴下泪来，说："林妹妹，林妹妹，好好儿的是我害了你了！……"（《红楼梦》岳麓本，1994：866-867）

译：宝玉は、「そうだろう、そうだろうとも！」というなり、涙をぽたぽた落とし、「黛さん、黛さん、罪もないあなたを殺したのはこのわたしだ！…」（SI，1981：Ⅲ・390）

（34）贾政冷笑道："你如果再提'上学'两个字，连我也羞死了。依我的话，你竟顽你的去是正理。仔细站脏了我这地，靠脏了我的门！"（《红楼梦》岳麓本，1994：65）①

译：さあ、贾政、冷笑してきめつけました。「フン、おまえがな、真顔で塾へはいるなどということばをもう一度口にしようものなら、このわしまでが赤面せねばならぬわ。わしにいわせれば、おまえなんぞはどう見ても遊びにゆくといったほうが似合いじゃよ。えい、そこいらにうろうろしおって汚らわしい、とっとと消えて失せろ、いつまでぐずぐずしておる気か！」（SI，1981：Ⅰ・124）

（35）贾母道："你们怕老爷生气，有我呢！"（《红楼梦》岳麓本，1994：772）

译：「みなは殿がお腹立ち召されようと、そればかり心配しておるようだが、このわたしが控えております」と、後室はいって、…（SI，1981：Ⅲ・214）

---

① 按照周士宏（2009）的观点，此例中的"我"应该是对比话题而非对比焦点。

但我们发现，该文所举例子中也存在例外。如下面几例中"我（この
わたし）"就难以认定为句子焦点：

（36）薛姨妈道："你还装憨呢！人人都知道是你说的，还赖呢。"
薛蟠道："人人说我杀了人，也就信了罢？"（《红楼梦》岳麓本，1994：
255）

译："チェッ、いまさらお惚けでないよ！おまえが言い触らし
た張本人だということならだれ知らぬ者はないのに、それでもしら
をお切りかえ?」「それでは、このわたくしが人を殺したとみなが申
しましたら、それもそのまま真に受けておしまいになるのですね?」
（原文第 16 例）

此例中，对比的是"杀人"和"说"，"我"并没有在与其他对象进行
对比，因此"我"不是对比焦点。

（37）可巧黛玉的小丫鬟雪雁走来与黛玉送小手炉，黛玉因含笑问
他："谁叫你送来的？难为他费心，那里就冷死了我！"（《红楼梦》岳
麓本 1994：61）

译：するとそこへ折も折、黛玉づきの侍女見習の雪雁が、彼女
に手焙りを届けるとて来合わせました。黛玉は得たりと笑い顔で雪
雁にたずねて、「だれの指金なの、こんなものおまえに届けさせた
りして、気を使ってくれたのはかたじけないとして、いくらなんで
もこのわたしがその滅多なことで冷え死にするわけもなかろうに」
（SI，1981：Ⅰ・116）（原文第 19 例）

此例中，"我"不具备对比重音，没有对比排他之意，不是对比焦点。

（38）袭人道："为什么不放？……其实我也不过是个平常的人，
比我强的多而且多……"（《红楼梦》岳麓本，1994：137）

译：すると襲人、「どうしてお暇をくださらないのでしょう

か。…ところが<u>この</u>わたくしときたら、ごくあたりまえの人間にし
かすぎず、わたくしなんぞよりましなお人はうようよおります。…
（SI，1981：Ⅰ・252）（原文第 17 例）

此例中，"我"虽然表面上似乎是在与别人对比，但实质上是单纯对
自身属性特征的介绍说明，构不成显著的对比关系，"我"并不具备对比重
音，不是句子的焦点。

从以上可以看出，"この＋第一人称代词"并不总是句子的焦点。它同
普遍名词一样，受句义影响。如果恰好是句义表达的重心所在，则成为句
子焦点，反之则不然。

3　"この＋第一人称代词"的语用功能

马燕菁（2010）指出，"この＋第一人称代词"的基本语用功能是凸显
第一人称，并暗含"不是其他人，就是发话者本人"这一对比功能，具有
穷尽性和排他性。对此，我们也认为有待商榷。从前文看到，"この＋第一
人称代词"并不总是句子的焦点，因此说其基本语用功能是"凸显第一人
称，具有对比排他性"（对比焦点的特征）就显得有些片面了。比如当自己
信心不足时，可以自言自语地说"この私、できるかな"，这时说其功能是
排除他人凸显自己就会显得过于牵强。

我们认为，"この＋第一人称代词"的基本语用功能是说话人提醒对方
注意自己 [1]，亦可理解为凸显第一人称。在这一点上我们赞同马燕菁（2010）
的观点。在日语中，"この＋N"具有现场指示功能，现场指示的作用本身
就是要明确所指对象，将听者的注意力引向所指对象。原本第一人称代词
已有明确所指，但说话人还要再加以明确，其意图很显然在提醒对方更加
关注自己。一个例证就是，当老师问班里同学有没有人敢于承担某项任务
时，学生可以满怀自信地说"この私に任してください"；但当老师质问谁
把班里的电脑给弄坏了时，学生只能胆怯地回答"私が壊したんです"，而

---

① "凸显第一人称"这一表述带有较强的"排除第二、三人称"的意味，因此笔者认为改为
　"提醒对方注意（关注）自己"更为合适。

不说"この私が壊したんです"。出现这种差异的原因在于前一个场景中学生想让老师关注自己，注意到自己有完成该任务的能力，而后一个场景则是学生因心虚胆怯想要躲避老师和同学的注意。这两种不同的发话意图导致了"この私"和"私"用法上的差异。

但是，我们不认为"この＋第一人称代词"总是暗含对比排他性。"提醒对方注意自己"的这一基本功能常常会根据语境的不同分为两种情况：一是（意欲）让对方关注自己身上所具有的某种属性，而这种属性与当前事件密切相关；二是（意欲）让对方关注自己的存在本身。这种用法常常用在与他人对比的语境中，从而具有对比排他性。这两种表达功能常常根据语境的不同而有所侧重，有时前者明显，有时后者明显，有时二者又相互掺杂在一起。但需要注意的是，对比排他功能并不总是"この＋第一人称代词"的显著语用特征，它是在某些同时存在多个可选对象的语境中被凸显出来的，在有的语境（比如凸显话者属性的语境）中对比排他性并不明显。

3.1　凸显话者存在本身，具有对比排他功能

（39）「先生を本当に愛してた人間こそが犯人なんです！それは私をおいて、他にはいません」

と、悦子は言った。

そのとき―スタジオの中に、甲高い声が響いた。

「違うわ！」

と、立ち上がったのは、安田哲子だった。

「―どなた様ですか？」

と、水口が訊く。

「私、榎本さんと同じ編集部にいる安田哲子です」

「はあ。違うとおっしゃるのは？」

「先生を一番愛していたのは、この私です！」

と、哲子が主張した。（BCCWJ『作者消失』）

（40）「『平和の創造社』では、私のほうが偉い。社長と呼ぶか、さんをつけろ」

福島は、どなりかえした。

「そんな必要はないね。僕は、太子先生の信任を得ている。僕が言うことは、太子先生のお心に沿ったことばかりだ。それでも文句があるかい。福島君」

畑山は、侮ったように、ゆがんだ笑いを浮かべて言った。

福島は、顔を紅潮させて、

「太子様の御心に沿って、すべてを切り盛りしているのは、<u>この私</u>だ。思い上がらないほうがいい」と、どなりつけた。(BCCWJ『背後霊は殺しがお好き　双子姉妹の事件簿』)

(41)…(前略)、ふたつの車輪からでもうかがわれるのだけれど、それにしても声の出る位置が低過ぎる。弥生は体をふたえに折りまげているのであろうか。

「金田一先生、もしそれがかりに殺人事件としても、<u>わたしども</u>…いえ、<u>このわたし</u>になにか掛り合いがあるとおっしゃるのでしょうか」

「いいえ、それはないでしょうねえ。あなたはそれほど愚かなかたではありません」(BCCWJ『病院坂の首縊りの家　金田一耕助最後の事件』)

在与其他对象形成对比的语境中，说话人想要让对方注意自己时首先要凸显自己的存在，即表达"不是其他人，就是发话者本人"这一强调意义。在例(39)中，哲子通过「この私」强调了"不是悦子或别的什么人，而是你们眼前的这个我"。例(40)中福岛也强调了"不是你，而是你眼前的我"的语气。例(41)中先说「わたしども」("我们")，然后马上加以否定，并限定在了"我"一个人身上。在这些例句中，与各种对象相对的、位于发话现场的"我"的存在是话者最想要强调的内容。

3.2　凸显话者自身属性

(42)陽は天頂から容赦なく照りつけ、布で覆った頭が痛む。驢馬の糞の匂いのする土埃に息が詰まる。喉が鳴る。

だが、わたしは行かなくてはならない。城壁外のゴルゴダの丘へ。

　　どうして行かないでいられよう。<u>このわたし</u>が。<u>あのひとの妻</u><u>が</u>。わたしはあのひとの一番の女弟子であるのと同時に、ただひとり女としてあのひとに愛された者なのだから。（BCCWJ『龍の黙示録』）

　　在此例中，"このわたし"一句采用了主语后置结构，这意味着它不是句子的信息焦点（强调重心），其语用功能也不能理解为是为了排除他人而凸显自己。此处使用"このわたし"而不使用"わたし"，是为了提醒听者注意自己（话者）的身份。"このわたし"实际上隐含着"この…（話者の属性：あの人の妻である）…わたし"的含义。其后面紧跟的"あの人の妻が"便是对其隐含义的外显。

　　（43）"我不求勋章，也不要表扬。我只希望你们医院了解，作一个大夫的爱人，是多么不容易。且不说巡回医疗，抗灾救灾，一声令下，抬腿就走，家里一摊全撂下不管；就连平常手术台上下来，踏进家门，筋疲力尽，做饭连手都抬不起来！试问：这种情况下我不进厨房谁进厨房？说来真要感谢"文化革命"，给了我那么多时间，也把我练出来了。"（CJCS《人到中年》）

　　译：「僕は勲章も表彰もいらないんだ。ただ医院に分かってもらいたいことはだ、医者の夫たるものがいかにたいへんかということだ。それ巡回診療、それ災害救援、と命令一下駆け出して行く。家の中はごちゃごちゃだ。ふだんでも手術をやって帰ってくると、戸口を入るなり、疲労のため炊事もできない始末だ！そうだろう。こんな時、僕が厨房に入らずに誰が炊事をやる？それもこれも、言ってみれば文化革命のおかげさ。永年<u>この僕</u>を鍛錬してくれたんだからね──」

　　在此例中，"この僕"暗含着"我"的属性特征──"成天圈在厨房中做饭，默默在背后支持她工作的这样一个我"。如果译成"僕"，这层含义就不很明显了。

（44）"好大的胆子！打人！胆敢打人！……今天，看你是个年轻的女人先饶过你。限你三天——三天之后如果还没有悔悟表示……"他向道静斜了一眼，狠狠吐了一口唾沫，"小姐，那就怪不得<u>我胡某</u>了！"说完，一阵大皮鞋响，他挟着皮包走了。（CJCS《青春之歌》）

译：「いい度胸だ、このわたしをなぐるとは！たいしたもんだ……今日のところは、おまえが若い女性だということに免じて、ひとまず見のがしてやる。三日間、三日ののちに、もしも悔悛の情がないようだったら……」かれは、道静をにらみつけ、ぺっとつばをはいた。「お嬢さん、<u>この胡</u>がなにをしても、恨まんでくれ！」そういうと、靴音もあらく、かれは皮カバンをさげてたち去っていった。

此例中，前面的"このわたし"暗含着"我是有身份的人"之意，后面的"この胡"暗含着"我是有手段的、不讲情面的"之意。[①]

（45）胖子急忙向余敬唐的肩上一拍，眯缝着眼睛笑道："鲍县长要是不要，老余，可得让给老弟我呀！人生一世，草木一秋，倾家荡产，也得乐它一阵！"（CJCS《青春之歌》）

译：デブは息せきこんで余敬唐の肩をたたき、目を細めながらいった。「鮑県長が気にいらなかったら、頼む余君、<u>このわし</u>にゆずってくれ！人生はただ一度、たとえ全財産をついやしても、楽しい思いをしたいものだ」

此例中"このわし"含有"我和你关系亲密"的意思。原文中的"老弟我"体现了这一点。

（46）執事：刑事としてのメンツもお嬢さまとしてのプライドも忘れ去ってしまったか。

---

① "この胡"虽然和"この私"在语义上有些微妙差异，但结构上都是定指标记受限定词修饰，基本表达功能相似。

　　お嬢様: 冗談じゃないわよ。どうしてこの私がずぶの素人の力を借りなきゃいけないわけ？私はただあなたが聞きたがるだろうと思って話してあげただけ。当然でしょ？このくらいの謎自分で解けるわよ。（ドラマ『推理はディーナーの後にしよう』）

此例中，使用"この私"而不用"私"的目的也不是排除他人凸显自己，而是意在提醒对方注意"我是警察"。

　　（47）「…（中略）」などと書いてあります。浮舟の君の昨夜の母君へのお返事もあけてみて、右近は激しく泣きます。
　　「やはりそうだったのか。こんな心細いことをお書きになって。どうしてこのわたしに、ほんの少しでもお心のうちを打ち明けて下さらなかったのだろう。お小さい時から、わたしには少しもお心をお隠しにならず、こちらだって、塵ほども姫君に隠しだてなどしないのが当たり前になっていたのに、…」（BCCWJ『源氏物語』）

此例中的"このわたし"意在向对方暗示"こんなに姫君のことを信用しているわたし"之意，并没有明显的排除他人凸显自己之意。

　　（48）…しばしば自分たちで道を切り開かねばならなかった。破壊しつくされた町と村ではあたりに野犬があふれ、まるでオオカミのように人間と家畜にかみつき、それどころか戦場などでは地中から死体を掘り出すことさえあった。このわたしも野犬に襲われて死にそうになったことがある。それはすぐあとで話すとしよう。（BCCWJ『ヨーハン・ディーツ親方自伝』）

"このわたし"暗含着"身为事件叙述者本人的我"之意。

　　（49）「…押されている売買契約書を、仲買人の宇野さんが届けてくれたきりです。それから、お会いしていませんよ。とにかく、

また店が張れます。助かりました。兜町からはちょっと遠いですが
ね。借金でどうしようもなくなったこのわたしを、間宮さんも宇野
さんも見捨てなかった。本当に感謝してますよ」と山田は顔をくし
ゃくしゃにして言った。（BCCWJ『インサイダー』）

如果将波浪线的"借金でどうしようもなくなった"省略掉，"このわ
たし"相比较单用"わたし"，更能让听者意会到说话人具有特殊情况。

　　（50）…ともについていき、以後孔明を補佐して南蛮平定や北伐
で活躍する。忠誠心旺盛な人物。孔明の死後、孔明からさずかった
計略にしたがって魏延の部下となる。魏延が反乱を起こし、漢中城
を攻めようとしたとき、「だれぞこのわたしを斬れる者はあるか」と
さけんだ魏延を、背後から斬った。（BCCWJ『三国志演義』）

此例中使用"このわたし"比使用"わたし"更能让人感到魏延自恃
武力高强的傲慢。

　　（51）大久保長安は老雲水の身より放たれる、凄愴とも、無残と
も、なんとも形容しがたい"気"に、打たれたごとく沈黙した。
　　が、ややあって、震え声で尋ねた。
　　「それで…。このわたしを何とするつもりだ。片桐且元や真田幸
村と通じた裏切り者として断罪するのか」
　　「お主をどういたすかだと。それは、わしら伊賀者の決めること
ではない」
　　「なんだと。それでは誰が決める。大御所様か。二代秀忠公か。
まさか、春日局では―」（BCCWJ『真田三妖伝』）

此处的"このわたし"隐含着"我已经完全处于你们控制之下，任由
你们处置"之意，比起"わたし"来更能让人感到一种无助感。

3.3　凸显话者存在本身与凸显话者属性并存的情况

在某些语境中，"この + 第一人称代词"既可理解为凸显话者存在本身，与其他对象构成明显的对比关系，又可理解为凸显话者某种属性特征，为话语整体提供某种隐含的附加信息。

（52）正直なところ、気が重く不愉快である。…（中略）…

（この憂さを誰に晴らさんか）

ふと浮かんできたのは、長浜の頃、山内一豊とともにやってきた千代であった。…（中略）…

（どんな女房になっていよう）

そのとき頭を過ったのは、（千代が――筆者注）一豊に金十枚を渡して名馬を買わせたというあの逸話である。以来、「賢婦の鑑」などと一時期囃されたこともあった。

…（中略）…

とまれ、所持していた大金を、夫の馬買いに充てたことが賢婦の鑑なら、（A）このわたしをどう評してくれるのか。

「猿」といわれた秀吉と、祝言らしいものも挙げず、清洲の長屋で暮らした日々。空地を耕して野菜を作り、雨漏りのする長屋で冬の寒さを凌いだものだった。

それからは秀吉の才覚でトントン拍子の出世となったが、それでも姑と小姑たちの面倒に悩まされてきた。

そんなわたしを、「賢婦の鑑」と言ってくれるならわかるが、馬買いごときで鑑と称されるのは褒め過ぎであろう。

そんなことを思いながら、ともかくあの千代に会ってみたいと考えた。

「なんですって！（B）このわたしに北政所さまが―」

使者の口上に千代は驚き訝った。

「なんの趣でござりましょう」

「さあ、それはわかりませぬ。とにかく直ぐにもということです

から、お着物だけお更めいただいて。門の所に駕籠を用意してありますので」

　　全くもって驚いた。まさかあの北政所が（Ｃ）このわたしに会いたいなど。

　　壮大な大坂城を仰ぎ、その城郭内に屋敷を持たせて貰ってはいるが、城の中に入ったことはない。

　　ともかく駕籠の中に身を潜めて、簾越しに外を見ながら西門の濠を渡り、可成り揺られて更に内濠を渡って西の丸に入った。（BCCWJ『山内一豊と妻千代』）

　　此例中三处使用了"このわたし"，其中（Ｂ）处和（Ｃ）处的用法完全一致，但与（Ａ）处有所不同。（Ｂ）处和（Ｃ）处是在千代闻听北政所要接见她而感到非常吃惊时说的，此处并没有强烈的对比排他之意，而是暗含着"自己身份卑微"之意，是一种凸显自身属性的用法。而（Ａ）处是北政所将自己与千代对比时所说的话，一方面使用"このわたし"凸显自己与千代的对比关系，另一方面又暗示出自己具有更值得肯定的特性。其后的一系列表述"「猿」といわれた秀吉と……悩まされてきた。"）便说明了这一点。

　　（53）「絶対に止めないんだなっ？」

　　「止めないと言ってるでしょうがっ」

　　男の細い目が広がり、俺の鼻に食いつかんばかりの勢いでがなりたて始めた。

　　「絶対に止めない！お前もコイツもアイツらも、この私が殺してやる！この、神の私が！皆みんな、ぶっ殺して壊してやる！見ろよ！あの死体の山！女も男も婆さんも、皆この私が殺したんだ！私は神だ！神は、人の運命を変えてもいいのだ！」（BCCWJ『エスケープ！』）

　　此例中"この私"一方面具有排他性，表达"不是别人，而是我"之

意，同时，从上下文也可以看出，话者不说"私"而说"この私"其实隐含了"私は神だ"这一属性特征。

（54）口の中にあふれてきた液体が、外にこぼれようとするのをすすりあげる音であった。

「あれについてはね、九十九さん、<u>この私が</u>一番よくわかっているのです。他のことはともかく、あれについてだけは、<u>この私が</u>誰よりもよく知っているのですよ。もちろん、あなたよりもね─」

「自信たっぷりじゃないか」

「─この三〇年以上もの間、あれを追って、あれのことばかりを考えて生きてきたのですからね」（BCCWJ『闇狩り師』）

此例中的"この私"一方面有对比排他之意，另一方面也暗含着说话人想要听者注意其特殊经历──"この三〇年以上もの間、あれを追って、あれのことばかりを考えて生きてきた"。

4　"この＋第一人称代词"的使用语境

关于"この＋第一人称代词"的使用语境，马燕菁（2010）指出，由于其具有的对比排他性，因此"当发话人否定或质疑对方的预设（听话者的先行话语或想法）时，常出现这种焦点标记"。但从前文论述中我们看到，对比排他性并不是"この＋第一人称代词"的固有功能，因此其使用的语境可能也会有所不同。通过对实例的分析，我们发现它的使用语境非常宽泛，不限于"否定或质疑听者的先行话语或想法"这一语境。基本上只要说话人认为自身的某种属性与当前事件相关，且有必要提醒对方注意这一点时，都可以使用。较为常见的语境主要有：

4.1　否定或质疑对方的言语行为或想法

马燕菁（2010）指出，当发话人否定或质疑对方的预设（听话者的先行话语或想法）时，常使用"この＋第一人称代词"。在我们调查的实例

中，也有不少此类用例。前文中的例（31）、例（39）、例（40）等均属此类。再比如：

（55）执事：失礼ながらお嬢様、この程度の真相がお分かりにならないとは、お嬢様、アホでいらっしゃいますか。

お嬢様：クビよ、クビ。絶対クビ。

執事：まあまあ、そう興奮なさらないでくださいませ、お嬢さま。

お嬢様：これが興奮せずにいられるかっつうの。この私が執事にバカにされるなんてあり得ない。こんな話、聞いたことない。（ドラマ『推理はディーナーの後にしよう』）

（56）執事：プロの刑事であらせられるお嬢さまが一介の執事にすぎないこの私に殺人事件の謎を解けと？本気でございますか？

お嬢様：はっ。（ドラマ『推理はディーナーの後にしよう』）

（57）お嬢様：身長は？

目撃者：俺のこのぐらいだったから、１６０ちょいぐらいかな。

お嬢様：160？

風祭警部：はい、はい、はい、はい、はい。そんなことでこの私が欺けるとでも？

目撃者：あっ？（ドラマ『推理はディーナーの後にしよう』）

（58）お嬢様：困っちゃうのよね。華がありすぎる顔っていうのも。だって、花嫁より目立っちゃ悪いでしょ。しかも、花嫁はあの有里さんじゃね。どうしても私のほうが。にしても、あの有里さんがこの私よりも早く結婚するなんてね。（ドラマ『推理はディーナーの後にしよう』）

这些例子中"この+第一人称代词"所在句子都是说话人在对对方的想法、言语行为表示质疑或否定时说的。说话人认为听者或其他人的想法、言语行为等与自己的身份、角色、能力、性格等相抵触，因此通过"この+第一人称代词"的使用来表达这层意思。

4.2　炫耀自身能力、身份等属性特征

（59）口の中にあふれてきた液体が、外にこぼれようとするのを
すすりあげる音であった。

「あれについてはね、九十九さん、<u>この私が</u>一番よくわかってい
るのです。他のことはともかく、あれについてだけは、<u>この私が</u>誰
よりもよく知っているのですよ。もちろん、あなたよりもね—」

「自信たっぷりじゃないか」

「—この三〇年以上もの間、あれを追って、あれのことばかりを
考えて生きてきたのですからね」（BCCWJ『闇狩り師』）

（60）とがった耳に、毛のない頭に、さけた口。

客観的に見れば、あまりかわいくはない。

「わ〜、それ何？」

トリシアが立ち上がってのぞきこむ。

「知らないのですか？小鬼という生き物です。<u>このわたしが</u>、召
喚しました。」

「召喚？異界から生き物を呼び寄せる術だろ？使っちゃいけない
って、先生が言ってたのに。」

レンは顔をしかめるが、トリシアもキャスリーンも、そちらの
方など見てはいない。

「メッケメケ〜！」

小鬼はピョンピョンと飛び回る。

「ほほほほっ！やはり、わたしは天才です！」

勝ち誇るキャスリーン。（BCCWJ『トリシア、ただいま修業
中！』）

这两例中"この＋第一人称代词"的使用者并没有质疑或否定对方的
想法和言行，只是单纯地在向对方炫耀自己的能力。

4.3　自责、道歉、主动承担责任

当说话人感到自己的所作所为并没有达到与自己的身份、职责等属性特征相匹配的程度时，常会通过"この＋第一人称代词"来暗示自己的身份特征，同时表达自责、道歉之意。

（61）すなわち、前述したとおり、光秀は、愛宕権現の神力を頼って敗れたのだ。山崎隘地にかけた彼の呪法は、秀吉によって破られたのである。

　　換言すれば、呪術的防御線とでもいうべきものである。

　　「うん。あれにはこのわたしにも責任があると思うております」と、晴季はいった。「まさかと油断したのが誤り。われらの神法が、仏法に破れたのじゃ」（BCCWJ『猿飛佐助』）

（62）執事：お嬢さまは私の人生の全てでございました。今回のこと、お止めできなかったのはひとえに執事であるこの私の責任でございます。本当に申し訳ございませんでした。（ドラマ『推理はディーナーの後にしよう』）

（63）山口久美子（携帯にある夏目の写真を見ながら）：はぁ…、お許しください、夏目先生。ホストクラブなんかに行くこの私を…。いや、でも、これもかわいい生徒達のため。（ドラマ『ごくせん3』）

4.4　事态出乎意料而感到吃惊

当现实超出说话人根据自身能力、身份地位等属性特征做出的预期时，也常会使用"この＋第一人称代词"。

（64）（主人公为自己努力奋斗，成绩优秀，终于成为著名外资律师事务所的一员而自豪。在欢迎新职员入社仪式上，主人公代表该公司100名新职员发言。在发言过程中，突然收到该公司在某起案件中全面败诉，即将退出日本的消息。主人公终结发言，赶紧联系其他公司求职，但均遭拒绝。）

　　主人公：（携帯で）ええ、外資系は看板だけでした。やはり日本の三大法律事務所が私にはふさわしいと。えっ、今からでは無理？未経験者の中途採用はない？ご健闘をお祈りします？まさか、この私が就職難民!?（ドラマ『全開ガール』）

　　（65）そんなことを思いながら、ともかくあの千代に会ってみたいと考えた。

　　「なんですって！このわたしに北政所さまが—」

　　使者の口上に千代は驚き訝った。…（BCCWJ『山内一豊と妻千代』）

例（64）表达的是"能力超强，本应不愁工作的我竟然遭遇了就职难!"而例（65）表达的是"身份低下的我竟然会得到北政所的召见!"

4.5　恳求、请求或主动请缨表决心

　　当说话人基于自身能力、身份地位等属性特征认为自己有资格、有能力、有需求去完成某项任务时，常用"この＋第一人称代词"来提醒对方注意自己要求承担任务是有根据和底气的。

　　（66）山口久美子の父親：今の若ぇ者達は気の毒だよな。次々に流行り物が出て来て溢れかえる世の中だ。お金のありがたみや物を大切にするのを教えるには根気のいる時代なんだろうよ。

　　山口久美子：そうかもしれないねぇ。よし、それじゃあ、この私がじっくり時間かけて教えてやるか。（ドラマ『ごくせん3』）

　　（67）山口久美子：今からでも遅くはない。本物の掛け替えのない仲間をつくれ。それまでこの私がとことん付き合ってやるからな。逃げんなよ！（ドラマ『ごくせん3』）

　　（68）先生A：3Dの生徒はどうせ出ないんでしょ？

　　山口久美子：そんな！出ますとも！

　　馬場先生：山口先生、スポーツのことならこの馬場にお任せを！球技大会か、この機を逃す手はないな。（ドラマ『ごくせん3』）

（69）胖子急忙向余敬唐的肩上一拍，眯缝着眼睛笑道："鲍县长要是不要，老余，可得让给老弟我呀！人生一世，草木一秋，倾家荡产，也得乐它一阵！"（CJCS《青春之歌》）

译：デブは息せきこんで余敬唐の肩をたたき、目を細めながらいった。「鲍県長が気にいらなかったら、頼む余君、このわしにゆずってくれ！人生はただ一度、たとえ全財産をついやしても、楽しい思いをしたいものだ」

（70）お嬢様：正直におっしゃい。あなた、何が望みなのよ。

執事：お嬢さま、国立七不思議の謎を解くことは私の幼いころよりの夢だったのでございます。中でも藤倉家の紅バラのたたりといえば、ミステリーファン垂ぜんの逸品。身分違いの恋、非業の自殺、一族の悲劇、バラ、黒猫、怨念。まさにそこには推理小説に欠かせない要素が凝縮されているのでございます。その紅バラのたたりが絡んだ殺人事件が起きたのでございます。これを解かずして、果たしてこの世に生をうけた意味がございましょうか。

お嬢様：そこまで言う？

執事：どうかこの影山に解かせてはいただけませんか。（ドラマ『推理はディーナーの後にしよう』）

（71）（竹美看到女儿受到别的小孩儿欺负，走上前去教训了他们一顿，并展示了厉害的足球脚法。）

竹美：バカにされる筋合いないっつうの。今度あやめのことからかったりしたらこの私が黙ってないよ。覚悟しな。さあ、あやめ、帰ろう。（ドラマ『華和家の四姉妹』）

除了以上列举的可用场景外，还有很多场景可以使用"この＋第一人称代词"，在此不一一列出。"この＋第一人称代词"可使用场景如此之多，从侧面也表明了它的语用功能并不单纯是对比排他、凸显自我。

5　小结

本节我们针对马燕菁（2010）的观点，对日语"この＋第一人称代词"的语法性质、语义语用功能和使用场景进行了再考察，指出"この＋第一人称代词"并不是句子的焦点标记，也不总是充当焦点成分。它的基本语用功能是提醒听者注意自己（说话人）。根据语境不同，这一功能又可分为两种外在表现形式：一是提醒听者关注说话人自身的存在，这种情况下常常具有对比排他性；二是提醒听者关注说话人自身具有的某种属性，该属性与当前事件有关联。"この＋第一人称代词"的这一语用功能决定了其使用语景较为宽泛，并不单纯是"对听者的先行话语和想法的质疑和否定"。

由于①"この＋第一人称代词"和单用第一人称代词之间的差异非常微妙，难以把握；②焦点理论本身存在很多争议；③意义研究涉及层面多，影响因素复杂；④笔者能力有限等多种原因，本节对"この＋第一人称代词"的考察还有很多不足之处，留有很多问题没有得到解决，比如：

（一）"この＋第一人称代词"的本质性质。它是怎么来的？是"この＋属性＋わたし（属性＋このわたし）"的省略形式还是"この机""この人"等形式的极端表达形式？

（二）我们认为"この＋第一人称代词"有把说话人属性特征隐含进来（"話者の属性情報の持込み"）的语用功能，但庵功雄（2007）指出，"その"有将篇章中的意义（前文所提到的含义）赋予有定名词短语的功能而"この"没有[①]。两种观点似有冲突。

（三）"この＋第一人称代词"和单用第一人称代词这二者的区别尚不完全明了，在使用上还无法明确区分开来。比如，在什么场合下只能使用"この＋第一人称代词"而不能单用第一人称代词。

（四）对"この＋第一人称代词"可使用场景的考察还不够深入。比如，它可使用的场景与什么因素有关、有没有限制等问题还没有解决。

---

① 原文表述为：「この」はテキスト送信者（話し手／書き手）が先行詞をテキストのトピックとの関連性という観点から捉えていることを示すマーカーである。「その」はテキスト送信者が先行詞を定情報名詞句へのテキスト的意味の付与という観点から捉えていることを示すマーカーである。（庵功雄，2007：103）

第2节　汉语表程度义的"这／那+VP"构式

汉语中，指示词"这／那"一般后接名词性成分，但有时也可接形容词或动词，用来指示性状程度。比如：

（1）他干起活来这猛呀，谁也比不上。（吕叔湘1980：584）
（2）他跑得那快呀，简直像阵风。（吕叔湘1980：352）

"这／那"这种指示性状程度的用法（下文统一简称"表程度义的'这／那+VP'构式"），涉及指示词语义的变化、回指与非回指用法的纠结、构式义与词汇义的交叉等诸多问题，引起不少学者的关注。但我们也发现，相关研究中存在不少相互龃龉甚至矛盾的地方，因此，我们重点围绕存在争议的几个问题，在梳理以往研究问题点的基础上重新加以审视。同时，我们也发现日语中存在一个与此相似的句式，兼对其进行简要探讨，以期形成相互借鉴。

1　"这／那+VP"构式的来源

1.1　既往研究概述

对于上面提到的"这／那"指示性状程度的用法，吕叔湘（1985：230）认为："通常用这么和那么，但间或也有就用这和那的，往往有夸张的语气。这样用的时候，这多于那。"可以理解为，吕叔湘先生认为这里的"这／那"来源于"这么／那么"的简略形式。

张伯江、方梅（1996：159）发现，并非所有的"这／那"都可被"这么／那么"替换（比如上述两例），从而很难断定前者是后者的简略形式。他们认为，其中的"这／那"表程度的用法来源于其平行构式"这／那+叫（+一个）"。随着该平行构式的固定，"叫""叫一个"的语义越来越淡化，逐步脱落，形成了"这／那+VP"构式。对此，赵宏刚（2016）从历时的角度发现表程度义的"这／那+VP"构式要先于"这／那+叫（+一个）"

构式出现，因此否定了张伯江、方梅（1996）的主张。

丁萍（2013）通过对历时语料的考察指出，"这 / 那 + 量词 + 名词"的结构始于唐代，到清代开始大量出现"这 / 那"修饰抽象名词的现象（如下面的例 3、例 4），同时也开始出现"这个 / 那个 +VP"的结构（如例 5、例 6）。刚开始使用频率较低，一般见于口语性很强的说唱、评书艺人的侠义小说中，并且几乎都是"这"的用例，鲜见"那"的用例。到了现当代，在口语或口语体文章中才开始逐步流行起来。丁萍认为，"这 / 那个"由指称具体名词到指称抽象名词，再到加 V/A 表程度义的这一过程，主要是在隐喻机制的作用下通过类推完成的。这一过程中，指示词的指称性下降，陈述性上升。

（3）张玉龙一看，自己妻子换了衣服，这个气儿可就大啦。再往头上一看，杜氏的头也改了样了，变成了一个发髻……（《三侠剑》）

（4）……来到栅栏跟前，拧身往上用力一蹿，这一蹿不要紧，贾明这个乐儿可就大啦！皆因为金头虎身子横宽，又胖，肚子又大，那鹿圈一丈二尺高。（《三侠剑》）

（5）王三说："菜可有，先不能卖呢。你看看这个乱！"那人说："我们自己拿去。"王三说："又不是成件的东西。"（《小五义》）

（6）爷大笑道："老侠客，事情小有什么意思？本爵很欢迎，张旺打得好。"侯老师这个气呀，核算看热闹的总嫌事小，冲着王爷这场事都好不了啦！（《雍正剑侠图》）

赵宏刚（2016）着眼于"这 / 那"的程度义，认为"这 / 那"表程度用法的出现经历了三个阶段："人称代词 + 这 / 那 +NP"构式→"这 / 那 +NP"构式→"这 / 那 +VP"构式。代表例子为：

（7）师云："你这瞎汉！本分打出三门外，念汝是新到，且座吃茶。"（《古尊宿语录》）

（8）土行孙生得矮小，郑伦只看了前面，未曾照看面前。土行孙大呼曰："那匹夫！你看那里？"（《封神演义》）

（9）想着迎头儿……叫的"桂姨"那甜，如今……（《第一奇书金瓶梅》）

该文指出，"这 / 那"的指示义在北宋时期的指名构式中出现虚化趋势后，到南宋又蔓延到"人称代词 + 这 / 那 +NP"构式中。如在例（7）的同位结构中，"这"虽然承担复指功能，但其指别的不是其后名词所代表的事物，而是该事物所具有的性状。也就是说，这一构式承载主观情感义的因子不是 NP，而是指示词"这 / 那"。这一构式正是"利用'这 / 那'的这一看似冗余的指别性，强烈突出了言者对人称代词所指称人物的性质判断，从而才使构式负载了表达主观情感义的语用功能。（赵宏刚，2016:124）到了明朝中后期，该构式开始出现人称代词脱落现象，指示词指别性状的功能得以凸显，如例（8）。因为后面的句子中出现人称代词，因此，该构式在语篇中不是用来满足指称需要的，它的语用价值是凸显言者的主观情感。

赵宏刚（2016）认为，在前两个过程中，"这 / 那"的指示义逐步虚化，凸显言者主观情感的语用作用越来越强烈，从而使得"这 / 那 +NP"构式与"这 / 那 +VP"构式之间具有了构式形式以及构式语用义的相似性或共通性，引发了隐喻机制，通过类推促成"这 / 那 +VP"构式的出现，使"这 / 那"表性状程度的用法得以确立。

1.2　我们的疑问

对于赵宏刚（2016）和丁萍（2013）的观点，我们持有一些疑问。

（一）赵宏刚（2016）认为"这 / 那 +NP"构式是"人称代词 + 这 / 那 +NP"构式中人称代词脱落形成的，两者的语用功能均是在凸显言者的主观情感。但是我们认为，这两种构式在语用功能上并不相同，甚至可以说是两种完全不同的构式。我们认为，"人称代词 + 这 / 那 +NP"构式类似于非限定性关系从句，其中人称代词承载有定性，"这 / 那 +NP"部分则为属性表达，为主名词（人称代词）附加一定的属性信息，为语篇的连贯性提供帮助。而"这 / 那 +NP"构式的语用功能主要是呼称（"呼びかけ"）（如例8），并不是在凸显言者的主观情感。这一构式在现代汉语中仍然存在，比如："喂，那个傻大个，你能不能来我这儿一下?"中的"那个傻大个"似乎不能说成"你那个傻大个"。因此，赵宏刚（2016）所指出的扩展途径值得怀疑。

（二）赵宏刚（2016）指出的"这 / 那 +VP"构式由"这 / 那 +NP"构

式扩展而来的观点，也存在难以理解之处。从例（8）和例（9）可以看到，两者出现的句子位置存在较大差异，前者出现在句子的补语位置，而后者独自成句。另外，这两例中"这 / 那 +NP"都是针对听者（人）的主观评价，如果类推至对物的主观评价尚且容易理解，但突然类推至更为抽象的性状上，让人不好理解；再有，"这 / 那 + NP"构式虽然具有主观评价义（这两例表达的主要是一种对人的态度），但"这 / 那"的程度义很弱，而"这 / 那 + VP"却具有明显的程度义，这又做何解释？虽然同属主观性范畴，但表达对人态度的评价义与程度义并不是一回事。

（三）赵宏刚（2016）认为是"这 / 那"的指示义虚化、主观性增强使得"这 / 那 +NP"构式与"这 / 那 +VP"构式之间具有了隐喻类推基础。我们认为，与其这样解释，不如从 NP 与 VP 之间的隐喻类推机制解释更能让人信服。方梅（2002）早就指出："'人称代词 + 指示词 + 动词'（如：你这哭）以及'指示词 + 动词 / 形容词'格式的产生，是'人称代词 + 指示词 + 名词'（如：你这脑袋）格式一步一步类推的结果。"石定栩（2005）也指出，该构式中的谓词性成分发生了名物化（nominalization）。丁萍（2013）也持相同观点，认为表程度义的"这 / 那 +VP"构式是由指称具体名词到指称抽象名词，再到加 V/A 扩展而来。在观察例句过程中，我们发现，该构式中除了可以使用量词"个"以外，还能使用量词"份"。"份"更能体现出其后 VP 成分的名物化特征。比如[①]：

（10）柳莺这份气呀，倒首先把自个儿给气糊涂了。

（11）这三位厨师傅一听是调去做珍珠翡翠白玉汤，这份儿高兴啊！

（12）这是头回吃祭肉啊，又没预备酱肉汤泡过的纸，一嚼，白不吡咧。嗬，这份儿难吃啊，噗！他给吐了。

（13）瑞子进来啦，进屋一瞧：屋里漆黑，这份凄凉啊！又定了定神一看，他妈在那儿坐着，眼睛大概是瞎啦！

（14）一部《西游记》讲完了，八个样板戏唱光了，我的新鞋也做

① 后文未专门标注出处的例句均出自北大 CCL 语料库。

好了。厚厚实实的白布鞋底，深蓝色的鞋帮，鞋头上还绣了几朵小花。我那份快乐啊。英姐说鞋是逢年过节走亲戚的时候才穿的。

（15）我们知道了，你先回去等消息吧。唉！我马上就知道不行了，那份沮丧呀，NND，真是永世难忘！

（四）在"这/那+VP"构式程度义的来源上，丁萍（2013）和赵宏刚（2016）的观点呈现出一致性，都认为来源于"这/那"的主观性。比如针对例（5）（6），丁萍指出："以上例句中的'乱、气'都属于V/A，'这个、那个'的指称性下降，陈述性上升，表增强程度义，不再做主宾语，而是做谓语。"赵宏刚的这一主张如前文所述，更为明确。然而，通过观察例句我们发现，同为"这/那+VP"结构，却并不一定有程度义。

（16）——你跟他挺熟，你觉得他最大的特点是什么？
——我就佩服他这吃，他可真能吃。（转引自方梅，2002）
（17）——你扔这砖头哪？
——就听"扑通"。
——深。
——就冲这深……
——跳。
——不跳。（转引自方梅，2002）
（18）我没喝过啊，因为我父亲有营业，我就没喝过那玩意儿，啊，没受过那个苦。
（19）他说："我才不信那个邪呢！"

这些例句中"这/那+VP"的回指性特征明显，但基本没有程度义。特别是例（16），如果"这"有程度义的话，就没有必要再说"他可真能吃"这句话了。也就是说，"这/那+VP"构式并不是都表程度义，表程度义的"这/那+VP"构式仅是其中一类较为特殊的结构。因此，从"这/那+VP"中"这/那"的普遍性特征（主观化、指示义弱化）来解释该构式的特殊性，似乎在逻辑上行不通。

1.3 我们的观点

基于以上疑问，我们着眼于该构式所处的句法位置：

（20）他干起活来<u>这猛呀</u>，谁也比不上。（吕叔湘，1980：584）

（21）他跑得<u>那快呀</u>，简直像阵风。（吕叔湘，1980：352）

从其前后部分来看，"这／那+VP+啊"构成一种话题结构，后面是一种程度评价表达。当这一构式逐步稳固后，后面的程度评价表达有时会被省略掉，而由前面的"这那+VP+啊"部分来承载其程度评价义。甚至其中的语气词有时也会省略掉。从语感上，仅以"这那+ VP（+啊）"结句时，似乎后面还有未尽之言。事实上，这未尽之言就是程度的评价。

（20'）他干起活来<u>这猛呀</u>。

（21'）他跑得<u>那快呀</u>。

随着这一构式的稳固，其所附着的前接成分有时也会在句子中被省略。比如：

（22）真见了我妈，一口一个"大妈"，——<u>那肉麻</u>——你不假？（转引自张伯江、方梅，1996）

（23）郭德纲：直接奔白宫，一会工夫到了。啊，<u>这个白啊</u>，刚刷的浆吧。

"那肉麻"可以理解成"（叫得）那肉麻（呀，让人都起鸡皮疙瘩）"。"这个白啊"可以理解为"（白宫）这个白啊，（简直无法形容）"。

我们认为，该构式的程度义并不是由指示词"这／那"负载或带来的，而是构式本身具有的程度义转嫁到了"这／那"上，使其貌似具有表主观评价义的功能。我们承认指示词"这／那"存在指别功能虚化现象，但不认为它们已经扩展出独立的表程度义的功能。该构式所具有的程度义始终是构

式的语用功能的体现，而不是指示词本身的功能体现。

事实上，"指示词+NP（+语气词）"构式也有类似的功能。比如：

（24）王先生，我可要给你亮个底，<u>这个造纸厂呀</u>，可是我们市有
名的亏损大户……

（25）说到这里，老人家感慨颇多："啊，<u>这个李宁玉啊</u>，简直是
狐狸投胎的，贼精！"

（26）（他）自言自语："<u>这个年头儿啊</u>，世上什么坏人都有，假扮
了和尚道士，便想来化缘骗人。"

（27）林小姐<u>这个脾气呀</u>，谁拿她也没办法。

（28）一把鼻子一把泪，你看<u>那个哭劲呀</u>，把我也哭得伤心了。

（29）"又想把日本打出去，又不叫人拿武器。"芒种笑着说，"你
<u>这个大娘呀</u>！"

（30）"什么矿产都有，一望几千里的平原，土很肥，麦子一人多
高，<u>那个草啊</u>！……"

（31）"几千人看你演戏，你怎么不害臊？上回扮劝丈夫归队的小
媳妇，<u>那个像劲呀</u>……"

以上例子的结构均为"指示词+NP"充当话题，后接属性表达。例
（29）（30）（31）虽是一种简略形式，但已经具有明显的感叹句的特征。根
据语感可知，其后应该还有未尽之言，这未尽之言其实就是省略掉的属性
表达。

所以，就这一构式的来源而言，既要看到"具体名词→抽象名词
→VP 的名词化"这样一个类推过程，又要看到构式本身的"话题+属性"
这一结构性特征。当指示词后面是典型的 NP 时，后续属性表达一般为该
NP 的性质、性格等。当 NP 逐步抽象化，特别是性状义越来越突显时，后
续的属性表达也逐步带有程度义，例如例（27）（28）（31）。当 NP 由名物
化的 VP，特别是具有性状义的 VP 充当时，则后续的属性表达主要倾向于
程度表达了。例（31）中的"那个像劲呀"换成"那个像呀"也完全没有
问题。

2　"这 / 那 +VP"构式的语篇结构特征

方梅（2002）指出，这类"指示词（＋量词）＋谓词性成分"中的指示词乃是用于构建一个指称形式，受指示成分标定的谓词性成分具有指称性。该格式在篇章中一般都是回指性的，即便是非回指性用法，所指对象在语境中也必须具有高可及性，即指示成分所引出的对象是交际双方共有知识中易于被推及的内容。比如：

（32）? 那天我俩去大悦城吃饭，谁知店里那个挤，害得我俩排了好久的队。（方梅，2002）

该例所描述的是出乎说话人意料的事件或情况，而且说话人还使用了"谁知"来强调该事件是一种全新的认识或感受，与回指或高可及性无关，因此"指示词（＋量词）＋谓词性成分"的使用不够自然。

我们赞同这一观点。仍以上述问题例句为例，换成如下形式就没问题了。

（32'）周日我俩去了趟大悦城，那天不知道为什么，人特别多。那个挤呀，我们差一点走散了。

（32''）周日我俩去了趟大悦城。那个挤呀，我俩差一点走散了。

例（32'）是回指用法，"那个挤"回指前面句子中的"人特别多"。回指用法中，说话人不一定与听者共有背景知识，所指对象也不一定必须具有高可及性。例（32''）是非回指用法，这时要求说话人与听者共有背景知识，即都知道周日大悦城人多，所指对象具有高可及性。

陈晓（2009）也指出了这一点："这个 / 那个 +VP"结构中 VP 所表现的行为性质内容按说话人和听话人的知识范围和理解力均可以懂得，即 VP 具有"高可及性"特征。该文同时指出，该构式不会在话题的一开始就使用，总是需要先前相关信息的铺垫。"所调查的日常口语中，对话者也不会在话题一开始便说'我这个气呀！'除非听话人已经了解前因，或是处于特殊环境。即使是特殊环境，说话人往往也会用'我气死了！''太气人了！'

这样的普通感叹句首先来表现情绪，一般不会使用'这个 / 那个 +VP'这种特殊句型。"

丁萍（2013）也指出了这一特征，同时，该文还将这一结构的后续成分纳入，将其语篇结构分析为"背景——焦点——后景"结构。其中，背景信息可隐现，但必须存在；VP 成分是句子焦点，后景即为该结构经常后续的对焦点的补充说明或描写。后景成分经常省略。

陈晓和丁萍指出的该结构在发话之前需要相关信息的铺垫这一特征很重要，它体现了这一构式的重要功能和使用限制条件。虽然陈晓和丁萍是将其与 VP 的高可及性放在一起论述的，但我们认为，这一特征与高可及性并无实质关联，因为即便说话人与听者具有共同的背景知识，也就是说所述对象具有高可及性，比如都知道大悦城人多，但也不会在会话的一开始就说"大悦城那（ / 这）个挤呀！"一般会说"大悦城真挤呀！"同样，即使说话人和听者一同处于大悦城内，在现场同时看到人多拥挤，也不可能在一开始就说"今天这个挤呀！""今天人这个多呀！"而一般会说"今天真挤呀！""今天人真多呀！"那么，这一现象如何解释，我们将放在后面探讨。

另外，方梅（2002）指出，"指示词（+ 量词）+ 谓词性成分"在语篇中一般为回指性的（比如前文例〈17〉及下例〈33〉），当然也有非回指用法（比如前文例〈16〉），但有比较严格的限制。而陈晓（2009）似乎错误理解了方梅（2002）的主张，说方梅认为"人称代词 + 指示词 + 动词"是非回指结构，并将其与表程度义的"这 / 那 +VP"构式中所指对象的高可及性挂钩。

虽然陈晓的理解有误，但歪打正着。我们发现，表程度义的"这 / 那 +VP"构式中，"这 / 那 +VP"短语一般为非回指性的，比如例（34）-（37）。至于为什么它不同于普通的"指示词（+ 量词）+ 谓词性成分"，还需要进一步思考。

　　（33）——我哭了，实在忍不住了。

　　——你这哭太管用了，所有问题都解决了。

　　（34）（前略）不容分说："你这东西没丢，让鸡给吃了。"这位一听这个气啊！他也愣点儿，举起手来"啪"就给个大嘴巴："我丢的是扁担，鸡有……（略）"

（35）拿手托过来，一脚站在门里，一脚站在门外，心里这个骂啊：好小子啦！这卖菜的也知道他心里不满意，他一句话，吓得这位大爷……

（36）（他）猛地掏出一把大头钉说，"施经理！你看！这是什么？"声音那个大呀，吓了我一跳，我还以为他要拿大头钉扎我呢！

（37）在澳大利亚，有人失踪是一件了不得的大事，那个找啊，又是警察，又是志愿者，又是警犬，又是直升机，又是广播又是电视……

3　与人称代词的共现

陈晓（2009）指出，与表程度义的"这 / 那 +VP"构式搭配使用的人称代词只限于第一和第三人称，不能使用第二人称。对此现象，陈晓（2009）从信息量的角度做了如下解释：

> 由于"这个 / 那个 +VP"结构内容与人的心理活动直接相关，第一人称便于直接表述当事人的心理活动，第三人称便于表述所了解的他人情绪，而且在文学作品中第三人称多为"全知全能"的叙述模式；然而第二人称"你"则是说话人信息大于听话人信息的模式。即作为说话人的"我"能把握自身的心理活动，全知全能的第三人称叙述模式也使作者能完全把握"他"的心理，"他"即为说话人，但第二人称"你"并不能充当说话人，"你"所指的一方始终处于听话人的角色，说话人的信息又大于听话人"你"，所以"你"的心理信息不易把握和表达，也就不能出现"你这个 / 那个 +VP"现象了。

但丁萍（2013）发现，在实际生活中，该构式也有与第二人称共现的情况。比如：

（38）"看你那个神气！干过这一行的？"（吴强《红日》）

（39）……雾罩子一样，天又黑，司机没有看见有人冲出来，可我第二天一早就看见你娘身边放着你，你那个小啊，猫似的，营养不良，可能还是早产。（《故事会》）

丁萍根据人称代词的"中心—边缘"对立说，对此解释说：

> 由于该结构中的VP多是表示心理或状态的，说话人自己的心理或状态最容易把握和表述，所以第一人称最易与此结构搭配。当说话人面对听话人描述第三方时，处在边缘地位的第三人称会同第一人称一起处于中心地位，这时候说话人也可以表述第三方的心理或状态，所以第三人称能够依附于第一人称进入此结构。当说话人面向听话人并且描述听话人时，处在相对边缘地位的第二人称同第一人称一起进入中心地位，这时第二人称的心理或状态自然也能被第一人称感知并表达出来，所以第二人称也可以进入此结构。

两种解释均似有道理，但同时从结果看也相互对立。陈晓的解释我们觉得有些片面。首先，该构式中的VP并不仅仅是心理动词或与人的情绪相关的感情形容词，还有相当一部分比如"我塑造人物那个快呀！""她的皮肤那个白呀！"中的"快""白"等性状形容词，以及"他那个跑呀！"中的"跑"等动作动词。同时，虽然文学作品中第三人称多为"全知全能"叙述模式，但在非"全知全能"模式的普通对话中，仍然能够见到该构式的使用。因此，这种解释显得不够充分。

而同时，丁萍的解释也存在问题。首先，其解释虽然把第二人称也涵盖了进去，却陷入了"无限制条件"的泛化过度的泥潭。其次，她所举两个例子也不典型，例（38）的"神气"似乎应该做名词理解，如做形容词理解，似乎应说成"看你神气的！"例（39）虽然是第二人称代词"你"，但此时的"你"并不是当前面对的"你"，而是过去的"你"，实际上相当于第三人称。

针对这一问题，首先，我们要承认陈晓指出的共现人称中存在倾向性差异这一特征，尽管每类人称的使用并不是绝对的有或无。对这一倾向性差异要进行合理解释。其次，我们试比较下面几对例子：

> （40）"我那个兴奋（高兴/爽）呀！"vs."我真兴奋（高兴/爽）呀！"
> ??"你那个兴奋（高兴/爽）呀！"vs."你真兴奋（??高兴/爽）呀！"

　　　　"他那个兴奋（高兴／爽）呀！" vs. "他真兴奋（高兴／爽）呀！"

　　（41）"我塑造人物那个快呀！" vs. "我塑造人物特别快！"

　　　　?? "你塑造人物那个快呀！" vs. "你塑造人物真快呀！"

　　　　"他塑造人物那个快呀！" vs. "他塑造人物真快呀！"

　　（42）"我的皮肤那个白呀！" vs. "我的皮肤特别白！"

　　　　?? "你的皮肤那个白呀！" vs. "你的皮肤真白呀！"

　　　　"她的皮肤那个白呀！" vs. "她的皮肤真白呀！"

　　我们看到，同样都是表达感叹语气的句式，但唯有第二人称时不能使用该句式。同时可以发现，换成一般的感叹句式似乎就没有问题了。当然，其中也有特例。在第一组例子中，"你真高兴呀！"也不自然，其中的原因应该就是陈晓所指出的，听者的心理状态难以把握，一般不直接由说话人来确指听者的心理。但典型的心理动词（包括感觉动词）以外的性状形容词都存在这一倾向。这是为什么呢？陈晓和丁萍的解释似乎都不适用于这一情况。

　　我们注意到，"你的皮肤真白呀！"是直抒自己的主观评价或内心感受，而"这／那+VP"构式实际暗含着一种描写叙述成分在其省略的后半句中，即该构式完整的形式可以理解为"她的皮肤那个白呀，都让人不敢直视"。也就是说，这一构式虽然也表达一种感叹语气，但并不是单纯的直抒情意，而是通过一种叙述描写来间接实现的感叹表达。

　　（43）a. 我觉得自己就挺白的了，没想到与她简直没法比。她的皮肤那个白呀。

　　　　b. 我觉得自己就挺白的了，没想到还是和你没法比。你的皮肤白得就像凝脂一样。／你的皮肤真白呀！／?? 你的皮肤那（这）个白呀！

　　我们认为，一般的感叹句既可对对方的事物发出现场式感叹（即直抒情意），也可对经历过的事情发出回忆式的感叹。但"这／那+VP"构式只能用于对经历过的事情的一种回忆式感叹，不能用于直抒情意的现场感叹。前文所举第二人称的例子，如果加上"当时／当年"之类的表达过去时态的

词语，则基本都可以成立。比如：

（44）"你忘记了吗？你当时那个高兴呀。" / "小时候你的皮肤那个白呀！" / "你当时塑造人物那个快呀。"

从这一点来看，当说话人和听者谈话时，一般最普遍的情况是说话人将自己的经历或体验传达给听者。说话人的经历或体验最多的情况也是自身的或看到的第三者的，因此第一人称和第三人称最易与此构式共现。听者自身的经历和体验一般无须再由说话人向听者传达，因此第二人称出现频率最低。只有当听者已经忘记，而说话人特别想提醒听者的时候，才会出现第二人称共现的情况。自然，这种情况的发生频率也会很低。这样一来，前述现象就比较容易理解了。

4　日语中的类似表达

日语中有一个与该构式相类似的句式"この／その＋NP/VP＋といったら"。比如：

（45）その臭いといったら、漬物屋の比ではありません。（佐藤雄一，2012）

笔者译：这个臭呀，简直不是咸菜店能比的。

该句式用"といったら"将述谓性成分"臭い"作为主题提示，然后是后续程度表达。同时，前面还有指示词指示。整个句式强调程度，表达感叹语气，含有说话人较强的主观评价。这与前文所述表程度义的"这 / 那 +VP"构式非常相似。

"といったら"的主题提示功能和主观评价功能，很早就有学者给予了关注。森田良行、松木正惠（1989）指出，"といったら"以诱发感叹、吃惊等感情的事项作为主题，相应地包含有说话人的强烈感情。日本语记述文法研究会（2009）也指出，"といったら"将人物、事物、事项等作为主

题并包含感叹语气进行提示，以叙述说话人对其的评价。益冈隆志（2011）明确指出，"たら"系列的主题标记具有表达评价属性的功能。

岩男考哲（2013）在对比"といったら"和"ときたら"的评价义时发现，"といったら"可后续不带评价义的属性表达，同时，如果将其换成主题标识"は"，其评价义仍然能够保留，因此，由其组成的句式的评价义应来自谓语部分的意义。另外，该文还指出，"といったら"句式不能用于提示当前场景中的事物作主题，但可以提示谈话中的事物等不在对话场景中的事物。比如：

（46）??私といったら、ほんとにだらしがないんですよ。（岩男考哲，2013）

（47）一人暮らしを始めた頃の私は、嬉しくて、毎日遊んでばかりいました。その頃の私といったら、ほんとにだらしがなかったんです。（岩男考哲，2013）

岩男考哲的这一考察和论述，与我们之前对汉语"这 / 那 +VP"构式程度义的来源及与一般感叹句的区别的主张不谋而合。

此外，通过对例句的整理，我们也可以大致看出"といったら"这一句式有一个扩展演变的过程。

有具体所指的名词

（48）国分寺から川口までは、新宿回りでも、西国分寺から武蔵野線を回っても一時間ほどかかる。その沿線といったら、東京じゅうを探すくらい広大に思える。（BCCWJ『部長漂流』）

表样态的名词

（49）友人のＹさんが何か冗談を言ったら、突然おじさんは、顎が外れるのではないかと心配になるほどの勢いで笑い出した。その笑い方といったら、腹の底から声を絞り出し、口を全開にして

天へ吹き上げるといった感じ。私たちも思わずつられて笑った。
（BCCWJ『サランヘヨ　韓国に恋をして』）

（50）ここから国守様のお屋敷までは二町も隔てていないので、お昼休みに見に行ったのですが、ちょうど国守様は馬に乗ってお帰りになられたところでした。そのりりしい姿といったら、もうかぶりつきたいくらいでしたが。（BCCWJ『梅原猛著作集』）

（51）とうとう棺を引っぱり出して、ふたのネジをはずしにかかったけど、野次馬連中が押し分けかき分けしてひと目見ようとどんどん群がって来たそのときの様子といったら見たことがねえ。（BCCWJ『マーク・トウェインコレクション』）

由形容词或动词变化而来的、语义更为抽象的名词

（52）抜き差しならない状態にはいったひきこもりは、健康管理のために自転車で遠出したりするが、その走行距離の長さといったらものすごい！（BCCWJ『親がかわれば、子どももかわる』）

（53）ちなみにヤマトのメール便はもちろんバイトが配達してますが、この誤配ぶりといったら並じゃないです（笑）。（BCCWJ『ahoo! 知恵袋』）

（54）そのころのおれの貧乏といったら非常なもので、畳といえば破れたのが三枚ばかりしかないし、天井といえばみんな薪にたいてしまって、板一枚も残っていなかったのだけれども、…（BCCWJ『勝海舟』）

（55）その時の苦しみといったら経験した人にしか分からないと思います。（BCCWJ『Yahoo! 知恵袋』）

动词或形容词通过后接形式名词构成名词短语，语义进一步抽象化

（56）剛二郎は、いきなり寅蔵に抱きついた。往来で、大男二人の抱擁である。その目立つことといったらない。（BCCWJ『擾乱

1900　混沌の大陸に生きた日本人三兄弟の夢』）

（57）そしてカランの方へ行き、体を洗う。途中、何気なく振り向いた私は、

「ギャッ」

と叫んでいた。後ろの鏡に、私の背中が映っているのだ。語りたくもないし、皆さんも知りたくもないだろうけれども、<u>その悲惨なことといったらない</u>。（BCCWJ『美女に幸あり』）

直接前接动词或形容词本身

（58）山田：この十月に佐藤と結婚するんだって？おめでとう！<u>羨ましいったらありゃしない</u>。

真理：山田さんったら、よく言うわね。いつかの彼女とうまくいってるんでしょ。

山田：それが、彼女ったら外にも彼がいてさ、<u>ばかばかしいったらないよ</u>。僕はいつも損な役回りの道化役さ。（『日本語表現文型辞典』）

（59）毎日が同じことの繰り返しで、<u>退屈ったらないよ</u>。（『日本語表現文型辞典』）

（60）何よこれ。<u>この部屋の汚いと言ったらありゃしないわ</u>。まるで足の踏み場もないじゃないの。（『日本語表現文型辞典』）

（61）<u>その臭いといったら</u>、漬物屋の比ではありません。（佐藤雄一，2012）

句子后半部分省略，"といったら"的语法化程度逐步增强

（62）「一人で外出させるのは危険ね」

「で、しょ。だから、こちらもすっかりバテちゃって…。そのくせ、家に帰って来ると、目をキョトキョトさせて、"ハテ、ここはどこだ"なんて…。<u>その薄気味悪いことといったら</u>…」（BCCWJ『痴

呆病棟』）

（63）つぎの日、つまり私たちがそこに着いてはじめて迎えた朝、空気は冷えていたけれど、すばらしい青空がひろがっていました。もちろん、あなたもおぼえているでしょう。<u>その朝の、気分のよさといったら</u>。（BCCWJ『かがやく水の時代』）

从以上例句可以看出，日语的这一句式也经历了一个从具体名词到抽象名词再到谓语性成分的演变过程。这与汉语的"这/那+VP"构式形成对照，相互验证。同时，日语的指示词在此句式中并没有起到明显的主观评价性功能，因此，我们认为，也没有必要刻意去探求汉语"这/那+VP"构式中指示词的主观性。

5　结语

以上我们针对以往研究中的争论点，从演变途径、语篇特征、与人称代词共现等几个方面对汉语表程度义的"这/那+VP"构式的意义用法进行了粗浅的探讨。同时，我们还考察了日语中相似句式的部分特征，以期为对应的汉语构式的研究提供参考。除了以上几个方面，该构式中"这/那"的选择性使用特征、VP的使用限制条件等也需要进行深入考察，这将留作我们今后的课题。

第5章　限定词共现现象的汉日语对比

在第 1 章我们提到，张伯江（2010）曾指出，汉语中存在以下四类限定词共现于一个名词短语的现象，并认为这些现象是与限定词理论相冲突的很特殊的现象。

（A）人称代词与指示代词的共现现象，如："我喜欢<u>你们这些乖孩子</u>。"

（B）领有成分与指示代词的共现现象，如："忽然非常怀念<u>他的那只箱子</u>。"

（C）领有成分与不定成分的共现现象，如："<u>我的一个朋友</u>对我这样说。"

（D）人称代词与零形定指标记的共现现象，如："<u>他马垂章</u>今年不会下台。"

张伯江（2010）重点考察和分析了上述四类共现现象的句法功能和语用功能，其主要观点和主张我们将在后面具体章节中加以详述。对于该文的观点，我们基本认同，但也存在一些不同看法。与此同时，我们也注意到在与汉语渊源很深的日语中也存在类似现象，但同时又有明显不同之处（第 1 章已有部分介绍）。因此，我们在本章将尝试利用中日对译语料库，从对比语言学的角度来对这些现象进行进一步考察，以期能对明确该类名词性短语的本质特征以及汉日两种语言间的差异有所启迪和帮助。

在上述四类共现现象中，第四类（D）由于其使用频率要较前三类低得多，并且到了日语中更是极少使用，在典型性上相对弱一些，因此，限于时间和精力，我们暂不进行对比考察。第一类（A）和第二类（B）均涉及指示词，我们在本章主要以这两类现象为考察对象。第三类（C）涉及的是数量词，我们将放在第 6 章中进行考察。

第1节　人称代词与指示代词的共现现象

1　张伯江（2010）的观点

人称代词与指示代词共现名词短语的研究重点主要集中在两点：一是该短语是怎样的一种句法结构？二是各部分的功能是什么？

张伯江（2010）用删除成分的方法来测试共现的两个限定成分哪个是真值语义的负载者。

（1）我喜欢你们这些乖孩子。

a 我喜欢你们乖孩子。

a' 我喜欢这些乖孩子。

（2）我对他们那些流浪汉没有印象。

a 我对他们流浪汉没有印象。

a' 我对那些流浪汉没有印象。

（3）我这人直肠子，有什么说什么，不会说好听的。

a 我人直肠子，有什么说什么，不会说好听的。

a' 这人直肠子，有什么说什么，不会说好听的。

该文指出，测试表明，删去指示代词的句子（a句）都是不合法的，而删去人称代词，句子在语法上都是合法的，语义也基本符合原意。因此，句子基本句法语义功能的承担者是"指示代词＋名词"部分，人称代词起的是语用表达作用：由人称代词指明说话人主观评价［如例（1）中的"乖"］所在的方向，即说话人"移情"的方向——说话人把自己认同于该人称代词所代表的那个人的说话／认识立场。

2　该类短语的句法结构

对于张伯江（2010）的观点，我们存在不同看法。

首先，如果去掉人称代词，虽然有时可根据语境确定该名词短语的所指，

但很多情况下会造成指称模糊。比如例（3）中如果说话人说"这人直肠子，有什么说什么，不会说好听的"，则听者一般会倾向于将"这人"理解为别人而非自己。同样，例（1）中如果不加"你们"，则"这些乖孩子"也一般会理解为除听者之外的其他孩子，而不会理解为是听者。因此，我们认为，人称代词在该名词短语中是不可缺少的成分，是句子基本句法语义功能的承担者。

其次，该文所使用的成分删除法测试真值语义负载者也存在问题。在此我们暂将短语结构简化为"A+B+C"（A 是人称代词，B 是指示代词，C 是普通名词）。该文在删除测试中要么删除 A，要么删除 B，也就是说，是将 C 作为短语结构的核心了，认为 A 和 B 仅是附属于 C 的限定成分，C 是不可缺少成分。我们认为，这一前提存在逻辑缺陷。因为该短语的结构还存在一种可能，即不是"（A+B）C"，而是"A+（B+C）"，即（B+C）和 A 是同位结构。因为去掉（B+C），句子全部都是成立的，且所指明确，非常自然。如果是这样的话，那么该文使用成分删除法时只删除 B 就不合适了，因为（B+C）是作为一个整体与 A 发生关系的。

从这两点来看，我们认为，此类名词短语在结构上是一种同位结构，人称代词是真值语义负载者，是句法语义功能的承担者，而"指示代词＋名词"则很有可能是语用功能的承担者。张伯江（2010）曾指出，在此类名词短语中，"人称代词一律不能读成重音。虽然人称代词后面的'指示代词＋名词'一般也不是重音所在，但可以因强调而重读，人称代词在任何情况下都不能重读。两者都不重读的时候，人称代词的读音也轻于'指示代词＋名词'成分"。事实上，这一事实正好印证了我们的设想："指示代词＋名词"承载的是语用意义，而"人称代词"承载的是句法语义功能。因为重读是语用功能的体现，是说话人在保证基本句法语义合法的基础上附加个人主观性的体现。

3 该类短语的语用功能

"指示代词＋名词"这一部分承担着怎样的语用功能呢？我们认为，作为已经定指的人称代词的同位语，它类似于非限定性定语，起着对当前事件进行补充说明的"附加信息"的作用。附加的信息均突显与当前事件相关的人物属性。比如：

（4）难得你还认<u>我这个妈</u>，你不是嫌我不认他这个女婿吗？（电视剧本《渴望》）

（5）按说，<u>我这个当姐姐的</u>不该在你们的夫妻之间多嘴多舌，可我又不愿眼看着你窝窝囊囊地受一辈子气！（电视剧本《渴望》）

（6）我没有想到，事隔20年的今天，<u>我这个四十多岁的女人，已经担任了地委组织部副部长的人</u>，生命中的某一根琴弦忽然被拨响了。（CJCS《天云山传奇》）

（7）最近一个时期，因为中央有了实事求是，纠正错案、冤案的精神，这类申诉材料多得惊人。这对<u>我这个到组织部还不到半年的人</u>来说，<u>确实</u>是一个巨大的压力。（CJCS《天云山传奇》）

例（4）和例（5）突显了亲属关系属性，同时借助它实现了拉近与听者心理距离的语用功能。例（6）和例（7）则是对与后半句所述事件相关的"我"的年龄、身份地位、经验等的补充说明，以便让听者更好理解后半句所述事件，特别是例（6）中的"忽然"、例（7）中的"确实"的背景，以免产生唐突感。

另外，我们在分析语料时注意到，人物的属性信息有已知信息和未知信息（新信息）之分。类型不同可能会影响句子的结构。这里所说的已知信息是说话人和听者所共知的信息，说话人只是从中激活了与本事件相关的某一条信息。未知信息指的是说话人对听者或他人的人物属性当下所做的评价或定性，这不是听者已知信息。如：

A）已知信息

（8）如果我请求他学着结毛线来减轻我的负担，他也会答应的。可是<u>我这个做妻子的</u>怎么好这么做呢？（CJCS《人到中年》）

（9）赵天辉摇摇头又说："中年大夫，是我们医院的骨干力量，工作上担子重，生活负担也最重，身体素质一年不如一年，长此以往，一个个病倒了，<u>你这位主任</u>，<u>我这位院长</u>就没法办了。……"（CJCS《人到中年》）

B）未知信息（当下评价）

（10）"你这个书呆子！"李槐英回过头去微微一笑，"她并不是你想象的那样落魄的可怜的女人。……"（CJCS《青春之歌》）

（11）"许宁，你这傻孩子，在这儿瞎喊什么呀？蒋介石也听不见你的抗议。而且你不怕侦探听见？"（CJCS《青春之歌》）

当人物属性信息为说话人的当下评价时，该名词短语本身经常独立成句，类似于感叹句。即使不独立成句，也会和后面部分之间有语气停顿。这和已知信息的情况有明显不同。我们试比较以下 a、b 两句：

（12）a."你这傻孩子，在这儿瞎喊什么呀？蒋介石也听不见你的抗议。而且你不怕侦探听见？"

b."你这傻孩子在这儿瞎喊什么呀？蒋介石也听不见你的抗议。而且你不怕侦探听见？"

（13）a. 你这个书呆子，怎么能把人家想象成落魂可怜的女人呢？

b. 你这个书呆子怎么能把人家想象成落魂可怜的女人呢？

有语气停顿的 a 句是说话人先对"你"进行了当下的属性判断，然后再去叙述事件。而中间没有语气停顿的 b 句中，"傻孩子""书呆子"等属性信息不是当下做的判断，而是之前已经存在于说话人和听者之间的一种习惯性认识。

4　该类短语的外在形式

我们从日汉对译语料库的汉语语料中检索出此类名词短语（"人称代词＋指示代词＋名词"）共 280 例①。语料显示，此类名词短语中，指示代

---

① 此次检索主要包括"我＋这（那）个＋名词短语""你（您）＋这（那）个＋名词短语""他（她）＋这（那）个＋名词短语"这些形式。省略数量词"个"的形式也统计在内。没有统计在内的包括：人称代词的复数形式以及第一人称代词除"我"之外的形式。这些将留作今后的任务。

词一般使用"这"，很少使用"那"。此次统计中，只发现 2 例"他那个人"的用例，没有发现其他用"那"的例子。但这并不代表其他形式绝对不能说，比如"遇到他那个不知好歹的家伙，你最好躲避开"。"这"多"那"少的结果印证了先行研究中指出的"这""那"的不对称性——"这"的使用频率远高于"那"。另外，"这"和"那"的使用与人称确有密切关系，徐丹（1988）曾指出，当"这／那"与三个人称是同位关系时，只能说"你／我这个人"，不能说"你／我那个人"，却可以说"他这／那个人"。

此外，该短语中，附加的人物属性的表达方式呈现出多样化，在意义上呈现出扩展特征。比如：

（14）我没有想到，事隔 20 年的今天，我这个四十多岁的女人，已经担任了地委组织部副部长的人，生命中的某一根琴弦忽然被拨响了。（CJCS《天云山传奇》）

（15）如果我请求他学着结毛线来减轻我的负担，他也会答应的。可是我这个做妻子的怎么好这么做呢？（CJCS《人到中年》）

（16）妈妈摇摇头："……。特别是知道奚流和陈玉立的那种关系以后，我真想宣布自己也要造反。可是，我这个'铁杆老保'，造反队会要我吗？"（CJCS《人啊，人》）

（17）赵天辉摇摇头又说："中年大夫，是我们医院的骨干力量，工作上担子重，生活负担也最重，身体素质一年不如一年，长此以往，一个个病倒了，你这位主任，我这位院长就没法办了。……"（CJCS《人到中年》）

（18）我们老头子没本事，有本事早就安排上好位置了。也用不着我这个女人到处跑了。（CJCS《人啊，人》）

（19）"你这恶狗阎庚！你这内六区的狗区长！你来这儿抓了多少好青年呀！"她声嘶力竭地喊叫着，好像要一口咬死这条警犬。（CJCS《青春之歌》）

（20）只剩下了愤怒，只剩下了报复的欲望，我就是要你这个倪吾诚栽在我手里，我就是要你这个去过欧洲的"外国六"栽在我这个半大脚手里。（CJCS《活动变人形》）

（21）"我知道<u>你这小子</u>吃硬不吃软，跟你说好的算白饶！"她的嗓门又高起去……。（CJCS《骆驼祥子》）

（22）"<u>你这家伙</u>，真有一门！"卢嘉川大笑着。他跳到罗大方身边狠狠地给了他一拳。（CJCS《青春之歌》）

（23）她嘴唇颤动着惨笑了一下，说："<u>我这个人</u>真不中用，从小就没学过这些事情。"（CJCS《关于女人》）

（24）"<u>你这个人</u>——真是！"晓燕觑着吴教授对戴愉小声说，"他并不是一个坏人呀，你干吗……"（CJCS《青春之歌》）

以上例句中，此类短语在长度上有长有短，属性意义呈现出由清楚到模糊的扩展过程。例（14）显示了此类短语的标准结构——"人称代词＋指示代词＋属性表达＋普遍名词（多为'人'）"。例（15）中省略了"人"。例（16）和例（17）中将"属性表达＋普通名词"合为了一个专有名词，例（16）是"坚决支持保皇派的人"的简略说法，而例（17）类似例（15），其中的"主任""院长"是"做主任的人""做院长的人"的简略说法。例（18）的"女人"在此并不是单纯表明性别，而是包含了更深的含义。例（19）和例（20）甚至直接用人名来蕴含一时无法详细表达出的人物属性。特别是例（20），后面补充说明的"你这个去过欧洲的'外国六'"就是很好的例证。例（21）和例（22）更进一步，"你这小子""你这家伙"中包含的人物属性信息更为模糊，仅让人感到是说话人的一种主观感情在里面。也正因此，这种表达方式正逐步固化为一种惯用说法。例（23）和例（24）中"属性表达"部分则完全省略掉了，只能让人意会。

5　日语对译类型

在我们通过对译语料库检索出的 280 例该类短语中，其中除去属性表达部分完全省略的一类较为特殊的形式（"我这个人"类[①]）65 例，还剩余215 例。这 215 例中，除去 24 例不对译的例句外，共有 11 种译法（见表5-1）。

---

① "我这个人"一类短语有其独有的特征，我们将另文阐述，在此暂不将其作为研究对象。

表 5-1　人称代词与指示代词共现的名词短语的日语对译类型

类型	序号	对译形式（汉语形式：人称代词＋指示代词＋名词）	我这	他这／她这	你这／您这	合计
A	①	名词＋人称代词	14	5	9	28
A	②	名词＋この＋人称代词	1	1		2
A	③	この＋名词＋人称代词	1		1	2
B	④	この＋名词	8	10	33	51
C	⑤	人称代词＋のような＋名词	20	2	16	38
D	⑥	名词	5	6	12	23
E	⑦	人称代词＋という＋名词	6		7	13
F	⑧	人称代词	1		14	15
G	⑨	人称代词＋は＋名词＋だ（主谓结构）	1	1	11	13
G	⑩	人称代词＋は＋名词として（主谓结构）	2			2
H	⑪	こんな＋名词	3		1	4
	不对译		4	8	12	24
	合计		66	33	116	215

从上表可以看出，此类短语对译的日语形式主要有以下几类。

A. 利用非限定性定语对译（①②③）。主要形式是"非限定性定语＋人称代词"（表中①），有时会在定语前或后使用指示词"この"，但它不是必需的（表中②③）。此类对译形式中，人称代词明显是句子的句法语义功能负载者。比如[1]：

（25）我没有想到，事隔20年的今天，我这个四十多岁的女人，已经担任了地委组织部副部长的人，生命中的某一根琴弦忽然被拨响了。（CJCS《天云山传奇》）

译：あれから20年もたった今、すでに共産党地区委員会の組織部副部長という地位にある四十女の私が、胸中の琴線に突然触れら

---

[1]　以下例句（包括译文）如无特殊说明均出自《中日对译语料库》。为节约篇幅，译文只给出包含研究对象的句子的译文。

れようとは、思いもかけぬことだった。

（26）我这个自傲为红小鬼出身的人，为了捍卫党的原则，我做过些什么呢？（CJCS《天云山传奇》）

译：紅小鬼出身だと自惚れていたこの私が、党の原則を守るために何をしたというのか。

（27）"把你的过去，还有你的希望什么的，也对我这个新朋友谈谈行吗？"（CJCS《青春之歌》）

译：「きみの過去や、きみの希望など、この新しい友だちのぼくに、聞かしてくれないかね？」

B. 使用指示词"この"加带有属性限定的普通名词来对译（④）。这种形式主要是利用指示词的指示功能，同时结合语境来确定指称对象。它在指称的直接性上没有人称代词强。如：

（28）"起大早我去亲戚家拉牛，他们还想再拉半天磨。我说：你们支援支援我这个落后分子吧。……"（CJCS《金光大道》）

译：「（前略）おらあ、この落後分子を支援してくれろって、言ってな……」

（29）"你这废物！连一个王晓燕都斗不了！连一个王忠都领导不好！把北平的学校闹得一团糟……"（CJCS《青春之歌》）

译：「このまぬけ野郎めが！王暁燕ひとりさえ、手にあましやがって！（後略）」

这两例中的"この落後分子"和"このまぬけ野郎め"在不依赖肢体运动（用手指）时必须结合具体语境，方可明确所指对象为说话人自身和听者。另外，这种译法在所有译法中所占比例较高，其中一个重要原因是像例（29）中的"你这废物"这类类似于骂人的话在汉语中非常常用，而它在译为日语时一般只译成"この N"的形式。比如"你这个老不死的 /この老いぼれめ""你这个没良心的 /この人でなし""你这个浑小子 /この馬鹿者が""你这臭女人 /このすべたが""你这个混账东西 /この大馬

鹿者"，等等。

C.用例举句式加带有属性的普通名词来对译（⑤）。基本格式是"私の
ような……人"。如：

（30）"嘿！他的庄稼活为啥还那么棒呢？锄地的时候，真够样儿。
<u>我这个扛过十年大活的人</u>，要不开足了劲儿，都差点儿让他给丢下。"
（CJCS《金光大道》）

译：「（前略）<u>わしらみてえにもう十年がた年季を入れたもん</u>で
も、よっぽどがんばらんと、かなわんくらいだ」

（31）张金发说："你没这个权力，想多会儿伸手就多会儿伸手。
国家没有专门造粳米白面的机器。就是有也不能白养<u>你这个光吃不做
的懒汉</u>！"（CJCS《金光大道》）

译：「（前略）あったところで<u>おめえみてえなムダ飯ぐれえのぐ
うたら野郎</u>を養うわけにはいかねえんだ！」

这种译法先从个人通过例举格式推及类群，然后再在语境中通过间接
语用推理由类群最终限定到个人。比如在例（30）中，先由个体的"我"
推及"像我一样扛过十年大活的一类人"，通过这种推及，使句子带有了一
种普遍性，即"扛过十年大活的人如果不开足了劲儿，都差点儿让他给丢
下"。这种带有普遍性的句子放在具体的语境中，读者可通过间接的语用推
理明白这实际上说的是说话人"我"。这是一种由具指到泛指再到具指的同
定过程。从形式上看，它似乎更接近于汉语的"像我这样……的人""我这
种……的人"。

D.单用带有属性限定的名词（⑥）。比如：

（32）在那样的年头，谁愿意娶<u>我这个既有不好的"政治背景"又
结过婚的女人</u>呢？（CJCS《人啊，人》）

译：あの年代に、<u>良からぬ「政治背景」を持った、離婚歴のあ
る女</u>を迎えようという人なんかいるわけがない。

（33）他父母收入虽然不多，对<u>他这个独生子</u>却保证着绝不低于一

般富裕家庭的供应，……（CJCS《钟鼓楼》）

译：収入は多くなかったが、<u>一人息子</u>には、一般の豊かな家庭と変わらないみなりをさせ、それなりのものを買い与えた。

（34）"这里还有一个和我一样的乡下人呢？小李，<u>你这个大学生</u>和农民结婚，怎么没给你登报呢？"（CJCS《人啊，人》）

译：「（前略）李君、<u>大学卒</u>が農民と結婚して、どうして新聞に載らなかったんだい」

这种译法比 C 类译法更进一步，直接省略了由个体推及类群的步骤，直接由泛指名词通过语用推理间接同定所指对象。就指称对象的确定而言，它比 B、C 两种译法对语境的依赖程度更高。比如例（34）中的"大学卒"本来泛指大学毕业生，但在此语境中通过语用推理可确定其实际指的是"李君"。在汉语中，人称代词"你"的存在抵消了这一语用推理过程。

E. 明示人称代词所属类别（⑦）。基本格式是："人称代词＋という＋名词"。如：

（35）说到这里，婉小姐笑了笑，轻摇着手里的扇子，又笑道："嫂嫂，你放心罢，有<u>我这包打听</u>在这里，你吃不了亏的！"（CJCS《霜叶红似二月花》）

译：そういって婉卿は明るく笑い、扇子を使いながらつづけた。「安心なさい。<u>あたしという地獄耳</u>がついている限り、あなたには決してそんな思いはさせないから」

（36）"今天，我代表党来审查<u>你这个无耻的叛徒</u>！"江华的声音低沉但是清晰有力……（CJCS《青春之歌》）

译：「今日、おれは党を代表して、<u>おまえという恥知らずの裏切者</u>を審査する！」江華の声は低かったが、はっきりとしていて、力がこもっていた。

益冈隆志（2011）指出，日语的"X という N は"句式是明确叙述 X 的范畴属性的句式。换句话说，是将范畴属性 N 赋予 X 的句式。根据这一

观点，"人称代词＋という＋名词"这一对译句式就和译法 A（非限定性定语）在赋予人称代词属性信息方面有了相通之处。同时，由于这一句式中 N 是作为范畴看待的，X 是这一范畴的一个个体，因此，该句式又和译法 C（"私のような……人"）有一定的相通之处。但与译法 C 相比较，此译法的语义重心在于人称代词，更侧重于指称个体，而不是类指。比如例（36）中译成"おまえのような恥知らずの裏切者"就不太自然。因为此句中"今日審査する"的针对性很强，不适合推及一般。

F. 单用人称代词（⑧）。如：

（37）她把话接了过来："你这小子不懂好歹！"（CJCS《骆驼祥子》）

译：彼女は最後まで言わせなかった。「ばかだよ、<u>おまえ</u>は」

（38）虎姑娘已经嘱咐他几回了："你这家伙要是这么干，吐了血可是你自己的事！"（CJCS《骆驼祥子》）

译：「<u>おまえ</u>、働くのもほどほどにしなよ。血を吐いたってしらないから」

单用人称代词来对译，实际上是漏译了表达属性信息的成分。从上面例句也可以看出，这种译法一般用于属性信息不明确的情况。前文已指出，"你这小子""你这家伙"这些说法中包含的人物属性信息很模糊，仅让人感到是说话人的一种主观感情在里面，不好译出来。

G. 转换成句子来对译（⑨⑩）。一般使用属性判断句或"…は…として"这种标明身份特征的句式。如：

（39）我对她真是佩服得五体投地。她也算有了一技之长了。这一技还是有用的。<u>我这个须眉男子</u>，自愧不如这个"娥眉"。（CJCS《人啊，人》）

译：（前略）<u>小生は一個の偉丈夫として</u>、この「美女」に及ばぬことを恥じるばかりだった。

（40）高大泉又笑着说："你这个好动心思的人，把事情想得太严重了。……"（CJCS《金光大道》）

　　译：高大泉は笑った。「あんたってよく気をまわす人だなあ、そらあ考えすぎだよ。……」

H. 使用"こんな N"。如：

　　（41）邓三奶奶拍拍蓝布褂子大襟，接着说："……（略）。没想到这个可恶的东西，安心耍我这个老太太，哼！"（CJCS《金光大道》）
　　译：鄧ばあさんは青い上着の合わせ目をはたいて話を続けた。「…（中略）。こんな年寄をおもちゃにするなんて、とんでもねえアマだ」
　　（42）"如果真正做了大官，恐怕就会把你这个老婆子忘在九霄云外了，哪儿还记得起你？"觉慧笑道。（CJCS《家》）
　　译：「もしもほんとうに大官になったら、おそらくこんな婆さんのことなんか忘れちまう。誰が思い出すもんか」覚慧が笑いながらいう。

　　从指称对象的确定对语境的依赖程度来看，这种译法应介于译法 D（单用名词）和译法 C（"人称代名詞のような N"）之间。由于"こんな"的存在，泛指名词有了一定的限定，确定指称对象时比单用名词对语境的依赖度要小一些。同时，由于"こんな"也表示种类而非个体，因此与"人称代名詞のような N"有相似之处（＝"このような N"），但由于指示词"こ"没有人称代词指称更直接明确，因此，对语境依赖度比译法 C要高一些。
　　从以上对译的日语形式来看，汉语中包含人称代词的这一短语很多都对译成了没有人称代词的形式。而没有人称代词时，人物的指称则需要依赖一定的语境来实现。这反映出，在名词的指称对象的确定上，日语与汉语相比，更喜欢借助语境进行间接语用推理。特别是有很多句子译成了连指示代词也不用、单用名词的形式，更突显了这一特点。这里需要注意的是，虽然对译出来的日语中很多没有了人称代词，但并不能说明汉语这类短语的句法语义功能载体不在人称代词上。因为日语中虽然人称代词表面

上经常被省略，但在句法结构上是作为零形式标记而存在并发挥着重要作用的。

　　另外，从对译的日语形式来看，汉语此类短语中的指示代词在译成日语时也多被省略。除了译法 B（"この＋N"）和译法 H（"こんな N"）外，基本上都没有使用指示代词。人称代词和指示代词共现的译法只有译法 A（非限定性定语）中有极个别例子。因此，单从这一短语的对译情况来看，日语不太喜欢使用人称代词和指示代词共现的短语。当然，要得出最终结论，还要对其他各种短语形式进行综合对比考察。但是，这一不对称的现象似乎反映出在这一短语中，汉语的"这个"和日语的"この"功能并不相同。我们认为，汉语的"这个"本身并不发挥指示功能（或者说指示功能非常弱），它类似于日语的"X という N"中的"という"，仅是一种赋予前面人称代词范畴属性的结构标记。缺少这一标记，短语将不成立。而日语中，"この"则是实实在在地发挥着指示功能，需要时用，不需要时（比如出现人称代词时）可以不用，它不是一种结构标记。

　　再有，单用名词来对译的译法 D 也反映出日汉语在名词指示性方面的差异。史隽（2007）曾指出如下两个很有意思的例子：

　　（43）a.喜欢这首诗的那位青年已经自杀身死。＜现场指示／记忆指示＞
　　b.喜欢这首诗的青年已经自杀身死。
　　译：この詩を好んだ｛∅／あの｝青年は自殺して果てた。
　　（44）私は犬を飼っていた。しかし、犬は去年死んだ。＜语境指示＞
　　译：我养过一只狗。但是，那只狗（？狗）去年死了。

　　例（43）中 b 句不加指示词的"青年"倾向于理解为一类青年，而不是一位青年。但日语中"青年"前面加不加指示词都可做特指理解。例（44）中后面的"犬"不加指示词一般也会被理解为指称前句的"犬"，但汉语中不加指示词则显得不自然。基于这一考察，史隽（2007）指出：1）就现场指示而言，汉语中，不管有无具体场景，只要不将各事物（表达）

具体地有定化，则事物整体不是有定的。相反，如果将各事物具体加以限定，则事物整体也会有定。而日语则不同，现场指示中，只要有具体场景，事物整体及各个事物都会被赋予有定的意义，不需要通过指示词来加以限定。2）语境指示方面，汉语无论是抽象名词还是普通名词有定性都很低，因此，原则上在指称前文提到的有定个体时都要用指示词来加以修饰限定。

对于史隽的结论，我们认为虽然有失偏颇，但确有此倾向。说其偏颇，是因为汉语中也存在和日语一样的现象。比如现场指示中，"给我站到桌子边上去！"中的"桌子"就是有定的；语境指示中，"昨天下午四点开始洛阳市区下了一场大雨……。大雨过后……。"中后面的"大雨"显然指代的就是前面的"大雨"。因此，史隽（2007）所说的是一种倾向性差异。另外，单靠名词本身实现特定指称，还有一定的限制条件，比如庵功雄（1993）指出，有定性低的名词难以实现这一功能。如：

（45）私は今ある言葉を習っている。{その／? ∅} 言葉は難しくて大変だ。（庵，1993）

后面的"言葉"自身的有定性低，需要加指示词来实现特定指示。我们在译法 D 中也发现了此类现象：

（46）他觉得高大泉有水平，有能力，也是有气魄的；在震动之后一定能够克制住自己。万一不能，他就以一个青年团员的身份，告诫他这个党员要给他们做出榜样。这样一来，一定能使他冷静下来。（CJCS《金光大道》）

　　译：（前略）もしそうでなかったら、一青年団員として、党員であるかれ（?? 党員／?? この党員）に自分たち青年の模範になってほしいと言ってやろう。（後略）

6　小结

以上我们就人称代词和指示代词共现的汉语短语及其对译日语形式进

行了初步考察及分析，指出以下几点。1）这一短语是一种同位结构，人称代词是句子基本句法语义功能的承担者，指示代词及其后的名词起的是语用表达功能：附加与当前事件相关的人物属性信息，以便让听者更好理解事件的背景。2）该短语中，"这"与"那"的使用与人称代词有直接关系，"那"只与第三人称共现，同时，附加的属性信息外在表达形式多样，在意义上呈现出由清晰到模糊的扩展过程。3）该类短语对译的日语形式多种多样，体现出名词短语在指称对象的确定上，日语比汉语对语境的依赖度更高这一倾向。同时反映出汉语该类短语中指示词指示功能不明显，它更多的是作为一种赋予前面人称代词范畴属性的结构标记在发挥作用。

本研究还留有不少问题需要解决，比如：1）各类译法均具有自己独特的特点，它们之间并不完全通用，那么各自的使用条件是什么？2）"我这个人"的句法语义和语用功能是什么？其对应的日语形式是什么？3）如何看待"你这个废物！"这类句子的句法结构？这些问题将留作今后的课题。

第 2 节　领有成分与指示代词的共现现象

张伯江（2010）指出，与西方语言不同，汉语中存在不同限定词共现于同一名词性短语的现象。其中，人称代词与指示代词共现的领属性限定词短语就是典型的一类，比如"我的这个秘密"。日语与汉语相似，也存在类似的结构，比如日语中也可以说"私のこの秘密"。但是，两种语言并非表现得完全一致。比如日语中"わたしのこの N"和"このわたしの N"都较常见，但汉语中人称代词却强烈要求前置。同时，两种语言中"人称代词 + 指示词 +N"的使用频率似乎也存在差异。因此，为了弄清楚汉日两语中此类名词性短语的用法特征，我们在本节将对此类名词短语的使用状况以及该类短语中各成分的语用功能展开考察和分析。鉴于日语中领有成分与指示代词共现的名词短语有"人称代词 + 指示词 +N"（以下简称 PDN 短语）和"指示词 + 人称代词 +N"（简称 DPN 短语）两种形式，我们在这一节将以汉语为基础，以人称代词（领有成分）前置的形式为考察对象，重点探讨汉语此类短语中各成分的功能，兼与日语对照。对于日语中指示词前置的 DPN 短语的使用情况我们将另设第 3 节加以考察。

1　研究现状

关于人称代词与指示代词共现的领属性限定词短语（PDN），汉语中探讨较为深入的主要有木村英树（1983）、张伯江（2010）、吴早生（2011）等。日语方面对此关注较少。

木村英树（1983）分析了汉语中 N1DN2 这类领属性名词短语的结构来源。该文着眼于此结构中"这 / 那"的连接功能（连接前后两个名词成分），指出，它与"前、后、左、右"等一系列空间方位词在句法上表现出高度的一致性。空间方位词本身具有"处所性"（"トコロ性"），可前接名词使其"处所化"（"トコロ化"），也可后接名词起到限定修饰作用。而方位指示词"这儿（这里）/ 那儿（那里）"本身也具有"处所性"，也可前接名词使其"处所化"，但是却缺少后接名词起限定修饰作用的用法。而这一缺乏的功能由同为表空间指示的"这 / 那"填补了。比如：

（1）（方位词）往前扔。/ 胸前戴着大红花。/ 他从前面一个首饰盒里拿出……/ 于是就到车站前一片高地的广场上去散步。

（方位指示词）往那儿扔。/ 她从寿久那里拿来一盒火柴。/?? 那里一辆车（→那一辆车）/ 她从寿久那辆车里拿来一盒火柴。

木村据此指出，N1DN2 这类领属性名词短语的结构为：指示词"这 / 那"先前接名词形成一个成分，然后再整体上与后接的名词发生关系。

木村的研究重点考察的是这类短语的结构问题，并没有过多关注其语用功能，仅在文章靠后部分简要提到，此类短语如果不用中间起连接作用的指示词，则仅仅是一种客观的相对定位。如果用了指示词，则是从指示的角度（deictic）来审视事物，附加了说话人主观上的定位。可以看出，木村这一主张正是沈家煊（2001）指出的"视角"（perspective）主观性。

张伯江（2010）较全面地考察了汉语此类短语的句法、语义、语用功能，该文指出以下几点。

（一）英语的领属结构是强制性地不能与指示代词和定冠词共现的，但汉语领属结构中出现指示词的现象却是合法的。

（二）在共现的语序上，"领有成分＞指示代词"是基本确定的，一般不能调换位置。

（三）在语义功能上，一般认为领属结构中的领有者短语决定整个领属短语的定指性，其后的名词一般为光杆名词，语用上是通指成分（张敏，1998）。指示代词似乎多余。但通过删略测试证明，在此类名词短语中，指示代词起着关键的句法——语义作用，它准确地导向指称解读，使指称更准确。

（四）删略测试中，如果放在更大语篇中，发现删去人称代词比删去指示代词更合适。因此，在此类短语中，领有成分是语用意义的负载者，其作用是说话人通过人称代词确定指示范围（站在代词所指那个人的立场上判断有定无定），即人称代词表示了说话人"移情"的方向——说话人把自己认同于该人称代词所代表的那个人的说话／认识立场。

（五）此类短语中，指示词除了负载关键的句法——语义作用外，还承载着另外的语用意义：有标记描写性定语（常为带有说话人强烈情感因素的主观评价性成分）的强烈倾向，描写性越强，使用指示词的强制性也就越强。也就是说，此类短语中指示词主要是用以标明主观评价性语义的。指示词与人称代词共现现象的本质是句中定语的描写／评价性对名词个体性的要求。

吴早生（2011）承续了张伯江（2010）的观点，指出，"他的这／那位父亲"中的"这／那"不表示指别，也不是定指标记，而是表示主观评价这一语用意义。比如：

（2）a. 我父亲昨天来的北京。／ ??我这／那个父亲昨天来的北京。
b. 歹徒刺中了他的嘴。／ ??歹徒刺中了他的那张嘴。
c. 他的父亲简直禽兽不如。／ 他这／那个父亲简真禽兽不如。
d. 他的嘴红润润的。／ 他的那张嘴红润润的。

该文认为，c和d中的领属性短语可以替换成PDN短语，其原因是这两句的后半部分都表达了主观评价的态度，而表主观评价义的PDN结构与之匹配。a和b句仅是客观描述，PDN结构与之不匹配，因此不能相互替

换。另外，该文指出，鉴于 c 和 d 即使不用这类结构，也可以表达人们对
被领者的主观态度，说明不用指示词的领属结构既与客观陈述匹配，也与
主观陈述匹配，这就和只能与主观陈述匹配的 PDN 短语形成了语用功能上
的不对称性。

　　张伯江和吴早生的研究提出了该类短语很多富有启发的功能特征。但
我们通过对实际语料的考察，有了一些不同的发现，对这一短语的语用功
能也有了不同的思考。同时，我们也意图通过对译语料来考察一下日语中
与此对应的现象，从跨语言的角度来加深对这一类短语功能性质的认识。

2　汉日语中 PDN 短语的使用状况

　　关于汉语中 PDN 短语的使用状况，我们从《中日对译语料库》中选取
了《骆驼祥子》、《人到中年》、《金光大道》（第一部）、《轮椅上的梦》四部
小说进行了调查。选定这四部作品主要是从文体角度考虑的，《骆驼祥子》
非常口语化，《人到中年》在写作上采用了意识流手法，客观的白描手法和
主观的抒情独白相结合是其特点。《金光大道》和《轮椅上的梦》分别是较
为典型的以第三人称和第一人称展开的平铺叙事小说。以下是统计结果：

表 5-2　汉语中 PDN 类短语使用状况

短语类型	金光大道		轮椅上的梦		人到中年		骆驼祥子	
	短语总数量	带有描述性定语的短语数量	短语总数量	带有描述性定语的短语数量	短语总数量	带有描述性定语的短语数量	短语总数量	带有描述性定语的短语数量
我这 N	20	1	2	2	2	0	1	0
我那 N	14	1	4	3	0	0	1	0
你这 N	45	1	4	0	2	1	3	0
你那 N	35	7	8	2	0	0	1	0
他这 N	29	4	4	2	1	0	3	0
他那 N	92	65	85	83	14	13	9	0
合计	235	79	101	92	19	14	18	0
每万字中数量	6.28		3.61		3.99		1.33	

从统计结果可以看出以下几点。

（一）此类短语的使用与文体的不同有一定关系。

（二）此类短语中三类人称代词与"这/那"的组合呈现出不均衡性。"他"与"那"的组合最为常见。

（三）带有描述性定语的短语并不占绝对多数，分布也呈现出不均衡性。这种不均衡性既与文体有关，又与三人称代词有关。非常口语化的《骆驼祥子》中没有1例是带有描述性定语的，而在其他小说中，又主要集中在与第三人称的组合"他那N"中。

关于日语中此类短语的使用状况，我们利用《现代日语书面语均衡语料库》和《中日对译语料库》这两个语料库进行了粗略的统计。结果如下：

表5-3　日语中PDN类短语的使用状况

组合类型		《现代日语书面语均衡语料库》		《中日对译语料库》中所有日文原文语料	
前	后	总数量	带有描述性定语的短语数量	总数量	带有描述性定语的短语数量
一人称代名詞	この N	34	10	17	2
	その N	9	0	5	1
	あの N	4	0	1	0
二人称代名詞	この N	6	2	0	0
	その N	28	6	2	1
	あの N	0	0	0	0
三人称代名詞	この N	8	1	1	0
	その N	14	2	2	1
	あの N	3	0	0	0
合计		106	21	28	5

表5-4　《中日对译语料库》所有日语原文资料汉译本中出现PDN类短语的数量统计

类型	数量
我这 N	88
我那 N	82
你这 N	30
你那 N	37

类型	数量
他这 N	114
他那 N	462
合计	813

表 5–5　《金光大道》中 PDN 类短语的日译情况

	我这 N	我那 N	你这 N	你那 N	他这 N	他那 N	合计
P+N	5	6	10	17	6	17	61
N	1	1	2	5	3	37	49
その +N	1		8	1	5	10	25
この +N	3		1		4	1	9
あの +N		3			1	5	9
P+ あの +N		1		3			4
P+ その +N		1	7	1			9
P+ この +N	2		1	0			3
名前 +N			1			6	7
自分 +N	1				1	1	3
自分 + あの +N						1	1
P				1			1
あっち +N						2	2
P+ 例 + N						1	1
例 + N		1					1
対応しないもの	7	1	15	7	9	11	50
合计	20	14	45	35	29	92	235

从表 5-2 ~ 表 5-5 可以看出以下几点。

（一）日语中此类短语远没有汉语常用。

（二）从对译情况来看，汉语的此类短语在译成日语时多为"人称代词 + 名词"结构或光杆名词形式。一部分译成"指示词 + 名词"形式。完全对译的情况并不多。

（三）带有描述性定语的此类短语在日语中用得也不多，也没有像汉语那样呈现出分布上的明显的不均衡性特征。

3   汉语 PDN 短语中人称代词的功能

张伯江（2010）指出，在汉语此类短语的删减测试中，删除人称代词比删除指示代词更合适，因此，人称代词负载的是语用意义——表示说话人"移情"的方向（说话人把自己认同于该人称代词所代表的那个人的说话／认识立场）。但是，在我们的调查中发现，如果置于语篇当中来看，人称代词的句法语义作用比指示词还要重要，大部分的人称代词是不可删除的，删除后句子将变得非常不自然。其实，这一点从日译情况也可以看出。我们知道，在日语中人称代词的使用是非常受限的，但尽管如此，此短语对译的日语仍然以"人称代词＋名语"为最多，这并不是译者受汉语结构影响所致，而是人称代词的不可或缺性所致。比如：

（3）秦文庆笑笑，又郑重地说："铁汉，快下来帮我们布置村公所吧。""布置村公所？那我们小组的意见谁来收集呀？"秦文庆说："<u>你那小组（你的小组／?? 那小组／?? 小组）</u>，除了我爸爸，都是一肚子说不完的喜庆话儿，感政府的恩都感不尽，还有什么意见呢？（CJCS《金光大道》）

译：（前略）「あんたの小組はね、ぼくのおやじのほかは、みんな口で言いつくせないほど喜んでいるし、一から十まで政府を恩にきていますよ。ほかに意見なんかあるもんですか」

（4）滚刀肉在牲口和冯少怀的屁股后边追着，一连声地说："真是船破有底儿呀！说用牲口，就像变戏法似的拉来了。少怀，<u>你那院子（你的院子／?? 那院子／?? 院子）</u>里又是骡子又是肥猪；我呢，<u>我那院子（我的院子／? 那院子／? 院子）</u>里，除了墙窟窿里边的老鼠，没有带毛的。这可太不平等了。我先说下，用牲口使的时候，我可到你那儿去牵！"（CJCS《金光大道》）

译：（前略）少懐、これで<u>あんたんとこ</u>じゃ、ラバも豚もそろっ

たわけだ、豪勢なもんだ。<u>おれんとこなんか、毛のはえたものつったら、壁の穴ぼこのネズミ野郎ぐれえだ。</u>（後略）」

（5）冯少怀先开口了："张村长，来吧，我正要找你。这骡子是我刚从天门镇买来的。你是行家，断断价钱……"张金发似笑非笑地摇摇头，连忙说："不行，不行，我对骡马最不懂门儿。"说着，他就转身要走。冯少怀在这样的时候是绝不会放走他的，就大声喊着："张村长，我这回紧着裤带买牲口，是为了响应<u>你那发家致富的号召（你的发家致富的号召 /?? 那发家致富的号召 /?? 发家致富的号召）</u>……"（CJCS《金光大道》）

译：（前略）「張村長、わしが思いきってこんな買い物をしたのは、<u>あんたの家を興こし豊かな生活つう呼びかけ</u>にこたえるためで……」

（6）听到这话，陆文婷反低下了头。她没有想到孙主任会当众表扬自己，一时脸红了。孙主任看着<u>她那神情（她的神情 /?? 那神情 /?? 神情）</u>却微微笑了。他也很明白，这个住院医敢于对主治医的诊断怀疑，不仅要有对病人的高度责任心，还需要极大的勇气。（CJCS《人到中年》）

译：（前略）そんな彼女の様子を見て孫主任はかすかに微笑を浮かべていた。

（7）大个子从孩子嘴里听到这个问题，先是一愣，接着，嘴角使劲儿抽动了一下。高大泉这才发现，<u>他那左腮（他的左腮 /?? 那左腮 /?? 左腮）</u>上有一块鲜红的月牙似的疤拉。（CJCS《金光大道》）

译：（前略）高大泉はこの時になって、<u>彼の左頬</u>に三日月型の赤い傷痕があるのに気づいた。

（8）她记得她走出医院的大门，几乎已经走进了那条小胡同，已经望见了家门口。可是忽然，她觉得疲劳，一种从来没有感到过的极度的疲劳。这疲劳从头到脚震动着她，眼前的路变得模糊了，小胡同忽然变长了，家门口忽然变远了，她觉得永远也走不到了。

手软了，腿软了，整个身子好像都不是自己的了。眼睛累了，睁不开了。嘴唇干了，动不了了。渴啊，渴啊，到哪里去找一点水喝？

<u>她那干枯的嘴唇（她的干枯的嘴唇 /?? 那干枯的嘴唇 /?? 干枯的嘴</u>

唇）颤动了一下。（CJCS《人到中年》）

译：（前略）彼女の干からびた唇が戦いた。

上述例子中，例（3）和例（4）画线部分是明显的"我——你"对举关系，因此，人称代词不能缺省。例（5）虽然表面上可以省去人称代词，但是，省去后发话人的意图就表现不充分了。在该例中，说话人冯少怀的发话意图是为了与听者（张金发）套近乎，强调自己的所作所为是支持听者（"你"）的表现。因此，画线部分中的"你"不可省去。例（6）和例（7）中人称代词的不可缺省是句法上的制约。例（8）中画线部分前面是自由直接话语，到了画线部分这句话，转成了客观描述，这一语篇特征使"她"不可或缺。从这些例子可以看出，汉语此类短语中人称代词的存在更多的是受句法和语篇规则制约的，与这一短语本身的功能要求关系不大。

关于人称代词在此类短语中的语用功能，我们赞成张伯江（2010）所说的"说话人通过人称代词确定指示范围"，但对"移情"一说有一些不同的看法。该文提出的"移情"一说，主要参考的是 Kuno（1987）、沈家煊（2001），其中涉及领属短语的应该是沈家煊（2001）中提到的汤延池（Tang，1986）的观点。汤延池（Tang，1986）举例指出，同样表达"丈夫（张三）打了老婆（李四）"，说成"张三打了李四"是纯客观的报道，而说成"张三打了他的太太"，用"他的太太"代替"李四"是说话人移情到了"张三"身上。说成"李四的丈夫打了她"，用"李四的丈夫"代替"张三"，则是说话人移情到了"李四"身上。该文的这一解释很有说服力，但是不是适用于所有的领属性短语呢？比如：

（9）张三昨天在外面吃饭时，不小心把他的手机弄丢了。

在这句话中，首先"张三的手机"很难找到一个像"李四"这样的可替代的名称，即使想把"他"换成"张三"增强客观性，也因为句法规律的制约不能成立。其次，按照人的认知规律，必然是先定位张三再定位手机，而一般不会逆反。我们一般不会说"手机所有人把它弄丢了"。因此，在几乎不可能有对比参照的情况下，"移情"的作用很难显现出来。当然，

如果硬要做此解释，也并非不可，只是让人感到牵强而已。另外，Kuno（1987）提出"移情"概念，主要是解释第三人称反身代词"自分"的语用功能。而将其适用于人称代词上是否合适，也值得商榷。比如：

（10）a. 张三做饭时一不留神，把他的手烫伤了。

　　　 b. 张三做饭时一不留神，把自己的手烫伤了。

　　　 c. 张三做饭时一不留神，把手烫伤了。

a、b、c 三种说法主观性依次增强，相比较 a 句使用"他"，b 句使用"自己"能让人感到"说话人将自己认同于……他用句子所描写的事件或状态中的一个参与者"，是站在其所指代的那个人的立场上叙述事物的。但用第三人称代词"他"，这一"移情"效果很难让人体会得到。

4　汉语 PDN 短语中指示词的功能

张伯江（2010）指出，此类短语中指示词的存在能够使指称更准确，因此起着关键的句法——语义作用。但同时，此类短语中，指示词与其他限定词共现现象的本质是句中定语的描写 / 评价性对名词个体性的要求，因而指示词主要是用以标明主观评价性语义的。对于这一主张，我们感到疑惑的是，指示词到底以哪一种功能为主？既然指示词的功能是标明主观评价性语义的，那是不是此类短语都带有主观评价性语义呢？按照张伯江（2010）的主张，在此类领属性名词短语中，应该是先有描写评价性定语成分，然后这种定语成分要求有"个体性"标记，于是"这 / 那"便加入了这一短语。而后，由于"这 / 那"的指称限定性，于是便使指称更进一步准确，因此起着关键的句法——语义作用。也就是说，指示词的指称作用是其语用作用的附带性功能。这样解释有没有问题呢？

首先，我们通过第 3 部分的调查统计发现，此类短语中有相当一部分（超过半数）并不存在表描写 / 评价性的定语成分，并且，考虑到描写 / 评价性定语在此类短语中的分布不均衡性——主要集中在"他那 N"组合上，很难说这类评价性定语对指示词的存在具有决定性作用。

其次，指示词在句中的句法——语义作用（指示作用）有时是非常关键的。比如：

（11）甲：张三说从这个月开始要涨工资。

乙：<u>他这句话</u>可信可不信。/<u>他的话</u>可信可不信。

用"他的话"倾向于做通指理解，而"他这话"倾向于做单指理解。

虽然在很多情况下，这一短语中的 N 的定位依靠领属成分甚至是语境就可完成（这一点可从对译的日语形式大部分是"P+N"或"N"看出），指示词的指示定位作用不明显，但我们在统计过程中发现，在紧临回指的情况下，对译日语倾向于使用指示词，特别是用"その"来回指。比如：

（12）小福子长得不难看。……（略）。上唇很短，无论是要生气，还是要笑，就先张了唇，露出些很白而齐整的牙来。那个军官就是特别爱<u>她这些牙</u>。（CJCS《骆驼祥子》）

译：小福子はなかなかかわいい顔をしていた。（中略）上唇が小さく、腹をたてるときでも、笑うときでも、まずそれがひらいて、まっ白なきれいにならんだ歯がのぞく。軍人がことのほか惚れこんでいたのも<u>そのきれいな歯</u>だった。

（13）但，她仰卧着，两个眼睛直视着一个地方，目光是呆滞的，没有任何表情。似乎对四周的一切幸与不幸都很淡漠，对自己的重病以及这给全家带来的厄运也很淡漠。<u>她那无动于衷的可怕的呆滞</u>，简直是对人生的淡漠了。（CJCS《人到中年》）

译1：しかし、彼女の視線はある一点を見つめたまま何らの表情も表われない。周囲のどのような変化に対しても、そして己れの病気が家族に与えた不運についても全く冷淡である。<u>この平然とした恐ろしいまでの空ろな停滞</u>は、人生の冷酷さそのものだ。

译2：しかし、仰向けに寝た彼女の両眼は天井の一点を凝視したままだ。眼は虚ろで何の表情もない。周りのあらゆる幸不幸に全く不感症であり、自分の重い病気にも、それが家族に与えた悲しみに

も全く不感症になっているようであった。その何事にも反応しない恐るべき痴呆状態は、とりもなおさず人生そのものへの情熱の喪失にほかならない。

（14）他站定之后，看看一个个热情洋溢的脸，冲着高大泉兴奋异常地说："嘿，这回我学来一个好办法！"众人立刻被他的情绪感染，被他这句话吸引住了。（CJCS《金光大道》）

译：立ち止まると、みんなの熱っぽい顔を一通り見まわしたあと、高大泉に向って興奮を抑えきれぬ様子で口を開いた。「おい、きょうはいいことをおそわってきたぞ」興奮が伝わりみんなその言葉に引きつけられた。

在不用指示词也能实现指称定位的情况下，仍然使用指示词，有两种可能性。一是想要依靠指示词来表达特殊的语用表达效果，二是受句法条件制约必须或强烈要求使用，其重心并不在语用功能上。从上面的例子可以看出，日语中"その"的使用与其说是为了表达一种特殊的语用效果，不如说是受回指这一句法条件的制约所致。当然，我们不否认，不用领属定语甚至光杆名词而用指示词，必然有着不同的语用表达效果，但我们认为这不是其主要的使用目的，句法条件的制约在此要优于特殊语用效果的表达。参照日语，我们也可以设想，汉语此类短语中指示词的使用也可能是首先受到了句法的制约。在实际语料中，我们发现存在大量诸如"他那番话""我这一生""你这事儿""他那个主意""我这个看法""你这个要求"等带有强烈回指色彩的此类短语。这些短语很难从中体会出含有什么隐含的评价义，要说它们与不含指示词时的语感差异，顶多是多了一些指示词本身带有的"吸引听者注意所指代事物"这一强调色彩。

另外，此类短语虽然在很多情况下可以省去指示词而不影响句子的成立，但它与人称代词直接限定名词的情况仍有不同。它在使用上有一个基本的前提条件，即说话人在头脑中已经对所指事物确立起了一个初步的形象，如果没有确立，则不能使用这一短语，只能使用人称代词直接限定名词的形式。我们看下例：

（15）甲向某高校招生人员乙推荐考生：

甲：他叫张三，身高一米八，体重一百四十斤，身体很健壮。只不过他的左腿因为前几年的一次交通事故，受了些伤，……

乙：（a1）他的视力怎么样？/??（a2）他那视力怎么样？

（a3）他的右腿怎么样？/（a4）他那条右腿怎么样？

a2 不自然的原因是因为说话人（乙）在发话时对张三的视力没有获取任何信息，而 a4 可以说的原因是说话人此时在自己的头脑中根据甲的话已经对"他的右腿"有了一定的预判，即"他的右腿"在说话人的大脑中已经确立起了虚构的形象。事实上，这一使用条件其实是指示词内在要求必须有指称对象的存在这一特征带来的。由此也可看出，尽管此类短语中指示词的指称定位功能已经大大减弱，但其指称的前提条件依然存在。

综合以上要素，我们认为，此类短语中指示词本质上并不是为了标记主观评价性语义而存在的，它本质上仍然是指称定位。

5　汉语 PDN 短语主观评价性语义的来源

在上面，我们看到，汉语此类短语中人称代词的功能是限定指示范围，"移情"作用并不明显，并且，它并不单纯承担语用意义，其用与不用在相当大的程度上受句法和语篇规则的制约。同时，该短语中指示词也不是为了标记主观评价义而存在的，它本质上仍然是通过指示定位来确定对象的。

但是，我们也必须承认，汉语此类短语的确有表达主观评价性语义的倾向，并且这一倾向主要是由其中的指示词带来的。特别是在"他那 N"组合中，由于更易带有描写 / 评价性定语，因此这一倾向更为明显。比如：

（16）他那张可爱的小脸上粘了一粒米饭，显得更加可爱了。（引自张伯江，2010）

（17）周忠是那么安然自在。他那刻满皱纹的宽大头额是舒展的，那挂着小刷子一般的眉毛下的眼睛是平静的，那围着花白胡子的嘴巴，好像随时准备大笑大乐那样闭着。（CJCS《金光大道》）

（18）张金发扶着犁杖过来了。他那被太阳晒得发黑的脸上，带着一种跟他那扶犁的身姿、步伐一样的自得神情。（CJCS《金光大道》）

这些句子中划线的短语，如果换成去掉指示词的"人称代词＋的＋名词"形式，则会让人感到缺少了一种主观感情，增加了客观描述的意味。再比如，在客观介绍某人情况的报告书中，我们不会用"他那 N"，而只能用"他的 N"。而当带有崇拜、赞扬的心情时，却可以用"他那 N"。

（19）"他的公司，年纯利润三亿。"

"他那公司，厉害着呢！一年净赚三个亿！"（用"人家"比用"他"更适合）

对于这一现象，又该如何解释呢？

我们认为，在此类短语中，人称代词和指示代词的基本功能都是限定功能，帮助说话人或听者准确同定要指称的事物。其中，人称代词确定同定范围，指示代词通过指示准确确定对象。这一双重限定确保了同定的准确性。但是，在实际语言环境中，却往往只需要一次限定就可以准确同定，甚至有时不需要进行限定，也能通过语境推理，间接同定所要指称的事物（这一点日语表现更为明显）。这就使得双重限定有些多余，其中一个成分的限定功能必然会逐步弱化。在汉语中，由于人称代词在句法和语篇中地位较为强势，因此弱化的必然首先是指示词。需要注意的是，此时指示词被弱化的功能是作为有定标记的限定功能。限定功能的弱化必然会促使其承担其他的语用功能。

刚才提到在具体语境中，这类短语中的名词本身往往是有定的，如果加上人称代词的限定，其定指性更为明显。这可从对译的日语很多不用人称代词和指示代词看出。指示代词修饰有定成分时，必然会产生特殊的表达效果。这一点我们可以从日语方面得到启发。

在日语中，指示代词修饰有定成分，最典型的是"この／その／あの＋人称代名詞／固有名詞"这种形式。金水敏、田窪行则（1992）指出，由于"あ"系列指示词具有"状況喚起"功能，因此在使用"山田さ

ん"这一表达时，"山田さん"的相关属性信息会被唤起，于是会在语境中产生"対象への懐かしみ・思い入れ、聞き手への非難"（对对象的怀念、关切，对听者的责怪）等主观感情色彩。而对于"その＋人称代名詞／固有名詞"，庵功雄（2007）指出，其中的"その"所起作用是"定情報名詞句へのテキスト的意味の付与"，即将语境中所指对象的相关属性信息代入定名词句中。关于"この＋人称代名詞／固有名詞"，我们在第4章以"この私"为例，指出它的基本语用功能是提醒听者注意说话人身上具有与当前事件相关的某种属性特征。可以看出，当指示代词修饰人称代词或专有名词时，其语用功能往往在于突显对象的属性特征。日语中的这一特征使我们想到，汉语此类短语中指示词的功能似乎也可以从这一方面加以解释。即，指示词所起限定功能弱化，但突显或激活对象属性特征的功能增强。这一功能变化也与此类短语更容易带有描述／评价性定语的特征相吻合，同时也能更好地说明为什么此类短语往往会具有主观评价义。因为在语境中突显或激活的对象的属性特征中往往包含有说话人的主观评价。在实际语料中，我们也发现，带有描述／评价性定语的短语中，被领属者很多是定指性较强的成分。其中最多的是领属者的身体部位，如"眼""脸""手""头""眉毛""心"等。在确定领属者后，这些事物由于其唯一性，自然也就是定指的了。因此，当被领属者是这类名词时，此类短语的主观评价义就比较强一些。当被领属者是"话""主意""想法""看法"等并不具有唯一性的名词时，特别是也没有描述／评价性定语修饰时，此类短语的主观评价义就比较弱，相反指示词的回指功能就更凸显一些。

6　结语

综上所述，我们认为，在人称代词与指示代词共现的汉语领属性名词短语中，人称代词和指示代词的基本功能都是限定功能。人称代词的功能是限定指示范围，以往研究指出的"移情"作用并不明显。同时，它并不单纯承担语用意义，其用与不用在相当大的程度上受句法和语篇规则的制约。指示代词也不是为了标记主观评价义而存在的，它本质上仍然是通过指示定位来确定对象。只不过在实际语境中，由于被领属者的有定性特征

以及人称代词的优势地位，指示词的这一限定功能被逐步弱化，而同时其拥有的突显或激活对象属性特征的功能得到了加强。于是，当被领属者的有定性较强时，由于被突显或激活的对象属性特征中往往包含说话人的主观评价，因此，整个短语也就表现出较强的主观评价义。

第 3 节　日语中指示词前置于领有成分的名词性短语（DPN）

在第 2 节我们提到在领有成分与指示词共现的名词性短语中，汉语的语序较为固定，领有成分一般前置于指示词，鲜有反例。但是，在日语中，情况却有所不同。

1　DPN 类短语在日汉两语中的分布情况

张伯江（2010）等研究指出，汉语中，领有成分与指示词共现的名词性短语基本语序是"领有成分＞指示代词"，一般不能调换位置。但在日语中，我们分别以"人称代词＋指示词＋の[①]"和"指示词＋人称代词＋の"为检索词，检索"現代日本語書き言葉均衡コーパス"（《现代日语书面语均衡语料库》），得出如下结果：

表 5-6　《现代日语书面语均衡语料库》中 PDN 类短语和 DPN 类短语分布情况

组合类型		人称代词＋指示词＋名词（PDN）	指示词＋人称代词＋名词（DPN）
一人称代名詞	この	34	18
	その	9	8
	あの	4	1
二人称代名詞	この	6	0
	その	28	1
	あの	0	0

[①]　人称代词包括「わたし、私、わたくし、あたし、おれ、俺、ぼく、僕、わし、あなた、君、きみ、あんた、お前、おまえ、かれ、彼、彼女、かのじょ」，指示词包括「この、その、あの」。此次检索中，检索词没有包括「こ／そ／あの人、…さん」等具有定指功能的准人称词。使用疑问指示词「どの」的短语在此语料库中未见一例。

组合类型		人称代词 + 指示词 + 名词（PDN）	指示词 + 人称代词 + 名词（DPN）
三人称代名词	この	8	0
	その	14	5
	あの	3	0
合计		106	33

从统计结果可以看出：

（A）日语中 DPN 类名词短语尽管使用比 PDN 类少，但仍然具有一定的使用频率，这与汉语具有严格的语序限制呈现出很大的不同；

（B）日语中 DPN 类名词短语的使用明显集中于"この + 一人称代名詞 + の N"这一组合上，其次是"その + 一人称代名詞 + の N"和"その + 三人称代名詞 + の N"。

2　指示词限定主名词还是人称代词的问题

我们通过检索词得出的形似 DPN 短语实际有 70 个用例。然而通过对这些短语的一一甄别，我们发现这其中包含了相当一部分并非真正意义上的 DPN 类短语。DPN 短语要求指示词和人称代词同时修饰限定主名词，但检索结果中有一部分是"（D → P）→ N"结构的短语，即指示词 D 并不直接与 N 发生关系，而是先修饰限定人称代词 P，DP 构成一体然后再与 N 发生关系。造成这一问题的原因在于日语中存在指示词直接修饰人称代词的用法，其中尤以"この私"和"その彼"最为常见。比如：

（1）（前略）私は、教員の人材を育てるという意味では、それぐらい思い切った研修制度をつくっていく必要があるように思うんです。そこで、この私の提案であります、できれば五年か十年以内に半年あるいは一年間ぐらいの民間研修、企業でもいいじゃないですか、あるいはいろいろな民間の団体、機関でこういう思い切った社会経験をさせるというようなことは考えられないかどうか、その辺について、文部省の見解がありましたらお聞きしたいと思います。

（BCCWJ『国会会議録』第 136 回国会）

（2）前の部署で片思いだった女性がいました。部署と職場、最寄り駅が異なる関係で、なかなか会えずに居ましたが、先日、<u>その彼女の部下</u>と飲む機会があり、相当困っているような話を聞きました。そこで会社のメルアドに「色々と大変だろうが、頑張ってください。俺でよければ話に乗るよ」と言った内容のメールを送りましたが返信無しです。（BCCWJ『Yahoo! 知恵袋』）

以上两例中划线部分的名词短语都是“（D→P）N”短语而非 DPN 短语。这两例都是较为典型的，还有很多例子似乎两者都可以理解。比如：

（3）ドストエフスキーの『地下室の手証』は、書物に耽溺していた主人公の独白である。この中から主人公の行動を抜き出してみよう。「《見ろ、悪党、<u>このおれの落ちくぼんだ頬とぼろ服を</u>！　おれはいっさいのものを失ったんだぞ。出世も、幸福も、芸術も、科学も、愛する女性も、何もかもきさまのために失ったんだ。さあ、ここにピストルがある。おれはこのピストルをぶっ放す…》」（BCCWJ『＜子＞のつく名前の女の子は頭がいい』）

判断是 DPN 类短语还是“（D→P）→N”短语，有以下几个标准供参考。

（一）人称代词与指示词互换位置，如果不能成立，则为“（D→P）→N”短语。尽管 DPN 短语与 PDN 短语在表达功能上存在微妙差异，但由于二者都是两成分同时修饰限定主名词，因此，两成分互换位置在句法上应该是成立的，语义上也不应该发生变化。如果句法上不成立或语义上发生改变，则证明指示词不能直接修饰主名词，那就应该不是 DPN 短语。

这其中又有以下几种情况：（A）主名词无实义时，一般不是 DPN 短语。此时，主名词多为“ほう、こと、上、おかげ、ところ、もと”等，有时甚至是疑问词或省略，如果 DP 位置互换，则句法和语义上不成立。

（4）そんな中、以前好きだった彼が、私のことが好きだという
うわさを耳にしました。確かに、前よりも一緒に帰る時間も増えた
し、メールもよくします。そうしているうちに、この彼のほうが好
きになってしまったのです。（BCCWJ『Yahoo! 知恵袋』）

（5）「…。僕が出版したいのは、ハードカバーの厚い本だ。マ
ドンナの写真集にだって負けないような」「ヌード写真集を出した
いの？ この私の？」「いや、オーストラリアの自然を写した写真集だ
よ。…。」（BCCWJ『恋の危険地帯』）

（6）里佳を含む東京の連中が、いまはひどく遠い存在に思える。
里佳は、このおれのどこを愛そうというのだろうか。（BCCWJ『青い
あひる』）

（B）主名词或与主名词所指相同的语句在前文中并没有出现时，即位
置互换后指示词无先行词时，不是 DPN 短语。例如：

（7）初めて来た普通の人タイプ 2 の人は大人気でした。でも、
経験者の友達が「あの人よく見るよ～」って言ってました。手軽に
彼女が作れちゃうから楽しいんでしょう。私は 3 の普通の人と付き
合いましたが、別れたあと、その彼の友人から「あいつとはあれか
らまた【おみパ】行ったで」と聞いて、うわ～（＊＿＊）と思いま
した。（BCCWJ『Yahoo! 知恵袋』）

此例中，如果换成“彼のその友人”，则“その友人”无先行词。

（8）「それにはまず、海賊どもを退治せねばならぬ」「退治しよ
う。浮も鬼ヶ島へ同行して、海賊退治の手伝いをする」「海賊は二十
数人、勝ち目ありとは容易に考えられぬ。二十数人が相手の果たし
合いに、このわしの兵法が通ずるものか否か、いまのうちに読み取
れることではない。分が悪いことを覚悟のうえで、必死に立ち向か
うほかはあるまい」（BCCWJ『天鬼秘剣』）

此例中，"兵法" 或其所指并没有在前文中出现，不能用 "この" 来指示，因此这里应理解为 "（D→P）→N" 短语。

（9）…、それらが合致したので三件とも歯科医の所業だと断定したらしいが、強行犯や盗犯ばかり扱ってきた半田には、いくら任意でも、動機もはっきりしないこの程度の話でなぜ動けるのか、理解も出来なかった。この俺の感度計がばかになったか、世界が狂っているかどっちかだと思いながら、半田は午後一時には、高橋係長とともに成城七丁目の住宅街にいた。（BCCWJ『レディ・ジョーカー』）

此例中的 "感度計" 在前文中也没有出现过。因此，不应理解为 DPN 短语。

（C）调换位置后语义发生变化，一般不是 DPN 短语。如：

（10）「冗談じゃねぇ！　誰があんなお子様みたいな服着られるかよ！」「馨！その言葉遣いを改めろと一体何度言ったらわかる。お前は以前とは違う、この私の…」「息子って言いたいのか？それを言うなら、あんたも俺が"以前の馨とは違う"って、いい加減認めるべきだな」（BCCWJ『脱がしてみゃがれ!!』）

此例中，"この私の…" 应该是相当于英语 "My son" 的表称呼语的 "我的孩子" 义，而如果说成 "私のこの息子"，则或为表多个孩子中限定其中一个义，或如同汉语 "我这个孩子呀" 中的 "我这个孩子" 一样，作为属性描写对象成为句子主题。也就是说，互换位置后，语义发生了变化。

（D）当主名词为人称代词所指对象的身体部位且并没有在前文出现或成为前文描写的对象时，一般不是 DPN 短语。如：

（11）シュートどころか、とてもみんなの動きについていけない。　そういえば、運動なんてぜんぜんしてないもんなァ、最近…。とうとう、ぼくは頭がくらくらして、しゃがみこんでしまった。その

ぼくのわきを、ボールがころころ、ころがっていった。「ばか、直也、追いかけろよ！チェッ。もうあったま、きた。おい、本気だせよォ。本気ィ」ケンシロウが肩をいからせて、近づいてきた。（BCCWJ『ぼくの・ミステリーなぼく』）

身体部位名词即使用的是其引申义也没有影响。

（12）そしてまた、私、地方の出身者でありますので、<u>その私の目</u>から見ますと、自衛隊は本来、例えば防災対策でお世話になったり、あるいはまた、今の経済状況の中で、正直に申しまして、地方にあっての就職難の中で、ある意味で貴重な就職先といいますか、そういうものになって…（BCCWJ『国会会議録』）

（13）私は自分の命を絶とうと思っていた。子どもたちを失って、どうして生きていられようか。<u>その私の目</u>を覚ましたのは、私の周りに集まった学校の幼い少女たちの、「イサドラ、私たちのために生きて。私たちもあなたの子どもでしょう?」という言葉だった。（BCCWJ『魂の燃ゆるままに』）

（14）子どもを育てながら、さまざまな仕事を自ら創出して働き抜いた。親の介護も一手に引き受けた。困難をものともせずに常に素手で人生を切り開いていくその前向きな姿に、私はすっかり圧倒されてしまったのだ。<u>その彼女の片腕</u>となって、目下ホームの経営を支えているのは次男の隆就氏で、…（BCCWJ『ははのいる場所』）

但是，当该身体部位名词是前文描写的对象或者是可从前文描写内容中很容易联想到的与前文关联密切的对象时，情况会有所不同。比如：

（15）Ｓさんは「雪崩のようだ」と言ったらしいが、私には「よだれ」と聞こえたので、一瞬、顔を見てしまった。職場で、どうしてこんな例えを使うのかなと思っていたら、<u>その私の顔をＳさん</u>

のほうが、不思議な顔をして見ていた。そこで私の聞き違いだと
わかり、周囲の人たちに気づかれないように必死で笑いを堪えた。
（BCCWJ『家族』）

此例中，虽然前文没有出现"私の顔"，但由前文内容很容易推测出
"私の顔"的样子来。此处可理解为就是用"私の顔"的样子来指代前文我
的想法的。因此，"その私の顔"可视为 DPN 短语。下例相似。

（16）「昌子さん、どこまでも僕について来る？」彼女は黙ってう
なずいた。そして苦しそうに溜息をつくと、「あなたもクリスチャン
だから、私の言うこともきっと聞いて下さるわね」その彼女の声は、
必死の響きを以て私に訴えるようだった。「何かい？ 教会へ行くこ
とかい？」「違うの！！ 私の立場わかって下さるでしょう」（BCCWJ
『異国に祈る』）

（E）当紧邻前文中有对该人称代词的属性特征进行描写的内容时，一
般倾向于做"（D → P）→ N"短语理解。比如：

（17）学生運動に参加して放校になった。学校に戻ることは許
されず、最終的にカナダの教会で会った牧師に救われ、いまはそ
こから通っている。とても温厚な人で、ぼくはその彼の背景にそん
な現実があったとは思いもよらなかった。（BCCWJ『漂々三国留学
記』）

（18）ピアノはへたでした。よくオルガンを弾いていると、音感
の鋭い子に、「あっ、先生、和音ちがう」 と、指摘されました。以後
は、子どもがオルガンを担当していました。つまり、私は無能と呼
ぶしかない教員でした。その私のクラスの子どもたちは、みんな素
晴らしいのです。鳶が鷹を生んだようなものでした。（BCCWJ『子
どもの言葉はどこに消えた？』）

（二）能理解为现场指示时，可视为 DPN 短语。

（19）「あの中には十両包んでありました。なんでしたらそれを
いま改めてもう一度さしあげましょうか」そんな厭味までならべる
のである。が、今さら男として、そんな金はうけとれもしない。「仕
様がない、どうだ、それじゃこのおれの体は抵当にならんか。もし
大晦日までに十両かえせなかったら、翌正月元旦からここの下男に
なって、元金十両と利子の分だけ働いてかえすがねえ」　できない
のを承知で、ちょっと女をからかってみたくなったのだ。（BCCWJ
『江戸の人生』）

（20）「それはどうかな…明日になったらロープウェイは動かな
い。休業の予定だから、燃料も残り少ない。発電機が止まれば暖房
もきかない。あとは人間同士温めあうほかない…どうです？　この
俺の恰好」と朝倉が腕を左右にのばした。　「見るからに暖かそうで
しょう」「あんたはストーブか！」遥香が唾をとばしたときだった。
（BCCWJ『風雪殺人警報』）

（21）ドストエフスキーの『地下室の手証』は、書物に耽溺して
いた主人公の独白である。この中から主人公の行動を抜き出してみ
よう。「《見ろ、悪党、このおれの落ちくぼんだ頰とぼろ服を！　お
れはいっさいのものを失ったんだぞ。出世も、幸福も、芸術も、科
学も、愛する女性も、何もかもきさまのために失ったんだ。さあ、
ここにピストルがある。（BCCWJ『＜子＞のつく名前の女の子は頭
がいい』）

（三）当依据以上标准仍无法区别时，要从表达功能上区别，这也是最
根本的区别途径。

我们在第 4 章第 2 节指出，"この私"的表达功能主要是说话人特意将
听者的注意力引向自己这一方，让听者更加关注自己。结合语境来看，又
可细分为两种功能：一是对比排他，即"是我而不是你"，强调说话人自身
的存在，如下例（22）；二是提醒听者注意说话人身上具有与当前事件相关

的某种属性特征，如下例（23）和例（24）。

（22）「先生を本当に愛してた人間こそが犯人なんです！それは私をおいて、他にはいません」

と、悦子は言った。

そのとき—スタジオの中に、甲高い声が響いた。

「違うわ！」

と、立ち上がったのは、安田哲子だった。

（中略）

「先生を一番愛していたのは、この私です！」

と、哲子が主張した。（BCCWJ《作者消失》）

（23）だが、わたしは行かなくてはならない。城壁外のゴルゴダの丘へ。

どうして行かないでいられよう。このわたしが。あのひとの妻が。わたしはあのひとの一番の女弟子であるのと同時に、ただひとり女としてあのひとに愛された者なのだから。（BCCWJ《龍の黙示録》）

（24）魏延が反乱を起こし、漢中城を攻めようとしたとき、「だれぞこのわたしを斬れる者はあるか」とさけんだ魏延を、背後から斬った。（BCCWJ《三国志演義》）

而对于"その＋人称代名詞"，庵功雄（2007）指出，"その"修饰限定有定名词时，其语用功能是将篇章中的意义（前文所提到的含义，多为主名词的属性义）赋与该有定名词。比如：

（25）順子は「あなたなしでは生きられない」と言っていた。その順子が今はほかの男の子供を二人も産んでいる。（庵功雄，2007）

此例中的"その"是将前文信息（"順子"的属性特征）赋予有定名词的一种形式标记。

参考这些既往研究的成果，我们可以认为，如果该短语表达的功能并

不能理解为以上所述功能，那么就可以作为 DPN 短语来处理了。我们再来看例（26）。

（26）ドストエフスキーの『地下室の手証』は、書物に耽溺していた主人公の独白である。この中から主人公の行動を抜き出してみよう。「《見ろ、悪党、<u>このおれの落ちくぼんだ頬とぼろ服</u>を！　おれはいっさいのものを失ったんだぞ。出世も、幸福も、芸術も、科学も、愛する女性も、何もかもきさまのために失ったんだ。さあ、ここにピストルがある。おれはこのピストルをぶっ放す…》」（BCCWJ『＜子＞のつく名前の女の子は頭がいい』）

在此例中，从语境来看，说话人用"このおれの…"所表达的并不是要对比排他，因为这里没有要排他的对象。说话人也不是借此要让听者想起自己的某种暗含的属性特征，因此，此处作为 DPN 短语理解更为自然。

（27）道の占い師に千円を支払って、自分の運命を尋ねるとき、あれは自分についての一篇の物語を語ってもらおうとしているのではあるまいか。織田信長やシーザーや、時任謙作やスカーレット・オハラのお話はもういいから、<u>この私の物語</u>を聞かせてくれと願っているわけである。となると、占い師は一人一人のための語り部であり、これはまさしく小説家の仕事である。（BCCWJ『雨降りお月さん』）

此例中，很明显是将"おれ"同"織田信長やシーザーや、時任謙作やスカーレット・オハラ"进行了对比排他，因此，不应理解为 DPN 短语。

（28）二人は全然聞いていない。一階までかけ下り、『星見の塔』の外に出たところで、ようやくトリシアたちは一息つくことができた。「た、助かった〜。」座りこむトリシア。「ふっ、すべては<u>このわたくしの活やく</u>のおかげですね。」キャスリーンはすまして髪をかき上げた。「あのね！この状況のどこをどう解釈すればそんな言葉が口

から出てくるのよ!」(BCCWJ『トリシア、ただいま修業中!』)

此例中说话人明显是为了强调发挥重要作用的是自己而非别人,具有对比排他性,因此,不应理解为 DPN 短语。

3　DPN 的表达意图及各成分的功能

通过对短语成分的顺序调换分析,我们发现,很多情况下,DPN 短语都可转换为 PDN 短语而句义基本保持不变。比如:

（29）いわゆる学校ぎらいになっているとか、あるいはまたノイローゼになるとか、それが最終的に追い詰められた状況では自殺をするとか、そうした一連のものが心の病気、心が健康でないという状況ではないかと思うんですが、この私の認識（○私のこの認識）は間違っているでしょうか。○政府委員（高石邦男君）:いまおっしゃったようなこともももちろん入るわけでございますが、そういう登校拒否だとか、精神的なもろさによって自殺をするという、その基礎になる心が…（BCCWJ『国会会議録』）

（30）ドストエフスキーの『地下室の手証』は、書物に耽溺していた主人公の独白である。この中から主人公の行動を抜き出してみよう。「《見ろ、悪党、このおれの落ちくぼんだ頬とぼろ服（○おれのこの落ちくぼんだ頬とぼろ服）を! おれはいっさいのものを失ったんだぞ。出世も、幸福も、芸術も、科学も、愛する女性も、何もかもきさまのために失ったんだ。（BCCWJ『＜子＞のつく名前の女の子は頭がいい』）

（31）…ことが東京のスリム化というか、生活の環境としての非常に豊かな地域になるとか、また機能を高めるとかということにもつながっていくんじゃないかというふうに考えていまして、逆の発想みたいな感じもするんですが、その私の考え（○私のその考え）についていかがでございましょうか。　○参考人（堺屋太一君）この東京を過密のゆえに考えるとなれば様々な議論があります。そし

て、実際問題としてもいろんなことが行われてまいりました。しか
し、…（BCCWJ『国会会議録』）

那么，为什么不用 PDN 结构，而要采用 DPN 结构呢？也就是说，
DPN 和 PDN 结构在表达功能上有什么区别呢？我们认为，相较于 PDN 结
构，DPN 结构最主要的表达功能是增强语篇的连贯性和紧张感。也可以说
是增强庵功雄（2007）中所说的"テキストの結束性"。就语篇指示而言，
从认知角度来看，指示词置前，必然首先触发语篇的连贯性问题，即通过
指代与前文发生联系，使得前句内容很快过渡到下一句，文章的流畅性不受
损。而如果人称代词置前，则会触发视点的转移，先移到人称代词身上，然
后以其为参照点再去同定主名词，从而使得前句内容在向下一句转移时受到
干扰。如果是现场指示的情况，则说话人会通过指示词直接将听者注意力引
向期望听者注意的事物，而不需要先设立参照点再同定，从而使得语流紧张
感增强。也正是如此，很多 DPN 短语从语篇整体来看，删去人称代词比删
去指示词更容易，也更自然。以上三例即能说明这一点。我们再看一例：

　　（32）お逢いする難しさが
　　今日に限らずつづくなら
　　わたしは幾世でも生れ変わり
　　この嘆きをくりかえし
　　あなたを思いつづけよう
　　「このわたしの執念が、あなたの来世のお障りにもなることでし
ょう」
　　と、申し上げられますと、中宮はさすがに溜め息をおつきにな
って、…（BCCWJ『源氏物語』）

此例中，如果将指示词去掉，单用"私の執念"，则会对与上文的关联
性产生一定影响。
另外，从事物同定的过程来看，最常见的 PDN 短语是先以人称代词圈
定一个范围，然后再从中指定某一事物。从认知语言学观点来看，是先设

置一个参照点，然后再去同定具体事物。无论怎样解释，都说明 PDN 短语的同定过程是一个步步推进的过程。而 DPN 短语则有所不同，指示词能够直接同定，不需要依靠人称代词指定范围。这一结构性特征于是带来了两个问题：

一是认知模块化的问题。即 DPN 短语倾向于将"人称代词"与其所属的 N 视为一个整体来看待，因此，当"我的 N"与"别人的 N"形成整体对比关系，而不是仅仅主名词之间的对比关系时，更倾向于使用 DPN。比如：

（33）が、僕には彼女たちの狼狽ぶりと冷淡さが理解できた。初めて目にする同僚の恋人に、それ以外のどんな反応の仕方があるのだろうか？すると、この僕の怒りと、羞恥と、失望の原因は何なのか？それは単独でいるはずの亜紀子の周囲に、恋の甘美を阻み邪魔する障壁にも似た彼女の同僚を全く思いもかけずに発見した驚きであり怒りであり、… （BCCWJ『友達』）

（34）ところで、そうは申すものの、高貴で教養豊かなかたがたがなさる習慣事にくらべればわたしはこのわたしのうぬぼれの方がはるかにずっとつつましやかだと思っております。（BCCWJ『痴愚礼讃』）

（35）「あなたが神近さんに対して、また私に対して、さしのべて下すった同じ手を、保子さんにもおのばしになることを望みます。私は神近さんに対して相当の尊敬も愛も持ち得ると信じます。同じ親しみを保子さんにも持ちたいと思います。保子さんは私に会って下さらないでしょうか。私は何だかしきりに会いたい気がします。あなたの一昨日のお話しのように、触れるところまで触れて見たい気がします。私も保子さんを知りませんし、保子さんもたぶんよく私というものをご存じではないだろうと思います。触れるところまで触れて、それでも私の真実が分らなければ仕方はありません。けれども、知らないでこんなにしているのは少し不満足な気がします。もっとも保子さんが私に持っていらっしゃるプレジュディスはかなり根深いものであるかも知れませんけれども、この私のシンセリティとそれとがどちらが力強いものであるかを見たい気も致します。

もし保子さんが、お許し下さるなら、私はこんどお目に懸かりたいと思います」（BCCWJ『プロメテウス』）

例（33）中对比的是"僕の怒りと、羞恥と、失望"和"彼女たちの狼狽ぶりと冷淡さ"；例（34）中对比的是"わたしのうぬぼれ"与"高貴で教養豊かなかたがたがなさる習慣事"；例（35）中对比的是"私のシンセリティ"和"保子さんのプレジュディス"。

二是人称代词的功能问题。由于指示词的同定优先特点，我们认为，人称代词在 DPN 短语中的功能不同于其在 PDN 短语中的功能，它的主要功能不再是设定初步范围，而是通过自身的存在突显领属关系，借此实现两个方面的表达功能：

（A）与他人构成对比并举，形成一种对峙紧张关系。例如上面的例（33）（34）（35）都是这种情况。如：

（36）おれは木山が煙草を吸うのはほとんど見たことがなかった。まして、シガレットケースを持っているとは思わなかった。自分の知らない木山の一面を見た思いで、おれは二人の間に横たわる、お互いの長い不在を考えた。それで、いった。
「土方さんが、どうかしたのか」
木山はそのおれの問いに答えず、運転手の背中に、「Ｍ４に入って下さい」といった。おれは黙っていた。木山がおれの存在をこの瞬間忘れていたのは事実だった。高速、Ｍ４に入った車は、速度をさらに増した。　（BCCWJ『消されたスクープ』）

此例中，人称代词完全可以省略而基本语义不变。但加上人称代词后，"おれ"与"木山"之间的对立关系进一步得到突显。

（B）突出人称代词所指人物对后叙事件的重要影响。如：

（37）しかし彼の母親は彼を抱いてほめました、「あなたは歌える、どんどんうまくなっている」。その彼女のほめ言葉と激励が彼の

人生を変えたのです。彼は音楽を続けたのです。彼女は、彼の音楽
の先生に払うお金を貯めるために、はだしで働きました。（BCCWJ
『アメリカィンギィアンの教え）

此例中，去掉人称代词也完全成立，但加上人称代词会进一步突显
"彼女"对"彼"的影响，而不仅仅是那一次的"褒め言葉と激励"。再比
如前面所举的例（32）也是如此：

（38）お逢いする難しさが
今日に限らずつづくなら
わたしは幾世でも生れ変わり
この嘆きをくりかえし
あなたを思いつづけよう
「このわたしの執念が、あなたの来世のお障りにもなることでし
ょう」
と、申し上げられますと、中宮はさすがに溜め息をおつきになっ
て、…（BBCWJ『源氏物語』）

此句中如果去掉人称代词也成立，但加上人称代词后，会增强"我对
你的影响"这一内在含义的表达，而不仅仅是"'执念'对你的影响"。

4　小结

以上我们对日语中 DPN 名词短语的使用频率及句法、语义、篇章语用
功能进行了粗略的观察和分析。主要结论如下。

（一）日语中 DPN 类名词短语尽管使用比 PDN 类少，但仍然具有一定
的使用频率，这与汉语具有严格的语序限制呈现出很大的不同；同时，该类
短语的使用明显集中于"この＋一人称代名詞＋の N"这一组合上，其次是
"その＋一人称代名詞＋の N"和"その＋三人称代名詞＋の N"。

（二）判断是 DPN 类短语还是"（D→P）→N"短语，有以下几个标
准可供参考。

（A）人称代词与指示词互换位置，如果不能成立，则为"（D→P）→N"短语。其中，当①主名词无实义时，②主名词或与主名词所指相同的语句在前文中并没有出现时，③调换位置后语义发生变化时，④当主名词为人称代词所指对象的身体部位且并没有在前文出现或成为前文描写的对象时，⑤当紧邻前文有对该人称代词的属性特征进行描写的内容时，一般不可理解为 DPN 短语。

（B）可理解为现场指示时，可视为 DPN 短语。

（C）当依据以上标准仍无法区别时，要从表达功能上区别，这也是最根本的区别途径。

（三）对于 DPN 的篇章语用功能，我们认为最主要的是增强语篇的连贯性和紧张感。由于 DPN 和 PDN 短语之间存在认知模块化不同的问题，即 DPN 短语倾向于将"人称代词"与其所属的 N 视为一个整体来看待，因此，当"我的 N"与"别人的 N"形成整体对比关系，而不是仅仅主名词之间的对比关系时，更倾向于使用 DPN。就该短语中的人称代词的功能问题，我们认为，由于指示词的同定优先特点，人称代词在 DPN 短语中的功能不同于其在 PDN 短语中的功能，它的主要功能不再是设定初步范围，而是通过自身的存在突显领属关系，借此实现两个方面的表达功能：①与他人构成对比并举，形成一种对峙紧张关系；②突出人称代词所指人物对后叙事件的重要影响。

第6章 汉日两语中的"一量名"短语

在第1章和第5章我们均提到张伯江（2010）指出的汉语中第三类限定词共现现象涉及数量词。数量词研究历来是汉语研究中的重头戏，相关研究成果可谓汗牛充栋。从最近的研究来看，一量名结构充当主语的现象备受关注。其主要原因是汉语与其他语言相比，倾向于"主语有定，宾语无定"，而一量名结构则是典型的无定名词短语。因此，一量名充当主语就形成了一种不合规律的"怪现象"，于是引发关注。汉语的这一特点，在日语中也同样存在。但有意思的是，与前面几章一样，日语和汉语相似之中亦存差异。本章的目的就是梳理汉日语中无定名词短语充当主语的用法异同。同时，通过对比考察，进一步加深对这一现象内在本质的理解，深入挖掘主语位置上一量名短语的句法、语义以及篇章语用功能。

第1节 汉语无定NP主语句研究中的争议

汉语研究中，无定NP主语句自20世纪80年代以来一直备受关注。Comrie（1989：160）指出，主语有定、宾语无定在世界语言中具有一定的普遍性。Teng（1975）、李英哲（1976）、Li & Thompson（1981）、朱德熙（1982：96）、赵元任（1968：46-47）、李临定（1986）等都指出，汉语有这一倾向。比如：

（1）a. 人来了。b. 来人了。

（2）a. <u>书</u>我已经看完了。b. 我已经看完<u>书</u>了。

　　a 句中的"人""书"是有定的，b 句中的是无定的。因为是倾向，因此必然也有例外。范继淹（1985），Lee（1986），内田庆市（1989），讚井唯允（1993），Tsai（1994，1996，2001），Shi（1996），Xu（1997），王红旗（2001），蔡维天（2002），王灿龙（2003），沈园（2003），刘安春、张伯江（2004），张新华（2007），熊仲儒（2008），李劲荣（2016），王羽熙、储泽祥（2017），周士宏、申莉（2017）等很多学者都对不合这一倾向的语言现象给予了关注。特别是范继淹（1985）列举了大量汉语无定 NP 主语句实例，并提出了不少疑问，从而敲开了这一研究的大门。因为主语有定宾语无定是一种倾向，因此，无定名词充当主语必然要受到一定的制约，那么无定 NP 主语具有什么特征，受到什么制约，它有什么特殊的篇章语用功能，这些问题就成了描写和解释的主要对象。但是我们也发现，在众多研究中，学者间观点差异很大，甚至完全相反，所举的例子也经常一人一个看法，让人很是迷惑。为什么会出现这一现象，它的根源在哪里，这是我们关注的地方。本章希望能通过对此问题的考察和梳理，对规范这一问题的研究提供些许帮助。

1　重温陈平（1987）对"有定 / 无定"的定义

　　陈平（1987）对"有定 / 无定"这对概念做了如下定义。

　　发话人使用某个名词性成分时，如果预料受话人能够将所指对象与语境中某个特定的事物等同起来，能够把它与同一语境中可能存在的其他同类实体区分开来，则该名词性成分是定指成分。……相反，发话人在使用某个名词性成分时，如果预料受话人无法将所指对象与语境中其他同类成分区分开来，则该名词性成分为不定指成分。（陈平，1987：121-122）

　　在第 2 章我们曾提到陈平（1987）梳理出的几对与名词性成分相关的指称概念（包括有指 / 无指、定指 / 不定指、实指 / 虚指、通指 / 单指），掀起了汉语名词有定性研究的热潮，对汉语研究起到了极大的推动作用。但是，由于其定义中还存在一些模糊之处，因此也引发了诸多争议。其中，

对定指 / 不定指（也称"有定 / 无定"）这对概念的争议集中体现在无定 NP 主语句上。

2　无定 NP 主语句相关研究的争议焦点

围绕无定 NP 主语句，相关研究主要在以下几个问题上存在不同见解。

2.1　无定名词主语的规定是基于形式还是基于语用功能？

从陈平（1987）可以看出，"一量名"结构和量名结构是最典型的无定名词形式。就主语位置而言，由于量名结构不能进入主语位置，因此，无定名词主语最典型的形式就是"一量名"结构。光杆名词和数量名结构灵活性较大，依据句子结构以及语境的不同在有定无定上经常会有不同的解释。因此，目前有关无定名词主语句的研究绝大多数将"一量名"结构作为考察对象。我们来看魏红、储泽祥（2007）对此给出的解释：

"汉语的'数量名'结构，在静态情况下（不进入具体句子）总是无定性的，但在动态环境中（进入具体句子）不一定都是无定的，如'一句话说完，她流下眼泪'（《王朔文集》，第 147 页），读者从上下文中完全可以知道'一句话'是什么，因此，它实质上是可以识别具体所指的。显然，语境的动态性迫使我们对有定、无定的区分产生动摇。但是，'一句话'本身并不是有定的，是'说完'等成分以及上下文限定了它。同时，'一个人也不认识'里的'一个人'本身也不是有定的，它的周遍性意义，是通过整个句子才能理解的。因此，我们采取这样一种策略：在静态情况下确定无定形式。那么，'数量名'结构就是汉语无定成分的典型的静态表现形式，由'数量名'结构充当主语的句子，就是无定 NP 主语句（包括'数量名'结构充当主语的周遍性主语句）。"

暂不论数量名结构与"一量名"结构的区别，单从此论述基本可以理解将"一量名"结构作为无定名词主语研究对象的缘由：语境灵活易变，不好把握，而形式易掌控。说到底，是一种研究上的便宜。但这种做法也有如下一些问题。

（一）无定名词主语并不只有"一量名"结构这一种形式

虽然"一量名"结构是无定名词主语的典型代表，但无定名词主语并不一定是"一量名"结构（或数量名结构），仅从陈平（1987）的论述就可以看到，它还有一个代表是光杆名词形式。光杆名词与"一量名"结构在句法性质和语义语用功能上都存在很大的不同，因此"一量名"结构的性质特征并不能代表无定名词主语的性质特征。从范继淹（1985）开始，大多数研究都将无定主语这一研究对象限定在"一量名"结构上，甚至不少研究无论是题目，还是最后的总结性结论都冠以无定主语来论，这很容易给人产生无定主语就是"一量名"结构，"一量名"结构的特征就是无定主语的特征这种印象（这一点后面还有论述）。比如魏红、储泽祥（2007）的"'有定居后'与现实性的无定 NP 主语句"，陆烁、潘海华（2009）的"汉语无定主语的语义允准分析"，付义琴（2013）的"论汉语'无定主语句'的句式义"等都有这方面的嫌疑。一些学者将研究标题和结论限定于"一量名"结构的做法值得推荐。

（二）"一量名"结构也并不全是有定成分

有定无定本身是语用的概念，受语境因素影响较大。形式并不能保证其语用功能的有定。因此，从静态的角度或从形式的角度进行规定是不是合适值得商榷。如果仅从形式上规定的话，则很有可能会得出"这个无定 NP 主语句的主语是有定的"这种相互矛盾的结论。事实上，已有不少学者注意到"一量名"结构也并不全是有定成分这个问题。比如，魏红、储泽祥（2007）举出了让其产生动摇的"<u>一句话</u>说完，她流下眼泪"这个句子。其实这里的"一句话"是一种回指用法，按陈平的观点就是有定成分。

方梅（2019）也指出，现代汉语中的"一量名"短语做主语，其指称属性并不都是"无定"。比如：

（1）那官府的老爷就把胡氏提来审问："你这小女子，为何要毒死你家老爷呀！""回父母官，老爷是吃粑粑死的呀！""乱说！打！"<u>一伙差役</u>举起板子围着胡氏就是一顿狠打。（引自王红旗，2001）

方梅指出，这里的"一伙差役"与篇章中已有的名词概念之间具有概念联想关系，所指对象在语境中是可以辨识的。再比如：

（2）仜仲用重金买通了起义军中的一些软骨头，就派出比起义军多好

几倍的人，分兵两路攻打猫山。<u>一路</u>正面硬攻，这一路一次又一次被打败了。可<u>另一路</u>却在起义军全力对付正面硬攻的时候，迂回到后寨……（引自王红旗，2001）

这个例子中"一量名"短语与语境中已有的名词概念之间具有部分与整体的关系。王灿龙（2003）把这种情况称为"回指性对举"。

方梅认为这两种情况都不算是真正的无定 NP 主语。同时，真正表数量的"一量名"结构也不能作无定 NP 解读，如例（3）。

（3）a. 其实说来，明朝已经够黑暗了。当时，有一种刑法叫"连坐"。就是，<u>一个人</u>犯了罪，街坊邻居都得受牵连。（《这里是北京》）〈作数量解读〉

b. 我还是偏执地认为，<u>一个男人</u>四十岁再写诗和三十岁再尿床一样，是个很二的行为。（冯唐《三十六大》）〈作无定 NP 解读〉

但是，我们感到疑惑的是，怎么样才能判断是真正表示数量？例（3）中的"一个人"其实也可以换成"人"或"某个人"。一般认为，数量名短语是无定的。比如，石毓智（2002）就认为，典型的数量名短语自身的语义特征是无定的，它们是一类词汇现象，不能用在句子开头。例：

（4）?? <u>两个人</u>我想跟你打听一下。

陈平（1987）也指出，"即使是在这些定指倾向性句法位置上，较接近不定指一端的 E 组格式（数量名结构）有时也还作不定指理解。"例如：

（5）忽然，<u>两道冰冰的目光</u>直射向我，<u>几个干枯的手指</u>触到了我的鼻尖。我吃了一惊！

张慧（2011）认为，若光杆名词通过量词的方式被个体化，则由于受到"数量"义的影响，不仅能表示定指，还能表示不定指。她认为表限定义的数量既有定又无定。

"一"以上的数量既然使用，必然有其想确定数量的意图，这一意图在多大程度上被弱化，是不太好判断的。

尽管如此，我们还是能够看到，"一量名"结构内部仍然是不均衡的，其中有一些从语用功能上看不属于陈平所定义的无定名词。那么，如果仅从形式上来规定，则很有可能会得出不合语言事实的结论。

2.2　类指成分算不算无定成分？

陈平（1987）提出了四对指称范畴，每一对中的两个范畴是相互对立的，但是不同对之间的关系却没有详细区分。围绕它们之间的关系引发了热烈的讨论。张伯江（1997）、王红旗（2004）、刘顺（2005）、钟小勇（2008）、陈俊和（2009）等都对此提出了自己的看法。就无定 NP 主语句而言，通指（类指）与有定无定的关系最值得关注。

按陈平的定义，所指对象是整个一类事物的名词性成分为通指成分。而所指对象是一类中的个体的名词性成分为单指成分。例如：

（6）麻雀虽小，但它颈上的骨头数目几乎比长颈鹿多一倍。

陈平认为，这里的"麻雀"代表语境中一个确指的类，是通指。但如果我们把"类"也看成是一个特殊的个体，一个区别于其他类的个体（特定的类），则也未尝不能将其视为有定。但如果关注类指不指示特定的个体这一点，则又与无定有相通之处。不同的学者在此问题上有不同的看法，这也导致了对无定主语外延的理解产生了分歧。

刘丹青（2002：411-412）认为，有定无定始终是针对个体的分类，没有必要对类进行区别。比如：

（7）a.狗在乡下很多，城里比较少。
b.世界上蚂蚁比人多得多。
c.阿拉伯半岛淡水很稀少。

刘认为，"狗""蚂蚁""淡水"都有非个体的性质，不能加"这

条""这些"等指量短语，因此不是有定的；同时，它们不能带数量短语，比如不能说"三只 / 一只蚂蚁"，因此它们也不是无定成分。因此它们只能是类指成分。"有定、无定、实指、非实指、全量、存在量这些其他的指称义中都带 [+ 个体] 的属性。"而类指是 [− 个体] 的属性，因此它既非有定亦非无定。

方梅（2019：192）在处理无定"一量名"主语时，将其分为了"不定指'一量名'主语"和"类指'一量名'主语"两大类。可以看出，她遵循的是刘丹青（2002）的观点，将无定和类指区别对待。

刘丹青（2002）指出，用光杆名词表示类指，最符合汉语的类型特点。由此，他提出了"光杆 NP 类指普遍假说"，认为不带指称标记的 NP 都具有类指功能。当 NP 前有指示词、数量短语等指称标记时，光杆 NP 的类指义就被其他指称义覆盖；相反，当 NP 前没有指称标记时，NP 就具有类指义。"一 + 量"表类指是个体转喻用法。光杆 NP 假如表达类指以外的指称义，则理解为其他指称标记的省略或零形式标记。

刘的这一观点我们认为过于绝对了。比如，在评阅论文时，我们常说"论文结构合理……"。此处的"论文"虽是光杆名词，却明显指的是当前手头的这篇论文，是有定成分。按刘的观点，则应视为"该""这篇"等指称标记的省略。这种处理方法显得有些太牵强了。

高顺全（1995：81-83，97）指出："我们是从信息传递的角度来看待定指的，这和把定指成分看成'说话人和听话人之间存在的具体事物'或者'语境中的某个实体'的观点不同，在我们看来，定指成分可以是已知的一个或几个具体的实体，也可以是已知的某类抽象的概念或性质。"刘顺（2004）也把通指（类指）成分看作有定成分。

石毓智（2002）认为，现代汉语拥有一个严格的"句法结构赋义规律"，即："对于没有任何修饰语的光杆名词，以谓语中心动词为参照点，动词之前的被赋予有定的特征，之后的被赋予无定的特征。"

我们知道，表类指的光杆名语经常位于动词之前，比如：

（8）妇女儿童你保护，那野生动物虎背熊腰的，你保护它干吗？（姜昆《虎口遐想》）

　　这是石毓智（2002）举的例子。他是这样解释的："表面上看来，'妇女儿童'是句首的光杆名词，并不是特定的某些人，有定的意义并不明确，但是实际上它仍有有定性。在说话者的比较域中只有两类特定的成员：'妇女儿童'和'野生动物'，相对于后者来说前者代表的是特定的一类事物。"很明显，在这里，他把类指成分也看成了有定成分。但是，在后面论述形容词词性谓语句的主语时，他又说表示事物类属的光杆名词都不是有定性质。

　　沈园（2003）在解释阶段性（事件性）谓语前的"无定"光杆名词主语（如例〈9〉）时，指出此时的主语（"警察"）其实是类指。他认为，如果把"类"看作个体，更高层面上的个体，而且是有定的个体，那么，这里的光杆名词其实和有定名词短语做主语的情况较为相近，就符合"主语有定，宾语无定"的倾向了。可见，他也主张类指为有定。

　　（9）<u>警察</u>来找过你。

　　但是，目前更多的研究是将类指纳入了无定主语的范围内。因为大多数研究将"一量名"这一形式规定为无定主语，而"一量名"结构有类指和不定指两种用法（方梅，2019）。因此，多数研究都将无定主语分为类指和个体指两类，并结合句子类型（事件型还是状态属性型）来进行论述。比如魏红、储泽祥（2007）将无定 NP 主语句分为现实性和非现实性两类。非现实性无定 NP 主语句的 NP 即为类指成分。陆烁、潘海华（2009）也是如此。

　　可见，类指成分由于其自身的特性，在其有定无定的判断上造成了一定的分歧。

2.3　有定无定是基于发话者的角度还是听者的角度？

　　这个问题其实很明确，按陈平的观点，有定 / 无定的判断应该基于听者的角度。但是，在实际操作过程中，基于功能的研究一般都是从发话者的发话意图去研究不同语言表达形式的选择和应用的，因此，很容易在此问题上混淆不清。朴珍玉（2015）指出："光杆名词作主语，其指称性质的相对性和不确定性在汉语中表现得比较明显。如果从说话人的角度分析，可能是实指的、定指的，但是听话人并不能从语境中确定其所指。"例如：

（10）——人怎么还没到齐呀，东北人就是不守时。

　　　——咱们今天都叫谁了呀？

该文指出，在例（10）中，"从说话人的角度来讲，'人'是有指的，而且是定指的；从听话人的角度来说，'人'的指称范围是未知的，是不可识别的实体。而该句中的'东北人'似乎是类指，又似乎是有所定指"。

可以看出，作者并没有准确把握"定指"的概念。

2.4　发话人是不是总要考虑听者的判断能力？（发话人的发话意图）

单宝顺（2016）参考沈园（2003）的看法指出，不同层次的语境对名词的有定性有较强的约束力，语境原则确定名词性成分以何种形式进入语句。

（11）a. 你说小美，一个女孩子，把自己打扮成那样！

　　 b.（递过去一个苹果）饿了吧，先吃个苹果垫垫。

　　 c. 快跑啊，狼来了。

a、b 中的"女孩子""苹果"，一个是回指，一个是现场存在物，应该是有定的，但这里都用了无定形式来指称。c 中的"狼"对于听者来说肯定不能确指，因此应该是无定的，但把它放在了句首主语位置上。一般认为，主语位置的光杆名词是有定的（石毓智，2002）。

单宝顺（2016）认为，这么用是基于特殊的交际意图。三种用法中的名词短语都可以理解为"类指"成分。a 句强调"小美"是"女孩子"这一类中的成员；b 句强调"不是饭菜而是苹果"；c 句强调"狼"这一类别的动物能够带来危害。

我们也在思考，说话人在说话时，是不是随时都在关注听者能不能同定某一事物呢？比如：

（12）说话人对听者（自己的儿子）说："你真长能耐了！不仅不交住院费，还把人家护士打了！你咋不上天呢?!"

"人家护士"省略成"护士"也行。这里的"人家护士"因为与听者
直接发生冲突，听者肯定知道是哪一位，说话人也肯定知晓这一点，但这
样就可以说这里的"人家护士"是有定成分吗？说话人在说这句话时，在
选择表达方式时，真的在考虑听者能不能同定是哪一位护士吗？我们认
为，说话人并没有考虑这些事情，他只是在强调"打护士"这件事情的存
在及严重性。只要把这一信息传达到就足够了，没有必要去传达"有定 / 无
定"这一层面的意义。语言的运用存在信息取舍的过程，我们所说的每句
话并不是要将全部信息都精确地收纳进去，这没必要也没有可能。徐通锵
（1997）也指出，语言的运用经历了一个"个别——一般—个别"的过程，由
个别向一般的抽象转化过程中，必然存在具体信息的舍弃。因此，我们认
为，在谈论名词短语的有定无定，特别是有定无定不好判断的光杆名词的
有定性问题时，必须有一个前提，即听者能不能同定所指具体事物，在说
话人的发话意图中是不是具有重要性（价值)？如果不具价值，则该（光
杆）名词可视为无定；如果有价值，则可视为有定。比如上面例（12），我
们也可以设定对比语境：

（12'）说话人对自己的爱人（并不知道事件具体情况）说："他
（指儿子）可真长能耐了，不仅不交住院费，还把人家护士打了！他咋
不上天呢?!"（爱人不能确定人家护士是谁）

当然，爱人如果当时在现场，能够确定所指对象，说话人仍然可以这
样说。所以，对于此处的"人家护士"，听者能不能同定所指对象，在说话
人的发话意图中并没有什么价值，因此，即便说话人能够预料听者能确定
具体所指对象，仍然可以将其作无定名词来理解。

从总体来看，发话人的发话意图在无定 NP 主语句中的作用，还没有
受到充分关注，相关研究还比较少。

2.5　受有定成分修饰的名词短语的有定性

陈平（1987）指出，领属性定语具有较强的定指性质，带有这类定语
的名词性成分一般作定指理解。而一般性的定语成分，限定性越强、越具

体，该名词性成分的定指性也就越强。可见，有定性是相对的，有一个程度的问题。自然，判断名词是有定还是无定也不是绝对的。

范继淹（1985）也指出，名词性短语随着限定性定语的增多，会越来越倾向于做有定理解。比如"一位医生告诉我……"中的"一位医生"是无定的，但如果换成"一位女医生""一位姓侯的女医生""首都医院一位姓侯的女医生""首都医院血液组一位姓侯的女医生"呢？限定性定语越多，越倾向于做有定理解。徐通锵（1997）、储泽祥（1997）也对此问题进行过讨论。这是属于语义层面的影响因素。

刘丹青（2002：413）指出，有定的领属定语不一定保证整个 NP 是有定的。比如：

（13）a. 王大鹏家的狗很多。

b. 王大鹏家的狗很凶。

c. 王大鹏家的那些狗很凶。

d. ** 王大鹏家的那些狗很多。

他认为，"王大鹏家的狗"在 b 中是有定的，因为可以加进指示词。但在 a 中它就排斥指示词。因此，a 中的"王大鹏家的狗"不是定指，而是类指，是"狗"这个大类下的一个小类。

我们认为，受领属性定语修饰的定语，能不能做定指理解值得探讨。加上领属性定语后往往仍然不能确切知道具体是哪一个对象。另外，在具体的语境中，领属性定语的限定性有时也不明显。

（14）a. 他临走还把我家的鸡给拐走了。

b. 他临走还把我家的一只鸡给拐走了。

c. 他临走还把一只鸡给拐走了。

d. 他临走还拐走了我家一只鸡。

e. 他临走还拐走了一只鸡。

上述 a ~ e 中的名词短语无论有没有领属定语，都无法确切知道具体

是哪一只鸡。e 中的"一只鸡"是无定形式,并且处于无标的无定宾语位置,因此无定性最强。d 加上了领属定语,有定性就要强一些吗? 如果置于具体语境中,e 中的"一只鸡"即使不加领属定语,听者也有可能很清楚是说话人家的鸡,也就是说,考虑到语境因素,它和 d 没有什么区别,还可以说其有定性更强吗? a、b、c 三句中的名词短语被置于"把"字的宾语位置。一般认为,"把"的宾语强烈指向有定。但是,放在具体语境中时,a、b、c 画线部分的名词短语在有定性上就比 d、e 要强吗? 值得怀疑。这里的问题是确指的程度,要确切到什么程度才能做有定理解? 对此的不同把握也导致对有定还是无定主语的判断出现分歧。

2.6 主谓语的复杂程度与无定主语的允准有直接关系吗?

一般认为,主语受的修饰限定越多,越倾向于有定性理解,也因此与"有定居前"的原则相匹配。对于谓语,也有研究指出,无定主语句要成立,谓语必须复杂。比如,范继淹(1985)指出无定 NP 主语句的一个语法特点是不及物动词句谓语要用复杂形式,否则必须加无定语法标记"有"。魏红、储泽祥(2007)则指出,对于现实性的无定 NP 主语句,无论不及物动词句还是及物动词句,谓语都要尽量复杂。增加定语会对句子的成立有影响,但不是决定性的,谓语是不是细化才是关键。

（15）a. ** 一个女青年笑了。

b. 有一个女青年笑了。

c. 一个女青年笑得直不起腰来。

d. 有一个女青年笑得直不起腰来。(范继淹,1985)

（16）a. ** 一条狗跑进屋里来了。

b. 一条白白胖胖的狗跑进屋里来了。

c. ** 一条白白胖胖的狗跑了。

d. ** 一条白白胖胖的狗跑来了。

e. * 一条白白胖胖的狗跑进来了。(魏红、储泽祥,2007)

对于这一现象,魏红、储泽祥(2007)指出:"当主语无定时,谓语要

尽量细化，体现现实性，尽量表示出主语的细节，以增强识别主语的信息，并满足句子有定性的要求。"

曹秀玲（2005）指出，事件型"一量名"主语句要求主语和谓语是复杂的，即通过一些语法手段使主语和谓语具体化，以便获得指称义。

朴珍玉（2015）也指出："即便主语在形式上是无定的，只要谓语是复杂形式且足够显示主语的细节，提供有关主语外部识别的信息特征，则句子的有定性就能得到满足。"

可以看出，多数观点是：主谓语的细化是为了满足主语或句子的有定性要求。这种观点仍然是在努力将无定 NP 主语句的成立条件向"有定居前，无定居后"的大原则靠拢。

但是，也有不同的观点。

单宝顺（2016）指出，数量名结构添加限定性定语，的确有定性会增加。但是，这种有定性的增加只是量变，不是质变。这种结构仍是无定形式。之所以增加定语会更容易出现在主语位置上，不是因为这一数量结构变成了有定成分或有定性增强了，而是主语位置本来就不排斥无定成分，只是有一定的信息量限制：主语位置对名词的信息量有要求。比如：

（17）a.** 一个学生睡着了。

b. 一个学生跳楼了。

c. 一个老师眼中的好学生在课堂上睡着了。

d. 一个学生在课堂上听着听着就睡着了。

陆烁、潘海华（2009）指出，作为简单判断句（事件句）的无定主语句，是在向听者传达他所不知道的整个事件。增加信息往往会明确简单判断的属性。"其实更确切地讲，问题的关键不是使主语或谓语有多么具体，而是使全句更明确简单判断的属性。""可以说，越是出乎听话人预料的事件，越是能够使用无定主语。"

（18）a.** 一个人来了。

b. 昨天下午三点钟一个学生来看你。

c. 你昨天下午哪儿去了？一个学生来看你。

我们认为，增加主谓语的细化程度，并不一定就能明确简单判断的属性。话题句也可以细化主谓语的描写。这里的关键还是向听者传达的整个事态信息量够不够的问题。信息量不够，就没有传达的意义，一般不会说，因此句子会让人感觉不自然。只要说话人觉得这种量的信息有必要传达到听者就可以了。它与是细化主语还是细化谓语没有必然联系，也与无定主语句在句法语义上的允准条件没有必然联系。

2.7　话题、主题、主语

为论述方便，我们这里暂把话题作为篇章层面的用语，主题和主语作为句子层面的用语。我们先说主题和主语的问题。

很多研究发现，"一量名"结构在主语位置上的用法一般有两种，一种是不定指用法，另一种是类指用法（参见方梅，2019）。不定指用法基本上是"整个句子描写一个状况，提示一个场面，叙述一个事实的出现"。（内田庆市，1989/1993）。比如：

（19）我上了正房台阶敲那挂着钩花窗帘的玻璃门。<u>一个穿小花袄身材窈窕的姑娘开了门笑盈盈地望着我</u>。（《王朔文集》）

陆烁、潘海华（2009）也明确提到了这一点。该文指出无定主语句存在三种允准情况，一是简单判断句，二是通指句，三是分配句。其中的简单判断句就是指的这类情况。该文指出："早在19世纪，就有哲学家认识到，人们的语言表达中有两种本质不同的判断。一种首先认知一个主语，也就是确认一个对象作为表达的话题（笔者注：实际为主题，下同），然后再通过谓语表达对该话题的描述，是一个双步骤的复合判断；另外一种直接判断某个认知整体，是一个单步骤的简单判断。"非类指的"一量名"主语句的用法即为后者。我们注意到，这种类型的无定主语句中，主语都不是话题，对应日语的话都是"N が"而不是"N は"。由于汉语缺乏形态标记，主题和主语的区分并不像日语那样容易，因此，一直以来，在谈论无

定主语时，总是把主语和主题混在一起讨论，不加区分。但实际上，"主题—解说"结构的句子和简单判断句是两种截然不同的类型，与主语有定无定有密切关系，需要加以区分。

意识到事件句中"一量名"主语句的这一特征，有着积极和重要的意义。但是，由于先行研究一般将无定NP主语句的研究对象限定在"一量名"结构上，因此，出现不少研究将"一量名"主语的这一用法特征放大到无定主语身上。比如：

魏红、储泽祥（2007）指出："无定NP主语不是话题，不能倒装，不能用'是'强调。非现实句也不能这样。""现实性无定NP主语句的主语后边不能停顿，非现实句有这种可能"。

陆烁、潘海华（2009）指出："无定主语不是话题，也不能添加话题标记。"

朴珍玉（2015）指出："有定性是个连续统，无定主语句与限定主语句构成一个连续体。主语的限定性越强，话题性就越强，反之则弱；无定主语没有话题性，句子表达的是非主题判断。"

将无定主语限定于"一量名"结构，自然会得出这样的结论。但问题是，所有的无定主语都不能是主题吗？主题必须都是有定的吗？

一般而言，既然是主题，自然是谈话双方共知的已知事物，当然是有定的。这似乎适用于任何一种语言。Kuroda（1972，1992）就曾指出，话题只能作"有定"解或"类指"解。

沈园（2003）也指出："汉语光杆名词词组主语在个体谓语（表示事物特性的谓语，与描述事物状态或行为的阶段谓语相对）前一般作'类指'解或'有定'解，在形容词性阶段谓语前一般作'有定'解，但都不能做'无定'解。"比如：

（20）a. 猴子很聪明。（个体谓语，类指或有定）

　　　b. 装有防滑带的卡车能够在雪地上安全行驶。（个体谓语，类指）

　　　c. 老太太喜欢打麻将。（个体谓语，有定）

　　　d. 桌子很脏。（形容词性阶段谓语，有定）

　　　e. 小偷很高兴。（形容词性阶段谓语，有定）

　　　f. 工人很累。（形容词性阶段谓语，有定）

　　沈园认为，上述不能做'无定'解是因为上述句子结构形成了一种主题判断结构。"通常只有在假设某个或某些事物是受话人'已知'（包括'有定'和'类指'）的情况下，我们才能和受话人谈论事物的性质。"

　　日语也不例外。丹羽哲也（2004）也指出，日语中成为主题的名词句一般也必须是可以同定的。但同时，他又指出了一些不能同定的例外现象：

　　（21）a.ワールドカップの開催中、多くの人たちは、テレビに釘付けだった。（在世界杯比赛过程中，〈有〉很多人成天抱着电视不撒手。）

　　　　b.数年前大きな地震があったとき、ある人は、人間が地球を搾取した祟りだと言った。（几年前发生大地震的时候，有人说这是人类搾取地球的报应。）

　　　　c.この近くに郵便局はありませんか？（这附近有邮局吗？）

　　　　d.最近、雨はあまり降らないみたいです。（最近这雨好像没怎么下呀）

　　　　e.わが家に犬は二匹います。（我家有两只狗。）

　　　　f.お客様の中に、お医者様はいらっしゃいますか。（请问乘客中有医生吗？）

　　那么，汉语中有没有这样的现象——无定主题句（限于事件句）呢？沈园（2003）指出了一类特殊语境中的话语现象。

　　（22）旅店老板对员工说："客人来了，快去收拾收拾。"
　　（23）a.土匪来了。b.来了土匪。

　　例（22）中的"客人"和例（23a）中的"土匪"都可以理解为无定。在例（23）中，当说话人知道受话人和他一样知道他们所住的地区经常受到土匪骚扰并为此提心吊胆的事实时，用a比用b更为确切。

　　沈园对此的解释是：这种情况下的无定主语（话题）可以看成是类指，类指可以理解为更高层次上的有定个体，因此可以允准出现在主题位置。但这种情况有一个条件必须满足，就是说话人必须假设受话人会认为光杆

名词所指的"类"具有某些与语境相关的特性。说话人认为受话人可以从更大的语境，包括物理语境、心理框架中去确认事物或人。如果不具备这一条件，光杆名词就无法出现在主语位置。再比如：

（24）a. 小王，警察来找过你。

　　　b. 小王，（有）一个警察来找过你。

邻居如果说 a 句，多半是认为小王犯了事惊动了警察。而如果改用形式上的无定名词短语（"一个警察"），那么有可能邻居认为小王犯了事，但也可能邻居只是想说小王一个当警察的熟人来找过他。这第二种意思不能用 a 句表达，原因就在于第一个句子的使用必须以说话人假设受话人认为光杆名词主语所指的"类"具有某些与语境相关的特性为基础。

沈园举的例子主语都是施事，我们也想到了不是施事的情况。比如：

（25）a.（家人突然晕倒，说话人接到消息后匆忙赶到，问其他家人）"医院联系了吗？"

　　　b.（说话人匆忙赶到交通事故现场，急忙问家人）"保险公司联系了吗？"

　　　c.（全家人决定 6 点出门去旅游，说话人因工作 5 点半才从办公室回家。回到家第一句就问）"行李准备好了吗？"

这些话语中的名词是受事成分，位于句首自然是主题，并且听者也无法确切明白是哪一个个体，因此可以理解为无定名词。这些场景有一个共同的特征是，主题名词与发话现场有密切的关联性，听者听到说话人首先说出这一名词，也不会感到意外，或者说听者心里已经有一定的预期。说话人和听者能够立即达成默契，不会影响会话的进展。这一点有些类似于陈平所说的"所指对象与其他人物之间存在着不可分离的从属或连带关系"这种情况。比如当"别墅"是有定的时候，"门""窗帘"等也可视为有定成分。与谈话现场密切相关的事物，基于一般常识性知识，能够很快激活听者存储的信息。所以，从某种意义上讲，这些主题名词具有一定的有定

性。当然，我们也可以遵从沈园的类指解释。

下面我们来看对话题的不同理解造成的观点差异。话题涉及的是无定主语句的篇章功能。

对于无定 NP 主语句（这里专指"一量名"结构）的语用功能或篇章功能，魏红、储泽祥（2007）指出："（在现实性无定 NP 主语句中）充当主语的无定 NP 一定是首现的"，"无定 NP 虽然本身不是话题，但它处于显眼的主语位置，能引起听话人的注意，有引进话题的作用，这在语篇开篇或话题转换方面表现得十分明显。"如下面的例（26）和例（27）。

（26）一青年男子买彩票中了 50 万，却因过于兴奋死亡了。中北路的刘秋花显得格外伤心。（《幽默与笑话》2003 年第 5 期）（开篇句）

（27）他一定要我跳，我说这是在医院，她说没事，去把门关上，又来拉我。我没办法，只好随便扭几下，那个女孩笑嘻嘻地和我对扭。一个护士探头进来，我跳着跟她笑笑，她也笑笑走了。（《王朔文集》）（话题转换）

曹秀玲（2005）也认为，"一量名"结构充当主语或话题具有作为话题转换标记引进新话题的作用。其中又分两种情况：一是引进一个新的话题成分，但该成分不是话语事件的主要参与者，不具备话题连续性，是偶现成分（例〈28〉）；二是具备话题连续性，随后用有定形式加以回指（例〈29〉）。

（28）朋友们代他卸去铠甲，一个朋友把自己的棉大衣给他披上。
（29）一个人从门外风风火火走进来，他一进门就冲着我喊……

但方梅（2019）指出，从语篇角度看，不定指"一量名"主语是偶现信息，并非叙事主线的事物。这类情形并非引入新的具有话题性的言谈对象，而整句的功能在于提供背景信息。虽然"一量名"主语句引入语篇的名词是新信息的载体，但这个名词概念的话题性较弱。正因为这个特征，在语篇中，有很多无定主语 NP 不能换成"有"字句。

对于像上面例（27）那样的例子，方梅也举出了刘安春、张伯江

（2004）认为是起到了转换情节作用的实例：

（30）唐僧正在发愁，恰好<u>一只小船</u>从上游撑来。八戒赶紧招呼摆渡。

（31）她打开收音机，照例收听每日新闻，突然，<u>一个十分熟悉</u>
<u>的声音</u>从收音机里传出，她凝神细听，这不是毛泽东在说话吗？是
他……砰的一声，她晕倒在沙发上。

方梅认为，这里的"一量名"确实打断了篇章的话题链，但是，就全
句而言，它的所指并不是篇章话题，全句仍然是传递背景信息的。

可见，对"话题"的理解不同，是因为对篇章语块大小的把握不同，
这也造成了观点结论的不同。方梅（2019）对语篇的划定范围更大。从更
大的语篇来看，小范围内的话题很可能就不再是话题了。

3　小结

以上我们针对汉语无定 NP 主语句的相关研究梳理了引发争议的几个主
要因素。主要集中在以下几个问题。1）是主语、主题还是话题？ 2）类指
是有定还是无定？ 3）有定和无定的区分基于形式还是基于语用功能？ 4）
是从受话人的角度还是从发话人的角度来定义这一概念？ 5）发话人有无区
分有定和无定的发话意图？ 6）在多大程度上可视为与其他同类实体得以区
分？从这些争议点可以看出概念定义的重要性。在进行相关研究时，我们
应该首先对这些问题加以界定。当然，要确定哪一种主张更合适并非易事，
需要从语言研究的整体去把握。另外，对照其他语言，借鉴其他语言的研
究成果也可能会带来不一样的视角和思路。下一步我们将尝试把汉语与同
为"主题—解说"结构的日语做一对比考察。

第 2 节　汉语充当主语的"一量名"短语及其日译形式[①]

中川正之、李浚哲（1997）指出，英语中可数名词前的"a, an, the"等

---

① 　该部分的例句，如无特别说明，则一律来自中日对译语料库（CJCS）。

冠词及"some"等修饰成分在句法上必不可少，而汉语的"一个"虽然较日语要常用得多，但也有不用的时候，并非所有情况下都是必有成分。比如在回答"您有几个孩子？"这个问题时的"一个孩子"中，"一个"是必需成分，但在"很久很久以前，在很远的地方住着一个老奶奶"中的"一个"却仅仅是一种不定标记，数量本身并无多大意义。再比如否定的情况下：

（1）英语：He is not a boy.

??He is not boy.

汉语：他不是少年。

?? 他不是一个少年。

花街是运河滩上的一个锅伙，不是一个村落。（刘绍棠《花街》）

日语：彼は少年ではない。

?? 彼は一人の少年ではない。

花街とは運河の河川敷にある（一つの）飯場であって（?? 一つの）村落のことではない。

可以看出，不定冠词在英语可数名词前是不可或缺的，但在汉语和日语中却是可以省略的。在这一点上，日语和汉语具有相似性。但也要看到，日语和汉语并不完全一致。上例中汉语的"一个锅伙""一个村落"可以把"一个"去掉而不影响句子的成立，但到了日语中，肯定句中的"一个锅伙"既可对应日语带"一量"结构的"一つの飯場"，也可对应纯光杆形式的"飯場"。而否定句中的"一个村落"却又只能对应日语的光杆形式"村落"，不能对应"一量名"短语。那么，汉语的"一量名"短语与日语的"一量名"短语不同之处在哪里？另外，中川正之、李浚哲（1997）指出的现象只是关乎句法上成立不成立的例子，事实上，通过观察对译语料我们可以发现，即使在肯定句，汉语"一量名"对译成日语光杆名词的频率要远远大于对译成"一量名"形式。这一方面显示出"一量名"结构在两种语言中的地位不同，同时也预示着日语"一量名"短语在使用上有可能存在一些尚未发觉的限制条件。基于这一考虑，我们将利用对译语料库，对汉日两语中"一量名"短语的对应情况做进一步考察，通过梳理二者的

对应关系，试图挖掘出日语"一量名"在使用中的一些限制性因素。考虑到汉语中无定 NP 主语句的研究成果较为丰富，同时限于时间和精力，我们将首先以主语位置上的"一量名"短语为考察对象，对其他句法位置的考察将留作今后的研究课题。

1 "一量名"短语中量词的功能

对于"一量名"短语中量词的功能，原泽正喜（1960）指出，对于名词来说，量词表达后接名词的意义范畴。哪些名词跟哪些量词搭配，体现着人们对名词所指事物的认知方式；某一名词的前面一定要用某一量词，为社会的和传统的认知方式所制约，而且通过变换量词还可以表示说话人在某个时间、某个地点对事物持有的特别认知心理。真野美穗（2004）指出，"一つ"因为其中的"つ"可以修饰抽象事物，因此要比其他数量词使用范围广得多。

大河内康宪（1993）认为，原泽正喜（1960）所说的量词功能其实与英语的冠词一样。比如 Father 是幼儿使用的词语，而加了定冠词的 the father 则是反抗期的儿女使用的词语。然而，日语的名词不同于汉语和英语，它既不受冠词又不受量词的修饰。也正因此，日本人对于量词或冠词的功能差异"生来就缺乏必要的感性认识"。

对于汉语和日语受"一个"或"一つの"这种数量结构修饰情况的差异，大河内康宪（1985）做了一个很有意思的调查。他选取了日本民间故事《桃太郎》汉译本的开头部分，把所有的名词都标注出来，把其中的修饰成分"一个"全部都去掉，然后让中国学生（留学生）和（学汉语的）日本学生把它们补出来。结果发现，日本学生补出的与原来的译文相差甚远，而且每个人都不一样。而中国学生补出的非常接近原文。下面是去掉所有"一个"后的文章开头部分。

很久很久以前，在地方，住着老爷爷和老奶奶，夏日的一天，老爷爷要上山去打柴。老奶奶："快去快回啊！"

老爷爷走后，老奶奶又自言自语："哎，我也到河边洗衣服去吧"

说完她就端着盆到河边去了。哗啦哗啦，哗啦哗啦，老奶奶使劲

地洗。洗了一会儿，忽然看见有<u>东西</u>从<u>上游</u>一起一浮地漂过来。<u>老奶奶</u>停住<u>手</u>，歪着脑袋思忖起来。那东西圆乎乎的，有西瓜那么大，白里透绿，绿中泛红。说它像<u>桃子</u>吧，却比<u>桃子</u>大；说它像<u>瓜</u>吧，又比<u>瓜</u>圆。就在她想着的<u>当儿</u>，那东西已经漂过来，可以看得清清楚楚了。原来是很大很大的<u>桃子</u>。

——引自大河内康宪（1985）

大河内指出，以上这段描述，在日语原文中一次也没有使用数量修饰成分"一つの"或"一人の"，这说明汉语中的"一个"不都表示数量。有人（比如王还，1985；中川正之、李浚哲，1997 等）认为"一个"是用在无定名词前的，是无定名词的标记，但上例中"山、柴、衣服、盆"等均为无定名词，却都不用"一个"来修饰。那么"一个"的功能是什么？不少学者认为，汉语的"一个"与印欧语的不定冠词非常相似。其中原因，一个是英语或法语中的不定冠词与汉语一样，都来源于数量词"一"；另一个是汉语中"一个"使用频率很高，很难想象都是在表示"实数"概念。大河内指出，这一理解并无过错，错就错在由此推导出"一个"是无定名词的标记，一味强调"一个"后面的名词是无定的。

大河内指出，英语中的不定冠词在表示无定之前有一个前提是：名词所表示的必须是已经个体化了的事物，是个别的、现实的和具体的事物。比如听到 salmon 这个词首先想到的是切成薄片的鲑鱼肉，而听到 a salmon 首先想到的是头尾俱全的鱼。再比如，对面前的人说"你嘴边上沾着橘子"，英语要说成"There is orange sticking on your upper lip."而不会说成"There is a orange sticking on your upper lip."这说明，不定冠词起着把事物的形状具体化、个体化的作用。关于这一点，Paul Christophersen（1939）也曾指出，不定冠词"a"的功能是 individuation（个体化），它是 unity 的标记。

大河内认为，既然不定冠词的功能是个体化，那么由此可推导出，光杆名词用来表示没有被个体化的、缺乏具体轮廓意识的抽象性事物。这一点可以从光杆名词经常用来表示事物性质得到验证。比如英语中的 Japanese 一词，用在"He is a Japanese"中是名词，而用于"He is Japanese"中则成为形容词。英语的这一特点还不是很显著，比如 student

就没有这种用法。但是在法语中，这种名词转用为形容词的用法特征非常显著，转化成的形容词还经常受副词 très（很）的修饰。

大河内认为，一般说来，在有冠词的语言中，光杆名词似乎普遍存在着表示人或事物属性特征的形容词性质。John Lyons（1977）在谈论名词与代词的区分时指出，代词不能看成是替代名词的词，名词和（加限定词的）名词短语在英语中有明显的区别，比如"boy"这一光杆名词本身没有指示（refer to）作用，只是一个类名。而"a boy"指示有实体的个体，主要起同定（identify）特定事物的作用。

大河内指出，汉语的量词也具有个体化功能。在奥田靖雄（1982）指出的"你们还算得上一个模范学生吗？"这个例子中，"一个"与实数没有关系，仅仅是起到了将"模范学生"个体化、具体化的作用，"使人们明显地感觉到脑子里有一个具体的学生形象"。另外，下面这个例句也很好地说明了这一点：

（2）你们这儿<u>有</u>老师吗？

（3）你们这儿<u>有个</u>老师吗？

去拜访一位老师，不知道是哪个房间时，用（3）；而不知道有没有老师在这儿时，用（2）。日语中没有类似于不定冠词的东西，因此这种差别反映不出来。

大河内先生指出的量词的个体化功能这一观点很有道理，得到了汉语学界的普遍认可。但大河内先生关注的是量词本身的语用功能，他并没有分析数量"一"以及"一量名"这类短语整体的句法、语义及篇章语用功能。如果将研究视角扩大到"一量名"短语整体，将其作为名词性短语来考虑，则正如陈平（1987）所指出的，其表现一定会受到句法位置、修饰成分等诸多因素的影响。

2 "一"与其他数词的差别

日语中，数词"一"的表现与其他数词存在很大差异。关于这一

点，Downing（1996）、加藤美纪（2003）、建石始（2006）等均指出
过。比如：

　　（4）a. 京都の下鴨に<u>一軒の</u>すし屋がある。
　　　　　b. 京都の下鴨にすし屋が<u>一軒</u>ある。

　　加藤美纪（2003）指出，上述 a 和 b 两句意义不同：b 句是在回答"下
鴨有几家寿司店?"时使用，侧重于数量表达；而 a 句仅仅是起到了导入
"寿司店"这一名词的作用，相当于不定冠词。

　　建石始（2006）也指出，非指示性的名词短语[①]（无指成分）只能使用
"一"而不能用"一"以上的数词来修饰，如：

　　（5）私が言ったことはあくまで<u>｛意見の一つ／一つの意見／一
意見｝</u>なので、あまり気にしないでください。
　　（6）?? 私が言ったことと彼が言ったことはあくまで<u>｛意見の二
つ／二つの意見／二意見｝</u>なので、あまり気にしないでください。

　　上述两例中前半句均为措定句，因此画线部分是无指成分。可以看出，
无指成分可以用"一量"修饰，却不能用"二量"及以上数量词修饰。

3　日语名词性短语中"一"的用法

3.1　Downing（1996）和加藤美纪（2003）的观点

Downing（1996）指出，"一"的用法主要有三种:（A）纯个体
化（Sheer Individuation）;（B）有 定 阻 止（ 去 有 定 化 ）（Definiteness
Blocking）;（C）模糊表达（Hedging）。例如:

---

①　指示性和非指示性名词短语是西山佑司（2003）提出的概念，其大致相当于陈平的有指和
无指概念。

（7）a. 私を<u>一人の患者</u>ではなく、なにか実験の物体でも取り扱っているような正確さ、非情さがあった。

b. 自分の体が次第に硬直を起こして、<u>一本の棒</u>のようになってゆくのを感じる。

（8）a. それが、<u>あたしたちの、おとなの一つのつとめ</u>でもあるんですよ。

b. この家は<u>一人の少女</u>を吸い込んでしまったことを思い浮かべて、その白さが少女を壁に塗り込めたばかりの新しさのような幻覚をもった。

（9）a. 自分がはげててていやだと思って手入れをする。じゃぶじゃぶいろんなものをかけたりするってのはね結局ま、<u>一つの差別構造</u>である。…

b. かれは自分には関係ないこれら教授たちの暗闇が明日は<u>一つの峠</u>にかかるのだと考えて、…

例（7）中 a、b 两例的"一"是纯个体化功能，说话人强调"我正在对该名词范畴中的一个示例成员进行叙述"这样一个事实。a 句中的"一人"强调"作为鲜活肉体的自己"，b 句中的"一本"被提示为比较的焦点后，比喻更为生动。例（8）中"一"的功能是有定阻止，为了避免解释为指示对象表示名词范畴整体（a 句），或者为了防止听者去推测具体指称的是什么而故意使其不定化（b 句）。例（9）中"一"的作用是模糊表达，这种用法是第二种"有定阻止"用法的扩展，它强调的不是一个成员，而是一类或一种成员。

加藤美纪（2003）指出数词"一"的用法有四种：（A）发挥不定冠词的作用；（B）表示"就只是或只有这个先行名词"这一意义；（C）"一つ"的陈述副词式用法；（D）用"一つ"表示"同一个""相同的"的意义。其所举例子依次如下：

（10）京都の下鴨に<u>一軒のすし屋</u>がある。

（11）今の<u>波一つ</u>でどこか深いところに流されたのだということ

を、私たちは言い合わさないでも知ることができたのです。

　　（12）「次の飛行機で帰るんだったら、<u>一つ</u>お願いがあるんだけど」

　　（13）エビ天も蕎麦もツユも、<u>一つ</u>屋根の下、親子三代和気あい
あいといっしょに暮している。

　　比较加藤和 Downing 的分类可以看到，除 Downing 的（B）有定阻
止用法相当于加藤的（A）发挥不定冠词的作用用法外，其他用法均不对
应。究其原因，Downing 关注的仅是"一つの N"这种类型的名词性短
语，没有将其他形式的"一"纳入考察对象，因此其分出的类别就比加藤的
少。加藤的分类不仅包括了名词性短语中的"一"，也涵盖了副词性短语中
的"一"，范围较为全面，但同时在类别上又显得不够细致，比如没有提及
Downing 指出的起个体化功能的用法。对与"一"相关的名词性短语进行详
细考察的是岩田一成（2013），接下来我们较为详细地介绍一下其研究成果。

3.2　岩田一成（2013）的分类

　　岩田一成（2013）全面分析了日语中的数量表达。他指出，日语中与
"一"相关的表达主要有（1Q）ノ NC（一量名）、N ノ（1Q）C、N（1Q）
C、一つ N 这四种形式。

　　（一）（1Q）ノ NC（一量名）

　　主要有以下三种用法。

　　（A）表不定，如：

　　（14）京都の下鴨に<u>一軒</u>のすし屋がある。^①

　　岩田就 Q ノ NC 型数量表达句式指出，其是典型的有定名词短语句，
N 是有定成分，Q 是 N 的非限定性修饰成分，并且表示的是 N 的全体数
目。但"一"较为特殊，它的主要功能是将 N 作为新信息导入。"一"与

"二以上数字"有很大的不同，比如：

（15）若い刑事は、<u>一枚の分厚い封筒</u>をぼくに手渡し、…

（15'）若い刑事は分厚い封筒を一通ぼくに手渡し、…ぼくは
<u>（?? 一通の手紙／手紙／その手紙）</u>をびりびりに破いた。

（15''）…ぼくは<u>その一通の手紙</u>をびりびりに破いた。

（16）若い刑事は分厚い封筒を二通僕に手渡した。…ぼくは<u>（二</u>
<u>通の手紙／手紙／その手紙／その二通の手紙）</u>をびりびりに破いた。

当数词是"一"时，后文如果再提到该事物时，该名词肯定是有定成分，因此，不能直接用"一通の手紙"来回指，但可以用"手紙／その手紙／その一通の手紙"来回指。从这里可以看出，"一"的主要功能还是导入新信息、新事物，相当于英语的不定冠词。如果上例数量换成二或二以上数量，则由于 Q ノ NC 型典型的情况是 N 为有定成分，因此，用于回指时，仍然可以使用"二通の手紙"。不过，在日语中，导入新事物时，并不一定强制要使用 Q ノ NC 型结构，因此，这又与英语的不定冠词存在不同。益冈隆志、田窪行则（1992）指出，无定成分是不能充当主题的。比如：

（17）?? <u>一人の男</u>は私に話しかけてきた。（益岡隆志·田窪行则，1992）

（B）表整体义，如：

（18）（日本企業で働く外国人を対象に）「会社でどんな役割を果たしていますか」との問いに対しては、「専門知識を生かす仕事」「<u>一つの事務所</u>を任されている」…

岩田指出，这里的"一つの事務所"表示"一个事务所的全部所有事务""整个事务所"的意思。在这一点上，其与二以上数量的 Q ノ NC 型结构有相通之处，即均含有"整个，全部"之意。不同的是，数量名结构

（二以上数量）表示的是"全体数量"，而"一量名"结构没有数量的概念，仅仅表示"全体、整体"。

岩田还指出这一用法也扩展到了抽象名词身上。比如：

（19）目の前で美しい争いを展開している母親と妻の二人を、青洲は憮然として眺めていた。…しかし、かれは次第に医者になりつつ女たちの争いを見ていた。そして全く<u>一人の医者</u>になったとき、彼には女の争いは見えず聞こえなかった。

岩田指出，这里的"一人の医者"指的是"一人の完全な医者"。

（C）表共有义。多用"一つ N"的形式，相当于"同じ"的用法。并且量词只限"…つ"，不能使用其他。如：

（20）エビ天も蕎麦もツユも、<u>一つ屋根</u>の下、親子三代和気あいあいといっしょに暮している。

但岩田指出，表"同一个"这一意义，实际上"1Q ノ NC"这种格式也可以。比如：

（21）戦前と戦後では完全に世代的な断絶があるが、戦後の人間は今に至るまで<u>一つの流れ</u>でつながっている。

（22）当店の麺類は<u>一つの釜</u>にて茹であげております。そばアレルギーのお客様はご容赦くださいませ。

（23）聖ヨハネ祭の日、私とアレクセイエブは、同時に<u>一人の少女</u>に恋をした…

这些例子中都可以在"一量名"结构前加上"同じ"来修饰，也就是说，都可以理解为含有"同一个"的意思。岩田指出，"一量名"结构的这种表共有义的用法，与表不定和表整体性的用法性质完全不同，后面两种

用法都不能受"同じ"修饰，如：

（24）若い刑事は、（? 同じ）一枚の分厚い封筒をぼくに手渡し、…

（18'）「（? 同じ）一つの事務所を任されている」…

　　对岩田指出的（1Q）ノ NC（一量名）短语的三种用法，我们总体上表示赞同，但有两个问题我们认为有待进一步思考和商榷。第一个问题是，上述三种看似差异很大的用法是如何分化出来的，它们之间有没有内在的关联性？按照认知语言学的观点，由同一事物衍生出的事物之间不可能没有任何关联性。第二个问题是岩田对于（B）表整体义这一用法的论证，我们认为还有值得商榷之处。比如在例（19）中，我们要注意的是，"一人の医者"这个短语前面还有"全く"一词，如果去掉这个词，则句子就感觉不自然了。因此完全有理由认为，"完全な"这层语义的载体不是"一つ"，而应该是"全く"这个词。对于前面的例（18）表整体义，似乎也值得商榷。我们怀疑，整体义可能是由"任されてる"一词来的。因为如果把"一つの事務所に任されてる"换成"一つの研究プロジェクトに携わらせていただいてる"，就完全没有"整个，全部"之意了。但以此来否定（1Q）ノ NC 这一结构的"整体性"用法，似乎也不太合适。比如，在"一つの国になるには、国会が不可欠だ"这样的句子中，"一つの N"的确带有较为明显的"完整"义。这两个问题该如何解释呢？

　　对于第二个问题，我们认为，（1Q）ノ NC 的"整体性"意义只限于某些具有"部分——整体"关系的构式或语境中。整体性或完整义并不是（1Q）ノ NC 这一名词短语本身固有的属性特征，它仅是在特定的语境中，比如在强调部分与整体的关系这类语境中，被从外部赋予了而已。比如"一つの国になるには、国会が不可欠だ"这个句子本身就在语义上凸显部分和整体的关系，于是，"一つ"就被赋予了整体义或完整义。例（18）中的"任されている"往往含有"全部托付"之义，比如我们常说的"任してください"（交给我吧！）就含有"全部交给我"的意义。例（19）中，虽然前文中有"次第に医者になりつつ"这样的过程义表达，但部分与整体的关系义并不凸显，因此需要加上一个"全く"。

对于第一个问题，我们认为，在（1Q）ノNC（一量名）短语中，"一量"结构含有如下两个语义侧面。

侧面一：个体意义，强调其个体性。汉语中有时会将"一"省去，只留量词就充分说明了这一点。表不定的用法来源于此。

侧面二：数量意义。或客观地描述数量为一个，或与其他数量对比，凸显"唯一一个，同一个"义。强调是一个而不是两个或三个，一个就带有了"同一个"的意义。由此衍生出共有义用法。

换句话说，表不定的用法强调的是该结构中的"量词"，而表共有义的用法强调的是"一"这个数词，所以二者不同。

至于第二种表整体义的用法，我们在前面说到，"一つ"仅是整个句子或外部语境的整体义的载体。但为什么会选用"一つ"作整体义的载体，也不是没有理由的。我们认为，概念的个体化必然伴随着对事物的完形认知，因此整体义与个体义内在相通，但与数量义相区别。这也是岩田指出"一量名"结构的不定指用法和表整体义用法完全不同于共有义用法的原因所在。只不过，这个原因岩田没有明确。

（二）N ノ（1Q）C

岩田指出，日语中的"N ノ QC"句式有三种类型。

类型一：N 为专有名词，用来说明 Q 的内部组成。

（25）それから米内吉田山本の三人は一緒に朝粥を食って話をした。

类型二：N 可解释为 Q 的属性。

（26）五人のうち、中年者の三人は大工、左官、足袋屋であった。

类型三：Q 表示有定名词 N 中的部分数量，即"N 中的 Q"。

（27）研究グループでは、教授一人の下で三人の大学院生がそれぞれ別の研究を行っていました。学生の二人は、自宅から大学へ通

っており、もう一人も隣のウィスコンシン州から来た人でした。

类型一和类型二的相同点是 N 的数量等于 Q，但类型三中 Q 只是 N 中的一部分。类型三用例比较少。

但是，当 Q 为"一"时，类型一和类型二是不存在的，类型三却大量存在。这也体现出"一"和"二以上"的数量表达存在很大不同。类型三的例子比如：

（28）「ねえ、みどりまだ来ないの?」と、ホステスの一人が苛々した声を出す。

（29）そこで内供は弟子の一人を膳の向こうへ座らせて、飯を食う間中、…

（30）刑事：ああ、そうだよ、マーカムも容疑者の一人にあがっている。

（三）N（1Q）C

加藤美纪（2003）指出，日语名"一量"结构表达的是"强调只有先行名词所表达的事物"。需要注意的是，表达这一特殊含义，并非只有数词"一"，"二以上"的数词也有这一功能。也就是说，这一表达功能主要还是来源于特殊的语序。

（31）今の波一つでどこか深いところに流されたのだということを、私たちは言い合わさないでも知ることができたのです。

岩田指出，这一句式中的"一"很明显不是表数量信息，而是表"单独性"（"只有它，仅有它"的含义）。因为它可以用于专有名词之后，而专有名词原本是不用加数量限定也能表示数量为"一"这层意义的。如：

（32）そして徹吉一人が、いまだに鈴木治衛門の土蔵の中に日を送る身の上となった。（楡家）

张麟声（2001）指出，日语的"一量"中包含特殊意义，他举出下例说明其中包含"数量少"的含义。

（33）ラジオが音楽を流していたが、あまり好きなものではなかった。しかし、起きている間、ただ<u>一つの声</u>を消すのは寂しかった。

岩田指出，（1Q）ノ NC 结构与 N（1Q）C 这种结构差别很大，二者一般是不可以互换的，比如：

（34）それに同じ野口清作が現実に勉学に励み、村で<u>ただ一人の医師</u>（／ ?? 医師一人）になったのだから両親はその名をつけるのに特に不満もなかった。

岩田指出，"村は医師一人になった"表示只有医生一人，没有其他人了。这和"彼は村でただ一人の医師になった（他成了村子里唯一一名医生）"的意义完全不同。岩田认为，这一差异的原因在于，附加有"ただ"的"一量名"结构表示"在医生这一范畴中只有一人"之意，而"名一量"结构则表示"在人这一范畴中只有医生一人"。也就是说，其背后的范畴种类是不同的。"名一量"结构的语义重心在"医生"这一范畴上，而"一量名"结构的语义重心在"医生"上。

我们认为，这还可以从 N 的有定无定上来分析。"名一量"结构中，名词是有定成分；而"一量名"结构中，名词本身是类指，然后受"一个"限定后构成无定成分。从对应的汉语表达也可看出：

（35）a 村里只剩陈医生（? 医生）<u>一人</u>了！（名一量结构）
b 村里只剩<u>唯一一名</u>医生了。（一量名结构）

a 句中的 N 一般为有定成分，因此用光杆名词"医生"感觉不容易成立。当然，特殊情况，比如大家都知道村里只有一名医生，且知道这名医生为谁，医生就是这个人的代名词时，就可以用光杆名词。但一般情况下，

还是说成"陈医生"更合适。但 b 句中的"医生"就是类指了。

（四）代词式用法

当指示物的数量为"二以上"时，数量词本身可以作代词来使用。但当数量为"一"时，这一用法就不成立了。

（36）やがて<u>二人</u>は丘を登って右に曲がろうとすると、そこに牛が一匹立っているのに出会いました。

（37）私のクラスには劉さんという留学生がいます。<u>彼（／劉さん／ ?? 一人）</u>はとても明るくて…

但是，当先行语境中提到整体数量，而后一个一个叙述时，类似代词的用法就又可以使用了。这种用法被称为"不定代名词"。[①]

（38）依頼者「最初から君に頼めばよかったのだが、…実は、この 2 週間の間に、君と同業のものが二人…」「<u>一人</u>はライフルでしくじり、<u>もう一人</u>のナイフ使いは…」…

3.3　岩田对上述各用法间的关联性和区别的解释

岩田指出，在哲学领域，有不少研究（切替英雄 2006、泉井久之助 1978）认为，先有"二"这个概念，再有"一"这个概念。"一"这个概念的形成有两个途径：一是将多个合为一个，作整体来看；一是从多个之中取出一个，作个体来对待。岩田借用认知语言学的图式（scheme）理论，将前者称为"要素包含型"，后者称为"要素取出型"，同时指出以下几点。

（一）要素取出型首先与"一量名"结构的表不定用法（导入新事物）相关。Givon（1981）在解释"一"成为无定标记的理由时就是基于"从集合中取出"这个角度说明的。其次，要素取出型也与 N ノ（1Q）C 型相关。当 Q 为"一"时，N ノ（1Q）C 型只有"N 中的 Q"这一种用法，很

[①]　这种用法相当于方梅（2019）提到的总述分述的那种用法。

明显也是属于要素取出型。再次，它与 N（1Q）C 型也有关联。N（1Q）C（名一量）结构强调"ただそれだけ"（"仅有这个"），其前提是有一个集合的。只有存在与之相对的其他事物时，才能强调其唯一性、特殊性。最后是不定代名词用法。因为此用法属总—分结构，很明显是属于要素取出型。

　　要素取出型包括：1）"一量名"结构的无定标记用法；2）N ノ（1Q)C结构；3）N（1Q）C 结构；4）数量词本身的不定代名词用法。

　　（二）要素包含型主要与"一量名"结构的表"整体性"用法和表"共有"义用法相关。意象图式突显的是整体性。这两种用法的不同体现在意象图式上就是：整体性用法的外轮廓是实的，而共有义用法的外轮廓不清晰，因此是虚线。如图 6-1 所示：

要素包含型　　　要素包含型的扩展　　　要素取出型

图 6-1　岩田提出的"一"的两种意象图式

对于共有义用法，岩田举的例子是：

　　（39）戦前と戦後では完全に世代的な断絶があるが、戦後の人間は今に至るまで一つの流れでつながっている。

对于整体性用法，他举的例子是：

　　（40）（日本企業で働く外国人を対象に）「会社でどんな役割を果たしていますか」との問いに対しては、「専門知識を生かす仕事」「一つの事務所を任されている」…

至于共有义用法的外轮廓为什么会是虚线，岩田首先是这样解释的：

　　"この例（＝例 40）ははっきりした輪郭を持って'事務所'が
存在しているが、（39）の例は'流れ'にはっきりした輪郭が見出せ
ない。"（p.192）

　　我们认为，这种解释存在明显的问题。image scheme 并不是以某个词
有没有明确的轮廓来定义的。如果这种用法中所有的 N 都要求使用没有明
晰轮廓的词语，则这种解释还可成立，但事实上并非如此。岩田可能也意
识到了这一点，他采取了努力向这种解释靠拢的做法，从而使得其解释显
得有些牵强。比如，他又举出下面两例：

　　（41）当店の麺類は<u>一つの釜</u>にて茹であげております。そばアレ
ルギーのお客様はご容赦くださいませ。
　　（42）聖ヨハネ祭の日、私とアレクセイエブは、同時に<u>一人の少
女</u>に恋をした…

　　对于例（41），他解释说："この例は、要素がそばや中華めんやうど
んであることは明らかであるが、それらは'一つの釜'を共有している
わけである。ただし、共有しているのは、茹でている時間だけで、その
前や後は釜の外にある。これは過去の経験を表しているようなタイプで、
いくつかの要素がかつての経験を共有していると言っているにすぎない
ため、例（39）同様抽象的な輪郭という説明が可能ではないかと思われ
る。つまり、経歴という抽象的な輪郭を各要素が共有していると考える
のである。"
　　对于例（42），他解释说："この例においては、要素が包含されてい
るという意味は感じられない。ただ、複数の個体が単一の個体にかかわ
っているという意味だけが残っている""この例は'ある少女を愛する感
情'というやや抽象的な輪郭を想定すれば、それが二人の男を包含して
いるということで、図 3（即図 6-1）のイメージスキーマによる説明が可
能になるのではないだろうか。"

对于岩田的解释，我们认为值得商榷。我们认为，这一解释是把名词短语本身的 image scheme 和句子的整体表达意义混为一谈了。我们这里要谈的是"一つの釜""一人の少女"这些名词短语的意象图式，而不是整个句子句义的意象图式。以例（42）来说，如果说是几个个体与单一一个个体有相关关系就认为是要素包含型的话，那么，如果说"有一天，我和×××在路上遇到了一位漂亮女孩"也是要素包含型了吗？这个句子中的"一位漂亮女孩"明显是"一量名"结构表无定的用法，是适用于要素取出型意象图式的。如岩田那样解释，就前后矛盾了。这是问题之一。

问题之二是，岩田在讲"一量名"结构的三种用法时指出，表共有义用法明显与前两种用法（无定标记用法和表整体义用法）不同。但这里又说，表整体义与表共有义这两种用法同是要素包含型意象图式。这看上去有些矛盾。我们认为，表共有义的用法仍然是强调集合中个体的用法。可参考前面提出的三个语义侧面。共有义用法中，集合中与该个体相对的其他个体或许存在，或许不存在。不存在的时候，实际上是作为一种意识中的、想象中的对比性事物而存在的，如果画意象图式时，与该名词短语所表事物相对的集合中的其他个体，倒是可以用虚线来表示。也就是说，我们认为，共有义用法也属于要素取出型，只不过，其他要素是虚线表示的。

问题之三是，汉语中，量词的"个体化"功能很重要，因为汉语中的"一"可以省略而只留一个量词，比如"远处跑来个小孩子"。我们在前面的三个语义侧面中也提到过，就汉语而言，可能与语义重心在"一"还是在"量"上有关，在"量"上侧重于个体的轮廓，而在"一"上则侧重于数量。但这种解释似乎在日语中行不通。因为日语中的数量词是不能省掉"一"而只保留量词的。因此，日语只能从数词的角度来分析。这在一定程度上反映出句法形式上的强制性在不同的语言中有不同的体现，也就是说，形式在一定程度上约束着语义和语用的扩展。关于这个问题，还需要深入思考。

4　汉语中充当主语的"一量名"短语与日语相应的表达形式 [①]

在这一部分，我们将通过对译语料库，考察汉语中充当主语的一量名

短语与日语相应的表达形式，梳理出汉语的"一量名"主语与日语"一量名"短语、光杆名词、定名短语等形式间的对应关系，以加深对两种语言中"一量名"短语的认识。

首先需要指出的是，虽然传统上把"一量名"短语充当主语的句子称为无定主语句，但实际上，主语位置上的形式上的"一量名"短语并不都表无定。按照方梅（2019）的观点，以下 4.1 和 4.2 两种用法中的"一量名"短语均不表示无定。我们重点考察表无定的"一量名"短语，即 4.3 和 4.4 中的现象。

4.1　强调数量的"一量名"短语

方梅（2019）指出，形式上的"一量名"短语有时并不表无定，其还有强调数量的用法。是理解为无定成分还是作数量来解读，关键要看谓语是不是带有表量成分。如：

（43）我们的官僚主义与此有关，好多事情行不通与此有关。<u>一个部</u>，顶多<u>四个</u>副部长就够了嘛，更不要说司局了。

译：<u>一つの部</u>に副部長が<u>四人</u>もいれば十分だろう。司・局についてはさらに言うまでもない。

（44）练习簿上画满了三角形。<u>一个点</u>最简单。<u>两个点</u>就成一条线，就像我和妈妈。

译：練習帳がもう三角形でいっぱいだわ。<u>一点</u>は単純そのもの。<u>二点</u>だと線ができて、私とお母さんみたい。

（45）<u>一个人</u>朗读和歌，<u>其他的人</u>应声抢夺相应的纸牌，抢的最多者为胜。

译：<u>だれか</u>が和歌を読み上げ、<u>他の人たち</u>がかるたを奪い合うのだ。

上面这些例子中的"一量名"短语，均与后述部分（有时并不限于谓语，也有跨句的对比）的数量表达形成对比关系，因此，其中的"一量"其语用功能不是表无定，而是在强调数量。此类用法不在我们重点考察范围之内。

4.2　构成"整体—部分"关系的"一量名"短语

有一类句式是前面部分出现表整体数量的表达,后面用"一量名"短语表其中的一个组成部分。这时的"一量名"短语严格来说仍然是可辨识的,尽管听者不能确定具体是哪一个,但其所在的一个小范围或小集体却是有定的。方梅(2019)认为,这种用法的"一量名"短语严格来说也不表无定。观察语料发现,这类用法在汉语中使用相当普遍,并且一般都会省略掉主名词而只用一量结构。其对应的译词多为"一つは…、もう一つは…""一人は…、もう一人は…""一方は…、もう一方は…"等。这些形式正是岩田一成指出的"一"的代词式用法。这种用法与句子本身是现实性还是非现实性无关,比如下面四个句子中前两个是非现实性句子,后面两个是现实性句子,但结构和译词基本是一致的。例(49)中的"整体"数量没有明示,隐含在句义中了。

(46)从亭子间到革命根据地,不但是经历了两种地区,而且是经历了两个历史时代。<u>一个</u>是大地主大资产阶级统治的半封建半殖民地的社会,<u>一个</u>是无产阶级领导的革命的新民主主义的社会。

译:中二階から革命根拠地につくまでには、二つの種類の地区をとおってきたばかりでなく、二つの歴史時代をもとおってきた。<u>その一つ</u>は大地主・大ブルジョア階級の支配する半封建・半植民地の社会であり、<u>もう一つ</u>はプロレタリア階級の指導する革命的な新民主主義の社会である。

(47)我们的现代化建设要取得成功,决定于两个条件。<u>一个</u>是国内条件,就是坚持现行的改革开放政策。如果改革成功,会为中国今后几十年的持续稳定发展奠定基础。还有一个是国际条件,就是持久的和平环境。

译:わが国の現代化建設が成功するかどうかは、二つの条件によって決まります。<u>一つ</u>は国内の条件、すなわち現在進めている改革開放政策を堅持することです。もしも改革が成功すれば、中国の今後数十年に及ぶ持続的安定成長のための基礎が築かれます。もう

一つは国際的条件、すなわち長期的な平和環境です。

（48）就在大街上，有两个讨饭的。一个是姑娘，看去该有十八九岁了。——其实这样的年纪，讨饭是很不相宜的了，可是她还讨饭。——和一个六七十岁的老的，白头发，眼睛是瞎的，坐在布店的檐下求乞。

译：大通りに、乞食が二人いた。一人は女の子で、見たところ十八、九にはなっているだろう——その年で乞食をするなんて、まったく似つかわしくないんだが、ともかく乞食をやっていた——もう一人は六、七十歳にもなる年寄りで、頭はまっ白で、盲だった。布れ地屋の軒下に坐って、もの乞いしていた。

（49）在这个小院子里，笑话只能流行在这叔嫂之间。他们是比较对劲的。赵玉娥是秦文庆处在这个家庭里唯一的精神支持者。这种笑话，一进了二门口，自然停止了。一个奔到灶火跟前，接着忙碌，另一个停住，……

译：この家では、冗談はこの二人の間でしか交わされない。二人はかなり気の合うほうで、趙玉蛾は秦文慶にとって、家でただ一人の精神的支持者だった。しかし、こういう冗談も中門を入る頃にはどちらもやめてしまう。一人は真直ぐに台所へ向い、一人はそこに立ちどまった。

4.3 表类指的"一量名"短语

从对译语料来看，表类指的"一量名"短语（包括"一量 + 定语 + 名词"）绝大多数对应日语的光杆名词或"定语 + 名词"形式，数量词基本用不出来。如：

（50）从认识过程的秩序说来，感觉经验是第一的东西，我们强调社会实践在认识过程中的意义，就在于只有社会实践才能使人的认识开始发生，开始从客观外界得到感觉经验。一个闭目塞听、同客观外界根本绝缘的人，是无所谓认识的。

译：われわれが認識過程における社会的実践の意義を強調する

のは、社会的実践だけが、人間に認識を発生させはじめ、客観的外界から感覚的経験をえさせはじめることができるからである。<u>目をとじ耳をふさいで、客観的外界とまったく絶縁している人</u>には、認識などありえない。

（51）她在那篇文章里说："责备爱情的多变，就如同责备世界本身丰富多彩一样。<u>一个关在屋子里不出去的人</u>，他自然只能从狭小的天地去发现可爱的对象；……"

译：彼女はまた次のようにも書いたはずだった。「愛情の多変性を責めるのは、恰かも世界そのものの豊富多彩を責めるようなものである。<u>家に閉じこもって出てこない人</u>は、狭い天地の中で愛すべき対象を見出すだろう。…」

（52）他激动地说：我最不喜欢的是动不动就"俺不"的人。<u>一个女孩子</u>，应该打扮，应该生活，应该愿意穿自己有的最好的衣裳，应该磊落大方，不应该鼠头鼠脑、畏畏缩缩、羞羞答答……"

译：やたら「嫌、嫌」という奴はいっとう鼻持ちならん！<u>女の子</u>はおめかしもし、生活をエンジョイし、奇麗な服を着て当たり前。モジモジ、イジイジするもんじゃない…

（53）<u>一个共产党员</u>，应该是襟怀坦白，忠实，积极，以革命利益为第一生命，以个人利益服从革命利益；……

译：<u>共産党員</u>は、気持ちが率直で、忠実で、積極的で、革命の利益を第一の生命とし、個人の利益を革命の利益にしたがわせなければならず、…

（54）<u>一个社会</u>如果对虚伪习以为常，视自然纯真为邪恶怪异，那就会制造出许许多多无声的悲剧。

译：<u>社会</u>が虚偽に慣れて、自然で純真なことを邪悪で奇怪なことと見なすようになったら無数の声なき悲劇をつくり出すことになるだろう。

（55）"那倒并不是拼命的事，"七大人这才慢慢地说了。"年纪轻轻。一个人总要和气些：'和气生财'。对不对？我一添就是十块，那简直已经是'天外道理'了。……"

译：「命を投げ出すようなことじゃない」と七大人は、このときはじめてゆっくりと口をきいた。「年も若いんだしな。人間はいつもなごやかでなくちゃいかん。『笑う門には福来る』じゃよ。な。そうじゃないか。わしは一ぺんに十元もはずんでやった。これだけでも『法外』というもんじゃよ。…」

（56）一个人在生活中总会遇到各种风风雨雨，我们看了这篇文章，应该想一想，当我们遇到不幸和痛苦的时候，究竟能不能经受住生活的考验呢？

译：誰でも必ずいつかは困難に出会うものだ。だから、この記事を読んで考えておいたほうがいい。不幸な時や苦しい時、人生の試練をしっかり受けとめることができるように……

在上述例子中，例（50）和例（51）是带限定性定语的一量名短语，例（52）和例（53）虽然形式上没有定语，但实际上主名词自身含有限定性成分，"女孩子"中的"女"和"共产党员"中的"共产党"都是限定性成分，因此，与前两例在语义上是相通的。例（54）和例（55）已经没有限定性成分了，开始带有"全部""整个"义了，最典型的是例（56），其日语译词已经变成表全体成员的"だれでも"了。

但是，我们看到，当类指义中强调凸显个体义时[①]，日语有时也会使用"ある N"或一量名短语来对译。如：

（57）行动自由是军队的命脉，失了这种自由，军队就接近于被打败或被消灭。一个士兵被缴械，是这个士兵失了行动自由被迫处于被动地位的结果。一个军队的战败，也是一样。

译：行動の自由は軍隊の生命であり、この自由をうしなえば、軍隊は敗北または消滅に近づくことになる。ある兵士が武装を解除されるのは、この兵士が行動の自由をうしない、受動的地位におい

---

① 类指义与个体义其实并不冲突，在第 2 章我们提到，很多情况下是通过个体来表达整个的。

こまれた結果である。ある軍隊が戦いにやぶれるのも同じである。

（58）世界观的重要表现是为谁服务。一个人，如果爱我们社会主义祖国，自觉自愿地为社会主义服务，为工农兵服务，应该说这表示他初步确立了无产阶级世界观，按政治标准来说，就不能说他是白，而应该说是红了。

译：世界観を見るうえでの重要な標識は、誰に奉仕するかにある。ある人が、もしわが社会主義の祖国を愛し、意識的にすすんで社会主義に奉仕し、労働者、農民、兵士に奉仕しているならば、その人は初歩的にプロレタリア世界観を確立した、と見なすべきであり、政治的基準からすれば、「白」と言うことはできず、「紅」と言うべきである。

（59）老干部都要参加，搞个小整风也好，无不是对照条文看合格不合格嘛。一个人十分之九合格，或者十分之七八合格，这就很好。当然百分之百合格的人也有的是。

译：古参幹部はみんな参加すべきであり、小規模の整風運動としてやるのもよかろう。いずれにしても、条文に照らして適格かどうかを点検しようというものである。一人の人間について言えば、十分のうち九分か、または七、八分が適格と認められれば、それで結構である。

例（57）中，句子后半部分的"这个士兵"增强了个体义；例（58）中，句子后半部分的"他"也突显了个体义，例（59）更明显，"一个人"如果换成"人"，则容易产生"全部人的十分之九"这一歧义。从这些例子的译文可以看出，当凸显个体义的时候，日语有时可用"ある N"或"一量名"短语。

另外，也有一些不能以光杆形式单独使用的词，需要强制性地带上限定性成分，此时"一量"成为一种选择，并且不能省略。如：

（60）我们不是已经实现了全党全国工作重点的转移吗？这个重点，本来就应当包括教育。一个地区，一个部门，如果只抓经济，不

抓教育，那里的工作重点就是没有转移好，或者说转移得不完全。

译：われわれは全党全国の活動の重点の転換をすでに実現したのではなかったか？そしてこの重点には、もともと教育が含まれているはずである。ある地区、ある部門が、もしも経済だけに力を入れ、教育に力を入れていなければ、そこは活動の重点をしっかりと転換していないか、もしくは転換が不十分なのだ。

在这个例子中，无论是汉语还是日语，都不能以"地区"和"部门"的光杆形式做主语。这时的"一量"结构或连体词"ある"在某种意义上说，具有了一定的强制性。

4.4 不定指的"一量名"短语

前文我们提到，汉语中，表不定指的"一量名"短语最基本的功能是在篇章或谈话中引入一个新事物。但是，通过对译语料我们发现，同是具有这一功能的"一量名"短语，对应的日语却并不是具有相同功能的"一量名"短语。语料显示，对应的日语表达较为复杂，既有"定语+名词"结构，又有"一量名"短语（包括"一量+定语+名词"短语）。至于什么条件下日语要使用"一量"，什么条件下可以不使用"一量"，影响因素较多，目前我们发现有以下因素可能会产生影响。

4.4.1 在静态描写的场景中，与场景关联度高，读者能够联想推及的事物，日语一般不再使用"一量"修饰。

（61）"绕过去！这里不能走！"突然，一个男子粗野的喊声把她吓了一跳。她抬头一看：山崖上矗立着一幢巍峨而富丽的洋楼，楼周围是一堵坚固的围墙。一个好像镖客模样的男人在围墙外雄赳赳地站着。

译：「あっちを通れ！ここは通れん！」とつぜん、男の荒っぽい声がして、道静は驚いてとびあがった。ふり仰いで見ると、崖の上には、堂々とした派手な洋館がそびえていて、そのまわりには、いかめしい塀がめぐらされている。ひとりのガードマンらしい、たくましい身体つきの男が、その塀の外側に、ふんぞり返ってつっ立っていた。

此例中，"一个好像镖客模样的男人"与当前场景关联度并不大，值得我们怀疑他是谁。因此，译文使用了一量名短语。但是，如果将其改为"一名保镖"这种确定的表达，则日语就完全可以使用"ガードマン"这种光杆名词形式了。我们再看一例：

（62）众人都轰动了，拥着往棋场走去。到了街上，百十人走成一片。行人见了，纷纷问怎么回事，可是知青打架？待明白了，就都跟着走。走过半条街，竟有上千人跟着跑来跑去。商店里的店员和顾客也都出来张望。长途车路过这里开不过，乘客们纷纷探出头来，只见一街人头攒动，尘土飞起多高，轰轰的，乱纸踏得嚓嚓响。一个傻子呆呆地在街中心，咿咿呀呀地唱，有人发了善心，把他拖开，傻子就依了墙根唱。

译：人びとはどっとどよめき、ぼくらを取り囲んで将棋会場へ向かった。百人以上のものが一団となって通りを歩いていくと、通行人が「なんだなんだ、学生の喧嘩か」と寄ってきて、事情を知ると一緒についてくる。こうして通りをしばらく行くうち、千人以上が走りまわり、商店の店員や客たちも軒並見物に出てき、通りかかった長距離バスも動きがとれず、窓という窓から客たちが首を出した。通りは人の波となり、埃がもうもうと舞い上がり、喚声がこだまし、足もとで紙屑が鳴った。ひとりの気違いが通りの中央に突っ立って、何やらウーウー歌っていたが、親切な人が道端に連れていってやると、そのまま壁際で歌っていた。四、五頭のイヌが、道案内でもするつもりか、ワンワン鳴きながら、人びとのあいだを走りまわっていた。

"一个傻子"与当前的场景关联度不高，具有意外性，因此，日语用了"一量名"短语来对译。但是，当所指对象与当前的场景关联度高时，则日语倾向于不用"一量"修饰，而使用光杆名词或带定语的名词短语。如：

（63）在课堂里许倩如和琴同坐在一张小书桌后面。一个将近五十

岁的戴了老光眼镜的国文教员捧着一本《古文观止》在讲台上讲解韩愈的《师说》。学生们也很用心地工作。有的摊开小说在看，有的拿了本英文课本小声在读，有的在编织东西，有的在跟同伴咬耳朵谈心。

译：教室の中では許倩如は琴とちょうどひとつ机に坐っていた。五十に手のとどく、老眼鏡をかけた国文の教師が「古文観止」を捧げるようにもって、教壇で講義をしている。学生たちは用心深く思い思いの仕事に余念がない。ある者は小説を拡げてみている。ある者は英語の教科書を読んでいる。ある者は編みものをしている。ある者は友人と耳に口を寄せて何かささやいている。

课堂中有老师不足为怪，并且一般也不会有多个老师同时存在，因此，日语中用了"定＋名"结构对译。

（64）电车很得意地跑了过来，那车轮子"咣当，咣当"地响，好像一个人一边跑一边大声地笑。它在树着一个黄地红字的站牌子前停住，人们有秩序地下来，又有人排着队上去；一个小女孩因为个子小迈不上车梯，后边挤过一个解放军战士，把她抱起，一同上去了。一个背着包袱、挎着篮子的老太太在马路中间突然惊惶起来。她左边来了一辆小卧车，右边来了一辆大汽车，不知怎么躲避是好。

译：電車がえらそうにして通ると、ガタンガタンと車輪が響き、人が走りながら大声で笑っているみたい。電車が黄色地に停留所名を赤でぬいた標識の前でとまると、乗客が順序よく降り、列をつくった人たちが乗りこむ。小さな女の子が、ステップに足がとどがないでいると、すぐ後ろの解放軍兵士が抱きあげて、いっしょに乗りこんだ。風呂敷包みを背に、籠をさげた老婦人が道のまんなかで足をすくませている。左からはジープ、右からは大型車、どうしていいか困っている。

这个例子仿佛是在看（或者画）一幅图画，虽然人物是动态的，但场景本身是典型的静态描写。各种事物间的行为状态是并行存在的，没有先

后顺序。同时，女孩和老人都是完全可以想象的，因此，日语译文倾向于用定名结构来对译。

那么，自然这里就出现了一个问题：为什么汉语倾向于用"一量名"结构，而日语倾向于不用"一量"修饰？我们认为，这可能与两种语言在指称上的视点不同有关。中村芳久（2004）提出了两种认知模式，一种是观察者将自身置于舞台场景之外的 D 模式（外置的认知模式），另一种是观察者将自身置于舞台场景之中的 I 模式（认知互动模式）。中村指出，日语属于将视点置于场景状况内的"状况密着型"（I 模式），而英语属于相反的 D 模式。从例（64）来看，不用"一量名"短语让人感到观察者（叙述者）与场景的贴近度更高，也就是说，在与场景的贴近程度上看，光杆名词（包括定名结构）＞一量（定）名。因此，在这一点上，可以说汉语也偏向于 D 模式。当然，可能没有英语更典型。

4.4.2 在动态描写（事件描写）的场景中，当出场人物出现多人时，为了加以区分，日语一般也要使用"一量名"短语。

（65）捏捏厚厚的铺盖，"咳呀——!"摸摸照得出人影的箱子："咳呀——!"捅捅李卓的半导体，不知道派什么用场，又都"咳呀——!"仲伟的假牙放在窗台上的漱口杯里，一排人轮番看过，都不言传了。<u>一个老汉</u>悄声问："什嘛介?"一个后生回答："不晓球。"

译：厚い布団をつまんでは「おお」、人の姿を写せる箱を撫てては「おお」、李卓のトランジスターラジオをつついて、用途はわからないが「おお」と言う。窓辺のうがい用コップに入れてあった仲偉の義歯を順番に見た後、みんな黙りこんでしまった。<u>ひとりの老人</u>が小声で「何かな」と訊くと、別の若者が「わからねえ」と答えた。

（66）我们三个坐在石柱子那儿直把那盒果脯吃光，然后把纸盒子扔到火车底下的铁道上去。<u>一个铁路工人</u>瞪了我们一眼。火车喷气的声音非常响，如果你站在离车头很近的地方你就知道了，那声音非常响。

译：われわれ三人は石柱のところに座って砂糖漬けの果物をひと箱まるごと食べてしまい、紙箱を汽車の下の線路に放り投げた。

ひとりの鉄道労働者がわれわれを睨みつけた。機関車の蒸気の噴き
出す音が喧しかった。機関車の近くに立てばその音がどれほど大き
いかわかるだろう。

（67）孙五诺诺连声，眼皮紧急眨动。他用口叼着刀，提起水桶，
从罗汉大爷头上浇下去。罗汉大爷被冷水一激，头猛然抬起，血水顺
着他的脸、脖子，混浊地流到脚跟。一个监工从河里又提来一桶水，
孙五用一块破布蘸着水，把罗汉大爷擦洗得干干净净。

译：孙五ははいはいと答えて、目をしきりにしばたいた。かれ
は包丁を口にくわえ、水桶を持ちあげて、羅漢大爺に頭から水をか
けた。冷水をあびせられた羅漢大爺は、急に顔をあげた。血に染ま
った水が顔から頸を伝って、どろどろと踵まで流れる。一人の監督
が河からまた水を汲んできた。孙五は一枚のぼろ布を水にひたして
羅漢大爺をきれいに拭きあげ、尻をもじもじさせながら言った。

例（65）中可以想象现场会有不少老人，例（66）中铁路工人也不会
只有一个，例（67）中监工也应有多人在场。事件性特征使得所指对象往
往要限定其中的一个，因此一般情况下"一量"是不可缺少的。

**4.4.3 在某些不能以光杆形式单独使用的名词前，日语在对译时也需要
加上"一量"。**

（68）他听着，他应着。他并不说他愿意或是不愿意。一个念头在
他脑子里打转："一切都完了。"

译：彼はそれを聞いて、うなずくだけだった。いいともわるい
ともいわなかった。一つの考えが頭の中をよぎった。「一切がおわっ
たのだ」

（69）渐渐，他完全清醒了。一个意念突然占据了他的心头——使
他忘掉了难忍的渴，也忘掉了燃烧着全身的剧烈的痛楚。

译：しだいに、かれは意識をとり戻した。と、とつぜん、ひと
つの考えが、かれの心を占めた——かれは、耐えがたいかわきも忘
れ、全身を焼くはげしい痛みさえも忘れた。

这两例中，汉语的"一量"也不能省略，它的使用具有一定的强制性。日语也是如此。

5　小结

从以上可以看出，汉语充当主语的无定"一量名"短语大多对应日语的光杆名词或定名结构短语，而较少对应"一量名"短语。这可能与日语属于中村芳久提出的 I 模式，而汉语偏向于 D 模式这种认知模式的差异有关。不过，这只是一种倾向性，至于在具体的对应上，还要受到多种因素的制约，这些因素可能会涉及句法、语义、语用多个层面，还需要进行深一步的挖掘。

第7章 结语

第1节 主要发现和主要观点

本研究致力于比较汉日语限定词在句法、语义，特别是篇章语用功能上的异同。

我们首先参考英语的相关研究，对限定词的概念进行定义，对限定词的种类进行了梳理。在概述英、日、汉三语中限定词研究现状的基础上，限定了本研究的研究对象，即张伯江（2010）指出的与指示词、人称代词、数量词相关的三类典型的限定词。

纵观汉日语中限定词的已有研究，我们有如下发现。1）无论是汉语还是日语，由于传统上均认为不存在冠词，因此，尽管指示词、人称代词、数量词的相关研究汗牛充栋，不可计数，但从限定词的角度将三者纳入一个框架内的研究尚不多见，处于刚起步的阶段。而就对比研究而言，大多集中于日英、汉英之间，同为无冠词语言的汉语和日语间的对比几为空白。2）汉语中限定词的相关研究，集中于指示词的语法化（指示义虚化、定冠词化）和对无定的"一量名"短语充当主语这一现象的解释上。对于前者，以刘丹青、张伯江、方梅等为首的一批学者，通过大量考察发现，有许多语言事实证明汉语（特别是北京话中）的"这"已经具有定冠词的用法。对此，我们没有异议，但现有研究基本都是在寻找其理据，对指示义虚化后的指示词在篇章中的句法、语义、特别是新生的语用功能缺乏深入考察。对于后者，大多数研究致力于考察"一量名"主语句成立的条件，部分研究关注了"一量名"主语在篇章中的功能。但是我们发现，各家学说观点林立，多存在尖锐对立。造成这种情况的原因需要深入分析，成立条件上

的观点分歧很有可能与对其篇章语用功能的关注不够有关。3）日语中限定词的相关研究，一是数量较少，二是较为分散。相关研究大多分布于指示词、数量词等的研究中。这一方面是因为传统的日语语言学中没有"限定词"这一概念，另一方面也可能是由于日语的指示词、数量词向冠词用法扩展不明显。但是，已有学者（比如庵功雄、建石始等）开始对此问题关注起来。虽然和汉语相比，这些研究无论是深度还是广度均显不足，但难能可贵的是，这些研究从一开始就着眼于该类名词性短语的篇章语用功能，对汉语研究形成了一定的借鉴意义。4）就汉日语对比而言，相关研究还较少，虽有学者从语言类型学的角度对汉日语中限定词的共现顺序进行了对比考察，但目前尚没有发现从功能角度切入的研究。

由于限定词的研究与名词性短语的指称特征及关系从句的限定 / 非限定性密切相关，我们对相关概念及研究进行了梳理。通过该项工作，1）进一步明确了与名词短语相关的几对指称概念的模糊性，特别明确了有定 / 无定是语用层面上的概念；2）在汉日两种语言中，限定性 / 非限定性关系从句的判断关键是要从语用功能角度，即从说话人的发话意图来看其有没有对比排他的意图，句法和语义层面的约束仅是辅助性的要素；3）批判了石定栩（2010）认为所有定语都是限定性的观点；4）通过对日语相关研究的梳理，澄清了陈宗利、温宾利（2004）指出的"日语中关系分句的限定性主要是由句法因素决定的"这一认识误区。

在明确了当前研究的不足，并对相关概念进行了梳理之后，我们参考相关研究，首先梳理了汉日两语言中限定词与英语限定词的基本对应关系：1）英语的不定冠词短语和定冠词短语对应日语的光杆名词，指示形容词短语对应"この／その／あの N"短语，领属形容词短语对应日语的领属表达。由于英语的代词到了日语中多变为零形式（代词多被省略），因此，英语的领属形容词短语在很多情况下对应的是日语的光杆名词。2）英语的定冠词短语和指示形容词短语基本对应汉语的指示词短语"这 / 那 +（量）+N"，不定冠词短语基本对应汉语一量名短语，领属形容词短语对应汉语的领属表达。汉语中也存在代词省略现象，因此，与日语一样，也会存在英语的领属形容词短语对应汉语光杆名词的情况。要强调的是，上述对应关系始终是一种倾向性，在具体使用中受语境影响很大。

　　然后，我们对汉日语中指示词和"一量"结构向冠词用法扩展的情况进行了文献梳理和对比考察，认识到两种语言中指示词"这"和"この"均存在指示义虚化现象，一定程度上带有定冠词特征，"一量"结构均有向不定冠词用法扩展的倾向。但是，它们与英语的冠词存在本质区别：英语的冠词在使用上具有句法强制性，而汉语和日语多是基于篇章语用功能的需求而使用，在句法上多不具有强制性。汉语和日语的不同在于，在向冠词扩展的过程中，汉语走得步子要较日语更大。在篇章中，无论是指示词还是"一量名"短语，汉语都较日语使用更频繁，基于篇章语用功能的强制性使用特征更明显。这种篇章语用功能上的强制性可能会在一定程度上促使其向句法层面的强制性靠拢，从而表现出其语法化程度更高。

　　在对汉日语指示词向定冠词扩展进行基本定位后，我们着眼于指示义发生虚化后的指示词的篇章语用功能，考察了日语的"この＋第一人称代词"和汉语的"这／那＋VP"两种构式。我们指出以下两点。1）"この＋第一人称代词"并不是句子的焦点标记，也不总是充当焦点成分。它的基本语用功能是提醒听者注意自己（说话人）。根据语境不同，这一功能又可分为两种外在表现形式：一是提醒听者关注说话人自身的存在，这种情况下常常具有对比排他性。二是提醒听者关注说话人自身具有的某种属性，该属性与当前事件有关联。"この＋第一人称代词"的这一语用功能决定了其使用语境较为宽泛，并不单纯是以往研究指出的"对听者的先行话语和想法的质疑和否定"。2）对于汉语中表程度义的"这／那＋VP"构式，相关研究存在不少相互龃龉甚至矛盾之处。针对过于强调在该构式形成过程中"这／那"主观评价作用的看法，我们认为，该构式的形成，一方面具有"具体名词→抽象名词→VP 的名词化"这样一个类推过程，另一方面又有构式本身"话题＋属性"这一结构性特征在起作用。另外，该构式只能用于对经历过的事情的一种回忆式感叹，不能用于直抒情意的现场式感叹。此构式与日语中的"この／その＋NP/VP＋といったら"构式在结构和功能上相似。通过这两个案例考察，进一步明确了指示词语义虚化与其篇章语用功能之间的相关关系。

　　限定词共现现象是汉日两语区别于英语的一个重要特征。我们针对张伯江（2010）指出的四类共现现象中与指示词相关的两类进行了重点考察。

1）对诸如"你们这些乖孩子"之类的人称代词与指示词共现的短语，我们指出以下三点。①它是一种同位结构，人称代词是句子基本句法语义功能的承担者，指示代词及其后的名词起的是语用表达功能：附加与当前事件相关的人物属性信息，以便让听者更好理解事件的背景。②该类短语中，"这"与"那"的使用与人称代词有直接关系，"那"只与第三人称共现，同时，附加的属性信息外在表达形式多样，在意义上呈现出由清晰到模糊的扩展过程。③该类短语对译的日语形式多种多样，体现出名词短语在指称对象的确定上，日语比汉语对语境的依赖度更高这一倾向。同时反映出汉语该类短语中指示词指示功能不明显，它更多的是作为一种赋予前面人称代词范畴属性的结构标记在发挥作用。2）对诸如"他的那只箱子"之类的领有成分与指示词共现的短语，我们指出以下三点。①此类短语，特别是带有描述性定语的短语，其使用与文体有明显关系。同时，三类人称代词与"这/那"的组合呈现出不均衡性，"他"与"那"的组合最为常见。②日语中此类短语远没有汉语常用。从对译情况来看，汉语的此类短语多对应日语的"人称代词＋名词"结构或光杆名词形式。带有描述性定语的此类短语在日语中用得也不多，也没有像汉语那样呈现出分布上的明显的不均衡性。③该类短语中，人称代词和指示词的基本功能都是限定功能。人称代词的功能是限定指示范围，以往研究指出的"移情"作用并不明显。同时，它并不单纯承担语用意义，其用与不用在相当大的程度上受句法和语篇规则的制约。指示代词也不是为了标记主观评价义而存在的，它本质上仍然是通过指示定位来确定对象。只不过在实际语境中，由于被领属者的有定性特征以及人称代词的优势地位，指示词的这一限定功能被逐步弱化，同时其拥有的突显或激活对象属性特征的功能得到了加强，于是，当被领属者的有定性较强时，由于被突显或激活的对象属性特征中往往包含有说话人的主观评价，因此，整个短语也就表现出较强的主观评价义。

　　在对指示词相关的限定词做过考察之后，我们将视角移向数量词。鉴于"一量名"短语的特殊性，我们将其作为考察对象。从类型学上看，汉语倾向于"主语有定，宾语无定"，而"一量名"短语作为与英语不定冠词相对应的名词形式，是典型的无定成分，但它却常常出现在主语位置上。对于这一似乎不合道理的特殊现象，学者们尝试从其所带定语成分的复杂

程度、所在句子谓语部分的长短繁简程度、短语本身所含信息量的丰富程度及意外性等角度，对这一特殊现象的成句条件加以限制，但是出现了观点林立甚至是对立的局面。我们通过梳理，发现争议的存在与有定 / 无定的判断标准不明、主题和主语不加区分、对不定成分出现的语境条件或篇章语用功能考察不够有关。就与日语对比而言，通过观察对译语料我们发现，从整体上看，汉语的"一量名"结构与日语的光杆名词或定名结构对应，这与郭蓉菲（2017）指出的汉、日两语中一量名结构互相对应的观点不一致。当然，具体的对译形式受语境影响呈现出多样性。通过观察分析对译情况，一方面可以进一步梳理汉语"一量名"结构出现的语境条件，加深对其篇章语用功能多样化的理解，另一方面，也可以明确日语"一量名"结构的篇章语用功能及其与光杆名词或定名结构的功能差异。我们以汉语主语位置上的"一量名"短语为例，通过对译考察发现：日语中"一量名"结构出现的语境条件涉及句法、语义、语用等多个层面，比如，在诸如"考え""思い"等不能单独以光杆形式使用的名词前需要强制使用"一量"结构限制，但当该类名词前出现定语限定成分时这一约束可被取消。在注重场景描写的语境中，汉语的"一量名"短语一般与日语的光杆名词或定名结构相对应，日语此时一般不用"一量名"结构。而在注重事件发展的语境中，新引入一个名词性成分时，日语和汉语一样常用"一量名"结构。这一倾向显示出汉语的"一量"结构在使用上具有一定的强制性，为其向不定冠词用法扩展提供了条件；同时，这一倾向也反映出汉日语在名词指称上的视点差异，突显出中村芳久（2004）所指出的 D 模式（汉语）和 I 模式（日语）的不同。

第 2 节　本研究存在的不足

因能力所限，本研究尚存在诸多不足，具体问题我们在之前的章节中有过提及，在此不再赘述，仅把带有方向性的大问题列举如下。

1）与英语的对比较为薄弱。限定词原本为英语中的概念，因此理想状况是将英、汉、日三种语言进行对等比较，这将更能凸显语言类型学上的特征。

2）研究对象受限。限定词种类繁多，本研究只考察了典型的三类，对其他限定词还需进一步考察。

3）对不同语言间限定词的对应关系描写得还不充分。

当然，除以上以外，必然还有更多不足甚至错误之处。随着研究的深入，笔者越来越感觉到知识储备的不足，研究能力之薄弱。诚挚希望能借此机会，得到各位同行专家的宝贵意见，督促和鞭策自己前行。

参考文献

Li，N. & S.Thompson．主语与话题：一种新的语言类型学 [J]．李谷城摘译．
　　国外语言学，1984，（3）．

白鸽．"一量名"兼表定指与类指现象初探 [J]．语言教学与研究，2014，
　　（4）．

蔡维天．一、二、三 [C]// 语言学论丛（第二十六辑）．北京：商务印书馆，
　　2002．

蔡玮．"有"字句的预设 [J]．修辞学习，2003，（2）．

曹秀玲．"一（量）名"主语句的语义和语用分析 [J]．汉语学报，2005，（2）．

陈静．语用认知视角下的指称研究 [M]．北京：中国社会科学出版社，2013．

陈俊和．试论现代汉语指称分类系统 [J]．兰州学刊，2009，（3）．

陈平．释汉语中与名词性成分相关的四组概念 [J]．中国语文，1987，（2）．

陈伟英．现代汉语主语省略的认知语用研究 [M]．杭州：浙江大学出版社，
　　2009．

陈晓．论"这个 / 那个 +VP"特殊结构 [J]．南开语言学刊，2009，（2）．

陈玉洁．汉语指示词的类型学研究 [M]．北京：中国社会科学出版社，2010．

陈再阳．现代汉语数量短语的指代功能及其相关构式 [M]．上海：学林出版
　　社，2015．

陈振宇．汉语的指称与命题 [M]．上海：上海人民出版社，2017．

陈宗利，温宾利．论现代汉语关系分句的限定性 [J]．四川外语学院学报，
　　2004，(3)．

大河内康宪 . 日本近、现代汉语研究论文选 [M]. 北京：北京语言学院出版
　　社，1993.

单宝顺 . 从信息量原则看无定话题的入句限制 [J]. 浙江理工大学学报，
　　2016，（6）.

邓思颖 . 数量词主语的指称和情态 [C]// 语法研究和探索（第十二辑）. 北
　　京：商务印书馆，2003.

丁萍 . 突显程度的"这 / 那个 +V/A" [J]. 云南师范大学学报，2013，（5）.

董成如 . 有定存现宾语及其语篇功能 [J]. 广东外语外贸大学学报，2011，（2）.

樊长荣 . 现代汉语有定性研究评述 [J]. 长沙大学学报，2007，（6）.

范继淹 . 无定 NP 主语句 [J]. 中国语文，1985，（5）.

方梅 . 从话语功能看所谓"无定 NP 主语句" [J]. 世界汉语教学，2019，（2）.

方梅 . 浮现语法：基于汉语口语和书面语的研究 [M]. 北京：商务印书馆，
　　2018.

方梅 . 指示词"这"和"那"在北京话中的语法化 [J]. 中国语文，2002，（4）.

方希 . 有定与向心结构的语序 [J]. 语文研究，1999，（1）.

房玉清 . 实用汉语语法 [M]. 北京：北京大学出版社，2001.

付义琴 . 论汉语"无定主语句"的句式义 [J]. 云南师范大学学报，2013，（9）.

甘玉龙，秦克霞 . 新订现代汉语语法——附汉英语法对比 [M]. 天津：天津
　　科技翻译出版公司，1993.

高芃 . 语言类型学视角下的汉日指示词对比研究 [M]. 上海：上海交通大学
　　出版社，2015.

高顺全 . 试论汉语通指的表达方式 [J]. 语言教学与研究，2004，（3）.

高顺全 . 有关"定指"的几个问题 [J]. 武陵学刊，1995，（2）.

高原 . 照应词的认知分析 [M]. 北京：外语教学与研究出版社，2003.

古川裕 . 外界事物的"显著性"与句中名词的"有标性" [J]. 当代语言学，
　　2001，（4）.

郭蓉菲 . 日汉数量结构的对比研究 [D]. 上海外国语大学博士论文，2017.

何伟，李璐 . 限定词之功能视角研究——以英汉为例 [J]. 山东外语教学，
　　2019，（2）.

何元建 . 汉语中的零限定词 [J]. 语言研究，2000，（3）.

洪爽，石定栩. 限定词短语理论与汉语的同位结构 [J]. 汉语学习，2013，（1）.

胡明亮. 汉语名词短语的定指性与语序的关系 [J]. 中文教师协会会刊，1993，（2）.

黄伯荣，廖序东. 现代汉语（增订第三版）[M]. 北京：高等教育出版社，2002.

黄锦章. 当代定指理论研究中的语用学视角 [J]. 修辞学习，2004，（5）.

黄锦章. 专名的不定指用法及其语用含义 [J]. 修辞学习，2004，（3）.

黄南松. 论部分宾语的有定性 [C]// 胡盛仑. 语言学和汉语教学. 北京：北京语言学院出版社，1990.

黄瓒辉. 人称代词"他"的紧邻回指和紧邻预指 [C]// 语法研究和探索（第十二辑）. 北京，商务印书馆，2003.

C.-T. James Huang，Y.-H. Audrey Li，Yafei Li. 汉语句法学 [M]. 张和友译. 北京：世界图书出版公司，2013.

金晶. 述谓性"这 / 那个 + 谓词性成分 +（的）"[J]. 语言科学，2011，（1）.

李波. 语言类型学视野下的日语语序研究 [M]. 上海：上海三联书店，2014.

李虹. 汉语指称问题的语义 – 语用界面研究 [M]. 北京：科学出版社，2015.

李劲荣. "无定居后"与"无定居首"——汉语存在句的两种形式 [J]. 世界汉语教学，2016，（2）.

李临定. 主语的语法地位 [J]. 中国语文，1985，（1）.

李勤. 俄汉不确定 / 确定范畴：语言手段及其语言功能 [J]. 外语学刊. 1999，（4）.

刘安春，张伯江. 篇章中的无定名词主语句及相关句式 [J]. Journal of Chinese Language and Computing. Singapore，2004，14（2）.

刘安春. "一个"的用法研究 [D]. 中国社会科学院研究生院博士学位论文，2003.

刘丹青. 汉语类指成分的语义属性和句法属性 [J]. 中国语文，2002，（5）.

刘丹青. 名词性短语的类型学研究 [M]. 北京：商务印书馆，2012.

刘丹青. 语言学前沿与汉语研究 [M]. 上海：上海教育出版社，2005.

刘街生. 名词和名词的同位组构 [C]// 语法研究和探索（第十二辑）. 北京：商务印书馆，2003.

刘敏芝．汉语结构助词"的"的历史演变研究 [M]．北京：语文出版社，2008．

刘琪．句法与语篇：汉语叙事中实体首现的规律与无定构式的成因分析 [D]．华中师范大学博士论文，2014．

刘琼竹．数量名主语句的句法分析 [J]．汉语学习，2005，（5）．

刘琼竹．数量名主语句的语义语用考察 [J]．湘潭大学学报（哲学社会科学版），1999，（3）．

刘顺．现代汉语通指的指称地位和分布位置 [J]．山东师范大学学报，2004，（1）．

刘顺．现代汉语语法的多维研究 [M]．北京：社会科学文献出版社，2005．

刘月华．汉语语法论集 [C]．北京：现代出版社，1989．

刘月华等．实用现代汉语语法 [M]．北京：商务印书馆，2001．

陆俭明．周遍性主语句及其他 [J]．中国语文，1986，（3）．

陆烁，潘海华．汉语无定主语的语义允准分析 [J]．中国语文，2009，（6）．

吕叔湘．"个"字的应用范围，附论单位词前"一"字的脱落 [C]// 汉语语法论文集（增订本）．北京：商务印书馆，1984（/1944）．

吕叔湘．近代汉语指代词 [M]．北京：学林出版社，1985．

吕叔湘．现代汉语八百词 [M]．北京：商务印书馆，1980．

吕叔湘．中国文法要略．北京：商务印书馆，1982．

马兰英．日语间接回指研究 [M]．大连：大连理工大学出版社，2010．

马燕菁．从《红楼梦》看汉日语人称代词差异——基于人称代词受修饰现象的考察 [J]．红楼梦学刊，2010，（6）．

马燕菁．汉日语人称代词对比研究 [M]．北京：法律出版社，2012．

内田庆市．汉语的"无定名词主语句" [C]// 大河内康宪主编．日本近现代汉语研究论文选．北京：北京语言学院出版社，1993．

聂仁发．现代汉语语篇研究 [M]．杭州：浙江大学出版社，2009．

逄玉媚．英语限定词研究的两个维度 [J]．外语学刊，2014，（6）．

朴珍玉．汉语无定 NP 作主语的指称类型研究 [J]．长春师范大学学报，2015，（1）．

申丹．叙述学与小说文体学研究（第三版）[M]．北京：北京大学出版社，2004．

沈家煊.语言的"主观性"和"主观化"[J].外语教学与研究,2001,(4).

沈园.汉语中另一种"无定"主语[C]//语法研究和探索(第十二辑).北京:商务印书馆,2003.

盛文忠.汉日语语序对比研究——基于语言类型学的考察[M].北京:外语教学与研究出版社,2014.

石定栩.动词的"指称"功能和"陈述"功能[J].汉语学习,2005,(4).

石定栩.名词和名词性成分[M].北京:北京大学出版社,2011.

石定栩.限制性定语和描写性定语[J].外语教学与研究,2010,(5).

石毓智,李讷.汉语语法化的历程——形态句法发展的动因和机制[M].北京:北京大学出版社,2001.

石毓智.汉语的"数"范畴与"有定"范畴之关系[J].语言研究,2003,(2).

石毓智.论汉语的结构意义和词汇标记之关系[J].当代语言学,2002,(1).

石毓智.论汉语的结构意义和词汇标记之关系——有定和无定范畴对汉语句法结构的影响[J].当代语言学,2002,(1).

宋宏.人称代词语篇回指研究[M].北京:国防工业出版社,2010.

孙海英.汉日动词谓语类非限制性定语从句对比研究[M].哈尔滨:黑龙江人民出版社,2009.

唐翠菊.从及物性角度看汉语无定主语句[J].语言教学与研究,2005,(3).

陶红印,张伯江.无定式把字句在近、现代汉语中的地位问题及其理论意义[J].中国语文,2000,(5).

完权."的"的性质与功能[M].北京:商务印书馆,2016.

王灿龙.制约无定主语句使用的若干因素[C]//语法研究与探索(十二).北京:商务印书馆,2003.

王广成.汉语无定名词短语的语义和句法[M].北京:北京大学出版社,2013.

王红旗.不定指成分出现的语境条件[J].世界汉语教学,2012,(1).

王红旗.功能语法指称分类之我见[J].世界汉语教学,2004,(2).

王红旗.汉语主语、宾语的有定与无定[C]//语言学论丛(第五十辑).北京:商务印书馆,2014.

王洪君,李娟.现代汉语语篇的结构和范畴研究[M].北京:商务印书馆,

2016.

王还．"把"字句中"把"的宾语 [J]，中国语文，1985，（1）.

王静．"个别性"与动词后量成分和名词的语序 [J]．语言教学与研究，2001，（1）.

王力．汉语语法学史 [M]．北京：商务印书馆，1989.

王欣，《有定性》评述 [J]，当代语言学，2003，（1）

王羽熙，储泽祥．"一量名"结构的指称功能 [J]．湖北大学学报（哲学社会科学版），2017，（7）.

魏红，储泽祥．"有定居后"与现实性的无定 NP 主语句 [J]．世界汉语教学，2007，（3）.

吴早生．汉语领属结构的信息可及性研究 [M]．北京：中国社会科学出版社，2011.

吴中伟．现代汉语句子的主题研究 [M]．北京：北京大学出版社，2004.

肖俊洪．限定词的功能句法分类 [J]．外语学刊，1998，（4）.

熊岭．现代汉语名词词组的意义功能层级及其与有定性的关系 [J]．汉语学习，2013，（2）.

熊岭．现代汉语指称范畴研究 [D]．华中师范大学博士学位论文，2012.

熊仲儒．汉语中无定主语句的允准条件 [J]．安徽师范大学学报（哲学社会科学版），2008，（5）.

徐丹．浅谈这 / 那的不对称 [J]．中国语文，1988，（2）.

徐赳赳．现代汉语联想回指分析 [J]．中国语文，2005，（3）.

徐烈炯，刘丹青．话题的结构与功能 [M]．上海：上海教育出版社，1998.

徐烈炯，潘海华．焦点结构和意义的研究 [M]．北京：外语教学与研究出版社，2005.

徐烈炯．共性与个性——汉语语言学中的争议 [M]．北京：北京语言文化大学出版社，1999.

徐烈炯．几个不同的焦点概念 [C]// 徐烈炯，潘海华．焦点结构和意义的研究．北京：外语教学与研究出版社，2005.

徐默凡．"这"和"那"研究述评 [J]．语言文字学，2002，（2）：77-84.

徐通锵．有定性范畴和语言的语法研究 [J]．语言研究，1997，（1）.

杨成凯.关于"指称"的反思 [C]// 语法研究与探索.北京:商务印书馆,2003.

杨佑文.英汉语篇指示语对比研究 [M].北京:中国书籍出版社,2013.

于永波."人称代词 + 一个 +NP"短语的句法语义分析 [J].第十七次现代汉语语法学术讨论会.上海:上海师范大学,2012.

讚井唯允.语用上的具体化与一般化——从所谓"无定 NP 主语句"与"存现句"说起 [C]// 日本近现代汉语研究论文选.北京:北京语言学院出版社,1993.

张伯江,方梅.汉语功能语法研究 [M].南昌:江西教育出版社,1996.

张伯江.汉语名词怎样表现无指成分 [C]// 庆祝中国社会科学院语言研究所建所 45 周年学术论文集.北京:商务印书馆,1997.

张伯江.汉语限定成分的语用属性 [J].中国语文,2010,(3).

张伯江.论"把"字句的句式语义 [J].语言研究,2000,(1).

张敏.认知语言学与汉语名词短语 [M].北京:中国社会科学出版社,1998.

张新华.汉语语篇句的指示结构研究 [M].上海:学林出版社,2007.

张新华.与无定名词主语句相关的理论问题 [J].北京大学学报(哲学社会科学版),2007,(5).

赵宏刚."这 / 那"表程度用法探源 [J].中国语学,2016,263.

赵元任.汉语口语语法 [M].吕叔湘译.北京:商务印书馆,1979.

郑天刚.有定形式和无定形式的语用功能 [J].南开学报,1998,(4).

钟小勇.现代汉语话语指称性研究 [M].杭州:浙江大学出版社,2017.

钟小勇.重动句信息结构研究 [D].复旦大学博士学位论文,2008.

周士宏,申莉.汉语中的"无定名词主语句"及相关的"有"字呈现句 [J].励耘学刊,2017,(5).

周士宏,信息结构中的对比焦点和对比话题 [J].解放军外国语学院学报,2009,(4).

朱德熙.现代汉语形容词研究 [J].语言研究,1956,(1).

朱德熙.语法讲义 [M].北京:商务印书馆,1982.

朱晓农.语法研究中的假设—演绎法:从主语有定无定谈起 [J].华东师范大学学报,1988,(4).

ソムキャット・チャウェンギッジワニッシュ．連体修飾節の機能「限定」
　「非限定」について [J]．筑波応用言語学研究，1997，（4）．

庵功雄．「この」と「その」の文脈指示用法の研究——日本語における定
　情報の扱われ方 [D]．日本：大阪大学修士論文，1993．

庵功雄．見えない冠詞 [J]．言語，2003，32（10）．

庵功雄．日本語におけるテキストの結束性の研究 [M]．東京：くろしお出
　版，2007．

庵功雄，張麟声．日本語と中国語の『冠詞』についての覚書 [J]．一橋大
　学留学生センター紀要，2007，10．

石田秀雄．わかりやすい英語冠詞講義 [M]．東京：大修館書店，2002．

泉井久之助．印欧語における数の現象 [M]．東京：大修館書店，1978．

伊藤晃．ディスコース形成と構文機能について [J]．北九州市立大学国際
　論集，2009，（7）．

伊藤晃．指示表現における意味の希薄化をめぐって [J]．北九州市立大学
　国際論集，2005，（3）．

岩男考哲．「ときたら」構文と「といったら」構文の評価的意味 [J]．信
　州大学教育学部研究論集，2013，（6）．

岩田一成．日本語数量詞の諸相 [M]．東京：くろしお出版，2013．

王亜新．中国語名詞句の「定／不定」について——日本語との対照を兼
　ねて [J]．東洋大学人間科学総合研究所紀要，2017，19

大河内康憲．日本語と中国語の対照研究論文集．東京：くろしお出版，
　1997．

大河内康憲．量詞の個体化機能 [J]．中国語学，1985，232．

大島資生．接続節と近い意味合いをもつ連体修飾節．ひつじ書房 20 周年
　記念シンポジウムハンドアウト，2010．

尾上圭介．文法と意味 I [M]．東京：くろしお出版，2001．

加藤万里．日本語の制限・非制限修飾に関する一考察 [J]．日本語文法，
　2005，5（1）．

加藤美紀．もののかずをあらわす数詞の用法について [J]．日本語科学，
　2003，13．

木村英樹.「こんな」と「この」の文脈照応について [J]. 日本語学，1983，11（2）.

木村英樹. 指示と方位——「他那本书」の構造をめぐって [C]// 伊地智善継・辻本春彦両教授退官記念論集刊行会. 伊地智善継・辻本春彦両教授退官記念　中国語学・文学論文集. 東京：東方書店，1983.

木村英樹. 中国語文法の意味とかたち——「虚」的意味の形態化と構造化に関する研究. 東京：白帝社，2012.

切替英雄. アイヌ語の１を示す数詞 [J]. 言語研究，2006，129.

金水敏. 連体修飾成分の機能 // 松村明教授古稀記念会. 松村明教授古稀記念　国語研究論集. 東京：明治書院，1986.

金水敏. 連体修飾成分の機能 [C]// 松村明教授古稀記念国語研究論集. 東京：明治書院，1986.

金水敏・田窪行則. 日本語研究資料集　指示詞 [M]. ひつじ書房，1992.

坂原茂. 英語と日本語の名詞句限定表現の対応関係 [C]// 坂原茂. 認知言語学の発展. 東京：ひつじ書房，2000.

佐藤雄一.「といえば」の主題提示用法 [J]. 共立国際研究：共立女子大学国際学部紀要，2012，29.

史隽. 日中指示詞の対照研究 [D]. 日本：一橋大学修士論文，2007.

田窪行則. 日本語の名詞修飾表現. 東京：くろしお出版，1994.

田窪行則，金水敏. 複数の心的領域による談話管理 [C]// 坂原茂. 認知言語学の発展. 東京：ひつじ書房，2000.

建石始. 日本語の限定詞の機能 [M]. 大阪：日中言語文化出版社，2017.

建石始. 非現場指示のア系と結びつく名詞の特徴 // 森篤嗣，庵功雄. 日本語教育文法のための多様なアプローチ. 東京：ひつじ書房，2011.

建石始. 非指示的名詞句における数詞「一」の独自性 [C]// 日本語文法学会第7回大会発表予稿集，2006.

田中望.「コソア」をめぐる諸問題 // 日本語の指示詞（日本語教育指導書8）. 国立国語研究所，1981.

張麟声. 日本語教育のための誤用分析 [M]. スリーエーネットワーク，2001.

堤良一．現代日本語指示詞の総合的研究．東京：ココ出版，2012.

寺村秀夫．日本語のシンタクスと意味Ⅱ [M]．東京：くろしお出版，1984.

中川正之，李浚哲．日中両国語における数量表現 [C]// 大河内康憲．日
　　本語と中国語の対照研究論文集．東京：くろしお出版，1997.

中村芳久．認知文法論Ⅱ．東京：大修館書店，2004.

西山佑司．日本語名詞句の意味論と語用論．東京：ひつじ書房，2003.

日本語記述文法研究会．現代日本語文法 5[M]．東京：くろしお出版，
　　2009.

日本語文法学会．日本語文法事典 [M]．東京：大修館書店，2014.

丹羽哲也．名詞句の定・不定と「存否の題目語」[J]．国語学，2004，55（2）.

橋本修．上代・中古資料における非制限的連体修飾節の分布，NINJAL 共
　　同研究「複文構文の意味の研究」発表会（名古屋大学），2011 年 9 月
　　11 日.

林四郎．代名詞が指すもの、その指し方 [C]// 朝倉日本語講座五　運用
　　Ⅰ．東京：朝倉書店，1983.

原沢正喜．英語冠詞の諸相 [C]// 石橋幸太郎ほか．Question-Box　Series,
　　3. Article．東京：大修館書店，1960.

益岡隆志，田窪行則．基礎日本語文法—改訂版—[M]．東京：くろしお出
　　版，1992.

益岡隆志．モダリティ // 宮地裕，近藤達夫．講座　日本語と日本語教育
　　12．東京：明治書院，1990.

益岡隆志．新日本語文法選書 2　複文 [M]．東京：くろしお出版，1997.

益岡隆志．日本語の属性叙述と提題構文．中日理論言語学研究会講演報
　　告，2011 年 3 月 27 日.

益岡隆志．連体節の表現と主名詞の主題性 [C]// 益岡隆志，野田尚史，
　　沼田善子．日本語の主題と取り立て．東京：くろしお出版，1995.

増田真理子．談話展開型連体節 [J]．日本語教育，2001，109.

真野美穂．類別詞「個」と「つ」の認知的考察 [C]// 西光義弘・水口志
　　乃扶．類別詞の対照．東京：くろしお出版，2004.

三上章．現代語法序説 [M]．東京：刀江書院，1953.

三宅知宏. 日本語の連体修飾について [C]// 高度な日本語記述文法書作成のための基礎的研究（平成 4 年度科学研究費研究成果報告書），1993.

三原健一. 概言のムード表現と連体修飾節 [C]// 仁田義雄（編）. 複文の研究（下）. 東京: くろしお出版，1995.

宮島達夫，仁田義雄. 日本語類義表現の文法（下）. 東京: くろしお出版，1995.

目黒真実. 日本語表現文型辞典 [M]. 東京: アスク出版，2008.

森田良行・松木正恵. 日本語表現文型 [M]. 東京: アルク出版，1989.

山田敏弘. 非限定的名詞修飾の機能 [J]. 岐阜大学国語国文学，2004，31.

Ariel, Mira. The Function of accessibility in a theory of grammar[J]. Journal of Pragmatics, 1991,16.

Chao, Y. R. A Grammar of Spoken Chinese[M]. Berkeley: University of California Press,1968.

Crystal, D. A Dictionary of Linguistics and Phonetics[M]. London: Blackwell Publishers, 1997.

Downing, P. Numeral classifier systems: The case of Japanese[M]. Amsterdam: John Benjamins, 1996.

Fawcett, R. Invitation to Systemic Functional Linguistics through the Cardiff Grammar: An Extension and Simplification of Halliday's Systemic Functional Grammar(3rd. ed.)[M]. London: Equinox, 2008.

Fillmore, C. Towards a descriptive framework for spatial deixis[C]//R. J. Jarvella and W.Klein(eds). Speech. Place and Action. London: Wiley, 1982.

Givón, T. On the development of the numeral 'one' as an indefinite marker. Folia Linguistica Historica, 1981, 2-1.

Givón, T. Syntax Ⅰ [M]. Amsterdam: John Benjamins, 1984.

Gobbo, Francis Dell. Appositives Schmappositives in Chinese[C]//In Maki Irei & Hajime Ono (eds.). UCI Working Papers in Linguistics. 2001. No. 7.

Greenberg, Joseph H. The Languages of Africa[M]. Bloomington: Indiana University Research Center in Anthropology, Folklore and Culture, 1963.

Greenberg, Joseph H. ed. Universals of Language. 2nd ed.(1st ed.,1963)[M]. Cambridge, MA: MIT P., 1966.

Hawkins, J. A. Definiteness and Indefiniteness: A study in reference and grammaticality prediction[M]. London: Croom Helm, 1978.

Hawkins, J. A. On (in)definite articles: Implicatures and (un)grammaticality prediction[J]. Journal of Linguistics 1991,27.

Hawkins, J. A. Word Order Universals[M]. New York: Academic Press, 1983.

Heim, Irene. The Semantics of Definite and Indefinite Noun Phrases[D]. Ph.D. dissertation. Amherst: University of Massachusetts, 1982.

Himmelmann, Nikolaus P. Demonstratives in narrative discourse: A taxonomy of universal uses[C]//Barbara A. Fox(ed.), Study in Anaphora. Amsterdam: John Benjamins, 1996.

Huang,C.-T.J. Logical Relations in Chinese and the Theory of Grammar[D]. Ph.D. Dissertation. MIT, 1982.

Kayne, R. The Antisymmetry of Syntax[M].MIT Press. Cambridge, USA, 1994.

Kim,Young-Kook. Agreement Phrases in DP[C]//UCL Working Papers in Linguistics. 1997. No. 9.

Kim,Young-Kook. Agreement Phrases in DP[J]. UCL Working Papers in Linguistics, 1997, (9).

Kuno,S. Functional Syntax: Anaphora, Discourse and Empathy[M].Chicago and London: The University of Chicago Press, 1987.

Lakoff, G. Women, Fire and Dangerous Things[M]. Chicago: The University of Chicago Press, 1987.

Lin,J. On restrictine and non-restrictine relatiue clauses in Mandarin Chinese[J]. Tsinghua Journal of Chinese Studies, 2003, 33:199-240.

Lyons, C. Definiteness[M]. Cambridge: Cambridge University Press, 1999.

Paul Christophersen. The articles —As study of their theory and use in English[M]. London: Oxford Univ. Press, 1939.

Quirk, R., S. Greenbaum, J. Leech & J. Svartvik. A Comprehensive Grammar of the English Languange[M]. London: Longman, 1985.

Tang, Tingchi. Chinese grammar and functional explanation[J]. Chinese World, 1986: 39-41.

Tsai, D. On Economizing the Theory of A-Bar Dependencies[M]. London: Routledge, 1999.

Tsao, Feng-Fu. Relativization in Chinese and English: a Contrastive Study of Form and Function[J]. Journal of Chinese Language Teachers Association XXI, 1986, (3).

Zhang, N. Gapless relative clauses as clausal licensors of relational nouns[J]. Language and Linguistics, 2008, (9).

图书在版编目（CIP）数据

汉日语限定词对比研究：基于功能语法的视角 / 白晓光著 . -- 北京：社会科学文献出版社，2021.9
ISBN 978-7-5201-8826-5

Ⅰ. ①汉… Ⅱ. ①白… Ⅲ. ①日语 – 限定词 – 对比研究 – 汉语 Ⅳ. ① H364.2 ② H146.2

中国版本图书馆 CIP 数据核字（2021）第 162972 号

汉日语限定词对比研究
——基于功能语法的视角

著　　者 / 白晓光

出 版 人 / 王利民
责任编辑 / 张建中
责任印制 / 王京美

出　　版 / 社会科学文献出版社
　　　　　地址：北京市北三环中路甲 29 号院华龙大厦　邮编：100029
　　　　　网址：www.ssap.com.cn
发　　行 / 市场营销中心（010）59367081　59367083
印　　装 / 唐山玺诚印务有限公司

规　　格 / 开本：787mm×1092mm　1/16
　　　　　印 张：18　字 数：285 千字
版　　次 / 2021 年 9 月第 1 版　2021 年 9 月第 1 次印刷
书　　号 / ISBN 978-7-5201-8826-5
定　　价 / 98.00 元

本书如有印装质量问题，请与读者服务中心（010-59367028）联系